AF458154

LES ORIGINES

DE LA

FRANCE CONTEMPORAINE

LES

ORIGINES DE LA FRANCE CONTEMPORAINE

Onze volumes in-16 brochés, à 3 fr. 50 le volume.

1re Partie : **L'Ancien Régime** . . . . Deux volumes.

2e Partie : **La Révolution** . . . . Six volumes.

L'Anarchie. Deux volumes.

La Conquête jacobine. Deux volumes.

Le Gouvernement révolutionnaire. Deux volumes.

3e Partie : **Le Régime moderne** . . . . Trois volumes.

Table analytique. Un vol. in-16, broché . . . . 1 fr.

48267. — Imprimerie Lahure, rue de Fleurus, 9, à Paris.

Hélioq. Dujardin — Photographie Braun Clément et Cie

HIPPOLYTE ADOLPHE TAINE _ 1889

d'après le portrait de Léon Bonnat

LES ORIGINES
DE LA
FRANCE CONTEMPORAINE

PAR

H. TAINE

DE L'ACADÉMIE FRANÇAISE

L'ANCIEN RÉGIME

TOME PREMIER

VINGT-QUATRIÈME ÉDITION

PARIS
LIBRAIRIE HACHETTE ET Cie
79, BOULEVARD SAINT-GERMAIN, 79

1902

Droits de traduction et de reproduction réservés.

A MESSIEURS

LES ARCHIVISTES ET BIBLIOTHÉCAIRES

DE LA BIBLIOTHÈQUE NATIONALE ET DES ARCHIVES NATIONALES

EN TÉMOIGNAGE

DE GRATITUDE ET DE RESPECT

PRÉFACE

En 1849, ayant vingt et un ans, j'étais électeur et fort embarrassé; car j'avais à nommer quinze ou vingt députés, et de plus, selon l'usage français, je devais non seulement choisir des hommes, mais opter entre des théories. On me proposait d'être royaliste ou républicain, démocrate ou conservateur, socialiste ou bonapartiste : je n'étais rien de tout cela, ni même rien du tout, et parfois j'enviais tant de gens convaincus qui avaient le bonheur d'être quelque chose. Après avoir écouté les diverses doctrines, je reconnus qu'il y avait sans doute une lacune dans mon esprit. Des motifs valables pour d'autres ne l'étaient pas pour moi; je ne pouvais comprendre qu'en politique on pût se décider d'après ses préférences. Mes gens affirmatifs construisaient une constitution comme une maison, d'après le plan le plus beau, le plus neuf ou le plus simple, et il y en avait plusieurs à l'étude, hôtel de marquis, maison de bourgeois, logement d'ouvriers, caserne de militaires, phalanstère de communistes, et même campement de sauvages. Chacun disait de son modèle : « Voilà la vraie demeure de « l'homme, la seule qu'un homme de sens puisse « habiter ». A mon sens l'argument était faible : des goûts personnels ne me semblaient pas des autorités. Il me paraissait qu'une maison ne doit pas être construite pour l'architecte, ni pour elle-même, mais pour le propriétaire qui va s'y loger. — Demander l'avis du propriétaire, soumettre au peuple français les plans de sa future habitation, c'était trop visiblement parade ou duperie : en pareil cas, la question fait toujours la réponse, et d'ailleurs, cette réponse eût-elle été libre, la France n'était guère plus en état que moi de la donner : dix millions d'ignorances ne font pas un savoir. Un peuple consulté peut à la rigueur dire la forme de gouvernement qui lui plaît, mais non celle dont il a besoin; il ne le saura qu'à l'usage : il lui faut du temps pour vérifier si sa maison politique est commode, solide, capable de résister aux intempéries, appropriée à ses mœurs, à ses occupations, à son caractère, à ses singularités, à ses brusqueries. Or, à l'épreuve, nous n'avons jamais été contents de la nôtre : treize fois en quatre-vingts ans, nous l'avons démolie pour la refaire, et nous avons eu beau la refaire, nous n'avons pas encore trouvé celle qui nous convient. Si d'autres peuples ont été plus heureux, si, à l'étranger, plusieurs habitations politiques sont solides et subsistent indéfiniment, c'est qu'elles ont été construites d'une façon particulière, autour d'un noyau primitif et massif, en s'appuyant sur quelque vieil édifice central plusieurs fois raccommodé, mais toujours conservé, élargi par degrés, approprié par tâtonnements et rallonges aux besoins des habitants. Nulle d'entre elles n'a été bâtie d'un seul coup, sur un patron neuf, et d'après les seules mesures de la raison. Peut-être faut-il admettre qu'il n'y a pas d'autre moyen de construire à demeure, et que l'invention subite d une constitution nouvelle, appropriée, durable, est une entreprise qui surpasse les forces de l'esprit humain.

En tout cas, je concluais que, si jamais nous découvrons celle qu'il nous faut, ce ne sera point par les procédés en vogue. En effet, il s'agit de la *découvrir,* si elle existe, et non de la mettre aux voix. A cet égard, nos préférences seraient vaines; d'avance la nature et l'histoire ont choisi pour nous; c'est à nous de nous accommoder à elles, car il est sûr qu'elles ne s'accommoderont pas à nous. La forme sociale et politique dans laquelle un peuple peut entrer et *rester* n'est pas livrée à son arbitraire, mais déterminée par son caractère et son passé. Il faut que, jusque dans ses moindres traits, elle se moule sur les traits vivants auxquels on l'applique; sinon elle crèvera et tombera en morceaux. C'est pourquoi, si nous parvenons à trouver la nôtre, ce ne sera qu'en nous étudiant nous-mêmes, et plus nous saurons précisément ce que nous sommes, plus nous démêlerons sûrement ce qui nous convient. On doit donc renverser les méthodes ordinaires et se figurer la nation avant de rédiger la constitution. Sans doute, la première opération est beaucoup plus longue et plus difficile que la seconde. Que de temps, que d'études, que d'observations rectifiées l'une par l'autre, que de recherches dans le présent et dans le passé, sur tous les domaines de la pensée et de l'action, quel travail multiplié et séculaire, pour acquérir l'idée exacte et complète d'un grand peuple qui a vécu âge de peuple et qui vit encore! Mais c'est le seul moyen de ne pas construire à faux après avoir raisonné à vide, et je me promis que, pour moi du moins, si j'entreprenais un jour de chercher une opinion politique, ce ne serait qu'après avoir étudié la France.

Qu'est-ce que la France contemporaine? Pour répondre à cette question, il faut savoir comment cette France s'est faite, ou, ce qui vaut mieux encore, assister en spectateur à sa formation. A la fin du siècle dernier, pareille à un insecte qui mue, elle subit une métamorphose. Son ancienne organisation se dissout; elle en déchire elle-même les plus précieux tissus et tombe en des convulsions qui semblent mortelles. Puis, après des tiraillements multipliés et une léthargie pénible, elle se redresse. Mais son organisation n'est plus la même : par un sourd travail intérieur, un nouvel être s'est substitué à l'ancien. En 1808, tous ses grands traits sont arrêtés et définitifs : départements, arrondissements, cantons et communes, rien n'a changé depuis dans ses divisions et sutures extérieures : Concordat, Code, Tribunaux, Université, Institut, Préfets, Conseil d'État, impôts, percepteurs, Cour des Comptes, administration uniforme et centralisée, ses principaux organes sont encore les mêmes; noblesse, bourgeoisie, ouvriers, paysans, chaque classe a dès lors la situation, les intérêts, les sentiments, les traditions que nous lui voyons aujourd'hui. Ainsi la créature nouvelle est à la fois stable et complète; partant, sa structure, ses instincts et ses facultés marquent d'avance le cercle dans lequel s'agitera sa pensée ou son action. Autour d'elle, les autres nations, les unes précoces, les autres tardives, toutes avec des ménagements plus grands, quelques-unes avec succès meilleur, opèrent de même la transformation qui les fait passer de l'état féodal à l'état moderne; l'éclosion est universelle et presque simultanée. Mais, sous cette forme nouvelle comme sous la forme ancienne, le faible est toujours la proie du fort. Malheur à ceux que leur évolution trop lente livre au voisin qui subitement s'est dégagé de sa chrysalide et sort le premier tout armé! Malheur aussi à celui dont l'évolution trop violente et trop brusque a mal équilibré l'économie intérieure, et qui, par l'exagération de son appareil directeur, par l'altération de ses organes profonds, par l'appauvrissement graduel de sa substance vivante, est condamné aux coups de tête, à la débilité, à l'impuissance, au milieu de voisins mieux proportionnés et plus sains! Dans l'organisation que la France s'est faite au commencement du siècle, toutes les lignes générales de son histoire contemporaine étaient tracées, révolutions politiques, utopies sociales, divisions des classes, rôle de l'Église, conduite de la noblesse, de la bourgeoisie et du peuple, développement, direction ou déviation de la philosophie, des lettres et des arts. C'est pourquoi, lorsque nous voulons comprendre notre situation présente, nos regards sont toujours ramenés vers la crise terrible et féconde par laquelle l'Ancien Régime a produit la Révolution, et la Révolution le Régime nouveau.

Ancien Régime, Révolution, Régime nouveau, je vais tâcher de décrire ces trois états avec exactitude. J'ose déclarer ici que je n'ai point d'autre but; on permettra à un historien d'agir en naturaliste . j'étais devant mon sujet comme devant la métamorphose d'un insecte. D'ailleurs, l'événement par lui-même est si intéressant, qu'il vaut la peine d'être observé pour lui seul, et l'on n'a pas besoin d'effort pour exclure les arrière-pensées. Dégagée de tout parti pris, la curiosité devient scientifique et se porte tout entière vers les forces intimes qui conduisent l'étonnante opération. Ces forces sont la situation, les passions, les idées, les volontés de chaque groupe, et nous pouvons les démêler, presque les mesurer. Elles sont sous nos yeux; nous n'en sommes pas réduits aux conjectures, aux divinations douteuses, aux indications vagues. Par un bonheur singulier, nous apercevons les hommes eux-mêmes, leurs dehors et leur dedans. Les Français de l'Ancien Régime sont encore tout près de nos regards. Chacun de nous, dans sa jeunesse, a pu fréquenter quelques-uns des survivants de ce monde évanoui. Plusieurs de leurs hôtels subsistent encore, avec leurs appartements et leurs meubles intacts. Au moyen de leurs tableaux et de leurs estampes, nous les suivons dans leur vie domestique, nous voyons leurs habillements, leurs attitudes et leurs gestes. Avec leur littérature, leur philosophie, leurs sciences, leurs gazettes et leurs correspondances, nous pouvons reconstituer toute leur pensée et jusqu'à leur conversation familière. Une multitude de Mémoires, sortis depuis trente ans des archives publiques ou privées, nous conduisent de salon en salon, comme si nous y étions présentés. Des lettres et journaux de voyageurs étrangers contrôlent et complètent, par des peintures indépendantes, les portraits que cette société a tracés d'elle-même. Elle a tout dit sur son propre compte, sauf ce qu'elle supposait banal et familier aux contemporains, sauf ce qui lui semblait technique, ennuyeux et mesquin, sauf ce qui concernait la province, la bourgeoisie, le paysan, l'ouvrier, l'administration et le ménage. J'ai voulu suppléer à ces omissions, et, outre le petit cercle des Français bien élevés et lettrés, connaître la France. Grâce à l'obligeance de M. Maury et aux précieuses indications de M. Boutaric, j'ai pu dépouiller une multitude de documents manuscrits, la correspondance d'un grand nombre d'intendants, directeurs des aides, fermiers généraux, magistrats, employés et particuliers de toute espèce et de tout degré pendant les trente dernières années de l'Ancien Régime, les Rapports et Mémoires sur les diverses parties de la maison du roi, les procès-verbaux et cahiers des États généraux en cent soixante-seize volumes, la correspondance des commandants militaires en 1789 et 1790, les lettres, mémoires et statistiques détaillées contenus dans les cent cartons du Comité ecclésiastique, la correspondance en quatre-vingt-quatorze liasses des administrations de département et de municipalité avec les ministres de 1790 à 1799, les rapports des conseillers d'État en mission à la fin de 1801, la correspondance des préfets sous le Consulat, sous l'Empire et sous la Restauration jusqu'en 1823, quantité d'autres pièces si instructives et si inconnues, qu'en vérité l'histoire de la Révolution semble encore inédite. Du moins il n'y a que ces documents pour nous montrer des figures vivantes, petits nobles, curés, moines et religieuses de province, avocats, échevins et bourgeois des villes, procureurs de campagne et syndics de villages, laboureurs et artisans, officiers et soldats. Il n'y a qu'eux pour nous faire voir en détail et de près la condition des hommes, l'intérieur d'un presbytère, d'un couvent, d'un conseil de ville, le salaire d'un ouvrier, le produit d'un champ, les impositions d'un paysan, le métier d'un collecteur, les dépenses d'un seigneur ou d'un prélat, le budget, le train et le cérémonial d'une cour. Grâce à eux, nous pouvons donner des chiffres précis, savoir, heure par heure, l'emploi d'une journée, bien mieux, dire le menu d'un grand dîner, recomposer une toilette d'apparat. Nous avons encore, piqués sur le papier et classés par dates, les échantillons des robes que la reine Marie-Antoinette a portées, et, d'autre part, nous pouvons nous figurer l'habillement d'un paysan, décrire son pain, nommer les farines dont il le composait, marquer en sous et deniers ce que lui en coûtait une livre. Avec de telles ressources, on devient presque le contemporain des hommes dont on fait l'histoire, et plus d'une fois, aux Archives, en suivant sur le papier jauni leurs vieilles écritures, j'étais tenté de leur parler tout haut.

Menthon-Saint-Bernard, août 1875.

L'ANCIEN RÉGIME

I

L'ANCIEN RÉGIME

LIVRE PREMIER

LA STRUCTURE DE LA SOCIÉTÉ

CHAPITRE I

Origine des privilèges. — I. Services et récompense du clergé. — II. Services et récompense des nobles. — III. Services et récompense du roi.

En 1789, trois sortes de personnes, les ecclésiastiques, les nobles et le roi, avaient dans l'État la place éminente avec tous les avantages qu'elle comporte, autorité, biens, honneurs, ou, tout au moins, privilèges, exemptions, grâces, pensions, préférences et le reste. Si depuis longtemps ils avaient cette place, c'est que pendant longtemps ils l'avaient méritée. En effet, par un effort immense et séculaire, ils avaient construit tour à tour les trois assises principales de la société moderne.

I

Des trois assises superposées, la plus ancienne et la plus profonde était l'ouvrage du clergé : pendant douze cents ans et davantage, il y avait travaillé comme architecte et comme manœuvre, d'abord seul, puis presque seul. — Au commencement, pendant les quatre premiers siècles, il avait fait la religion et l'Église : pesons ces deux mots pour en sentir tout le poids. D'une part, dans un monde fondé sur la conquête, dur et froid comme une machine d'airain, condamné par sa structure même à détruire chez ses sujets le courage d'agir et l'envie de vivre, il avait annoncé « la bonne nouvelle », promis « le royaume de Dieu », prêché la résignation tendre aux mains du Père céleste, inspiré la patience, la douceur, l'humilité, l'abnégation, la charité, ouvert les seules issues par lesquelles l'homme étouffé dans l'ergastule romain pouvait encore respirer et apercevoir le jour : voilà la religion. D'autre part, dans un État qui peu à peu se dépeuplait, se dissolvait et fatalement devenait une proie, il avait formé une société vivante, guidée par une discipline et des lois, ralliée autour d'un but et d'une doctrine, soutenue par le dévouement des chefs et l'obéissance des fidèles, seule capable de subsister sous le flot de barbares que l'Empire en ruine laissait entrer par toutes ses brèches : voilà l'Église. — Sur ces deux premières fondations, il continue à bâtir, et, à partir de l'invasion, pendant plus de cinq cents ans, il sauve ce qu'on peut encore sauver de la culture humaine. Il va au-devant des barbares, ou les gagne aussitôt après leur entrée; service énorme; jugeons-en par un seul fait : dans la Grande-Bretagne, devenue latine comme la Gaule, mais dont les conquérants demeurèrent païens pendant un siècle et demi, arts, industries, société, langue, tout fut détruit; d'un peuple entier massacré ou fugitif, il ne resta que des esclaves; encore faut-il deviner leurs traces; réduits à l'état de bêtes de somme, ils disparaissent de l'histoire. Tel eût été le sort de l'Europe, si le clergé n'eût promptement charmé les brutes farouches auxquelles elle appartenait.

Devant l'évêque en chape dorée, devant le moine « vêtu de peaux, maigre », hâve, « plus souillé et plus couvert de taches qu'un caméléon[1] », le Germain converti a peur comme devant un sorcier. Aux heures calmes, après la chasse ou l'ivresse, la divination vague d'un *au-delà* mystérieux et grandiose, le sentiment obscur d'une justice inconnue, le rudiment de conscience qu'il avait déjà dans ses forêts d'outre-Rhin, se réveille en lui par des alarmes subites, en demi-visions menaçantes. Au moment de violer un sanctuaire, il se demande s'il ne va pas tomber sur le seuil, frappé de vertige et le col tordu[2]. Convaincu par son propre trouble, il s'arrête, épargne la terre, le village, la cité qui vit sous la sauvegarde du prêtre. Si la fougue animale des colères ou des convoitises primitives l'a poussé au meurtre et au vol, plus tard, après l'assou-

1. Comte de Montalembert, *les Moines d'Occident*, I, 277. Saint Lupicin devant le roi burgonde Chilpéric, II, 416. Saint Karileff devant le roi Childebert. Cf. passim Grégoire de Tours et la collection des Bollandistes.

2. Rien de plus fréquent que cette légende; on la trouve jusqu'au delà du douzième siècle.

vissement, aux jours du malheur ou de maladie, sur les conseils de sa concubine ou de sa femme, il se repent; il restitue au double, au décuple et au centuple, il prodigue les donations et les immunités[1]. Ainsi, sur tout le territoire, le clergé garde et agrandit ses asiles pour les vaincus et pour les opprimés. — D'autre part, parmi les chefs de guerre aux longs cheveux, à côté des rois vêtus de fourrures, l'évêque mitré et l'abbé au front tondu siègent aux assemblées; ils sont les seuls qui tiennent la plume, qui sachent discourir. Secrétaires, conseillers, théologiens, ils participent aux édits, ils ont la main dans le gouvernement, ils travaillent par son entremise à mettre un peu d'ordre dans le désordre immense, à rendre la loi plus raisonnable et plus humaine, à rétablir ou à maintenir la piété, l'instruction, la justice, la propriété et surtout le mariage. Certainement on doit à leur ascendant la police telle quelle, intermittente, incomplète, qui a empêché l'Europe de devenir une anarchie mongole. Jusqu'à la fin du douzième siècle, si le clergé pèse sur les princes, c'est surtout pour refréner en eux et au-dessous d'eux les appétits brutaux, les rébellions de la chair et du sang, les retours et les accès de sauvagerie irrésistible qui démolissaient la société. — Cependant, dans ses églises et dans ses couvents, il conservait les anciennes acquisitions du genre humain, la langue latine, la littérature et la théologie chrétiennes, une portion de la littérature

1. Par exemple Chilpéric, sur les conseils de Frédégonde, après la mort de tous leurs enfants.

et des sciences païennes, l'architecture, la sculpture, la peinture, les arts et les industries qui servent au culte, les industries plus précieuses qui donnent à l'homme le pain, le vêtement et l'habitation, surtout la meilleure de toutes les acquisitions humaines et la plus contraire à l'humeur vagabonde du barbare pillard et paresseux, je veux dire l'habitude et le goût du travail. Dans les campagnes dépeuplées par le fisc romain, par la révolte des Bagaudes, par l'invasion des Germains, par les courses des brigands, le moine bénédictin bâtit sa cabane de branchages parmi les épines et les ronces[1]; autour de lui de grands espaces jadis cultivés ne sont plus que des halliers déserts. Avec ses compagnons, il défriche et construit; il domestique les animaux demi-sauvages, établit une ferme, un moulin, une forge, un four, des ateliers de chaussure et d'habillement. Selon sa règle, chaque jour il lit pendant deux heures; sept heures durant, il travaille de ses mains, et il ne mange, il ne boit que le strict nécessaire. Par son travail intelligent, volontaire, exécuté en conscience et conduit en vue de l'avenir, il produit plus que le laïque. Par son régime sobre, concerté, économique, il consomme moins que le laïque. C'est pourquoi là où le laïque avait défailli[2], il se soutient et même il prospère. Il recueille les misérables, les nourrit, les occupe, les marie; mendiants, vagabonds, paysans fugitifs affluent autour du

1. Montalembert, *ib.*, t. II, liv. 8, et surtout Alfred Maury, *les Forêts de la France dans l'antiquité et au moyen âge. Spinæ et vepres*, ce mot revient sans cesse dans les Vies des saints.

2 De même aujourd'hui les colonies des Trappistes en Algérie.

sanctuaire. Par degrés leur campement devient un village, puis une bourgade : l'homme laboure dès qu'il peut compter sur la récolte et devient père de famille sitôt qu'il se croit en état de nourrir ses enfants. Ainsi se forment de nouveaux centres d'agriculture et d'industrie qui deviennent aussi des centres nouveaux de population[1].

Au pain du corps ajoutez celui de l'âme, non moins nécessaire; car, avec les aliments, il fallait encore donner à l'homme la volonté de vivre, ou tout au moins la résignation qui lui fait tolérer la vie, et le rêve touchant ou poétique qui lui tient lieu du bonheur absent. Jusqu'au milieu du treizième siècle, le clergé s'est trouvé presque seul à le fournir. Par ses innombrables légendes de saints, par ses cathédrales et leur structure, par ses statues et leur expression, par ses offices et leur sens encore transparent, il a rendu sensible « le royaume de Dieu », et dressé le monde idéal au bout du monde réel, comme un magnifique pavillon d'or au bout d'un enclos fangeux[2]. C'est dans ce monde doux et

1. *Polyptique d'Irminon* par Guérard ; on y verra la prospérité des domaines de l'abbaye de Saint-Germain-des-Prés à la fin du huitième siècle. D'après les statistiques de M. Guérard, les paysans de Palaiseau au temps de Charlemagne étaient à peu près aussi aisés qu'aujourd'hui.

2. Du sixième au dixième siècle, il y a vingt-cinq mille Vies de saints rassemblées par les Bollandistes. — Les dernières vraiment inspirées sont celles de saint François d'Assise et de ses compagnons au commencement du quatorzième siècle. Le même sentiment vif se prolonge jusqu'à la fin du quinzième siècle dans les peintures de Beato Angelico et de Hans Memling. — La Sainte Chapelle de Paris, l'église supérieure d'Assise, le paradis de Dante, les *Fioretti* peuvent donner une idée de ces visions. En fait

divin que se réfugie le cœur attristé, affamé de mansuétude et de tendresse. Là les persécuteurs, au momen de frapper, tombent sous une atteinte invisible; les bêtes sauvages deviennent dociles; les cerfs de la forêt viennent chaque matin s'atteler d'eux-mêmes à la charrue des saints; la campagne fleurit pour eux comme un nouveau paradis; ils ne meurent que quand ils veulent. Cependant ils consolent les hommes; la bonté, la piété, le pardon coulent de leurs lèvres en suavités ineffables; les yeux levés au ciel, ils voient Dieu et, sans effort, comme en un songe, ils montent dans la lumière pour s'asseoir à sa droite. Légende divine, d'un prix inestimable sous le règne universel de la force brutale, quand, pour supporter la vie, il fallait en imaginer une autre et rendre la seconde aussi visible aux yeux de l'âme que la première l'était aux yeux du corps. Pendant plus de douze siècles, le clergé en a nourri les hommes et, par la grandeur de sa récompense, on peut estimer la profondeur de leur gratitude. Ses papes ont été pendant deux cents ans les dictateurs de l'Europe. Il a fait des croisades, détrôné des rois, distribué des États. Ses évêques et ses abbés sont devenus ici princes souverains, là patrons et véritables fondateurs de dynasties. Il a tenu dans ses mains le tiers des terres, la moitié du revenu, les deux tiers du capital de l'Europe. Ne croyons pas que l'homme soit reconnaissant à

d'œuvres littéraires modernes, l'état de l'âme croyante au moyen âge a été parfaitement peint par Henri Heine dans le *Pèlerinage à Kevlaar*, et par Tourguenef dans *les Reliques vivantes*.

faux et donne sans motif valable; il est trop égoïste et trop envieux pour cela. Quel que soit l'établissement, ecclésiastique ou séculier, quel que soit le clergé, bouddhiste ou chrétien, les contemporains qui l'observent pendant quarante générations ne sont pas de mauvais juges; ils ne lui livrent leurs volontés et leurs biens qu'à proportion de ses services, et l'excès de leur dévouement peut mesurer l'immensité de son bienfait.

II

Jusqu'ici, contre la force des francisques et des glaives, on n'a trouvé de secours que dans la persuasion et dans la patience. Les États qui, d'après l'exemple de l'ancien Empire, ont tenté de s'élever en édifices compacts et d'opposer une digue à l'invasion incessante, n'ont pas tenu sur le sol mouvant; après Charlemagne, tout s'effondre. Il n'y a plus d'hommes de guerre à partir de la bataille de Fontanet; pendant un demi-siècle des bandes de quatre ou cinq cents brigands viennent impunément tuer, brûler, dévaster dans tout le pays. — Mais, par contre-coup, à ce moment même, la dissolution de l'État suscite une génération militaire. Chaque petit chef a planté solidement ses pieds dans le domaine qu'il occupe ou qu'il détient; il ne l'a plus en prêt ou en usage, mais en propriété et en héritage. C'est sa manse, sa bourgade, sa comté, ce n'est plus celle du roi; il va combattre pour la défendre. A cet instant, le bienfaiteur, le sauveur est l'homme qui sait se battre et défendre les autres, et tel est effectivement le caractère de la nouvelle classe qui s'établit. Dans la langue du temps, le noble est l'homme de guerre, le soldat (*miles*), et c'est lui qui pose la seconde assise de la société moderne.

Au dixième siècle, peu importe son extraction. Souvent c'est un comte carlovingien, un bénéficier du roi, le hardi propriétaire d'une des dernières terres franches. Ici c'est un évêque guerrier, un vaillant abbé, ailleurs un païen converti, un bandit devenu sédentaire, un aventurier qui a prospéré, un rude chasseur qui s'est nourri longtemps de sa chasse et de fruits sauvages[1]. Les ancêtres de Robert le Fort sont inconnus et l'on contera plus tard que les Capétiens descendent d'un boucher de Paris. En tout cas, le noble alors c'est le brave, l'homme fort et expert aux armes, qui, à la tête d'une troupe, au lieu de s'enfuir et de payer rançon, présente sa poitrine, tient ferme et protège par l'épée un coin du sol. Pour faire cet office, il n'a pas besoin d'ancêtres, il ne lui faut que du cœur, il est lui-même un ancêtre; on est trop heureux du salut présent qu'il apporte pour le chicaner sur son titre. — Enfin, après tant de siècles, voici dans chaque canton des bras armés, une troupe sédentaire, capable de résister à l'invasion nomade; on ne sera plus en proie à l'étranger; au bout d'un siècle, cette Europe que saccageaient des flottilles

1. Par exemple Tertulle, souche des Plantagenets; Rollon, duc de Normandie; Hugues, abbé de Saint-Martin de Tours et de Saint-Denis.

de barques à deux voiles, va jeter deux cent mille hommes armés sur l'Asie, et désormais, au Nord, au Midi, en face des Musulmans, en face des païens, au lieu d'être conquise, elle conquiert. Pour la seconde fois, une figure idéale se dégage[1] après celle du saint, celle du héros, et le nouveau sentiment, aussi efficace que l'ancien, groupe aussi les hommes en une société stable. — Celle-ci est une gendarmerie à demeure où, de père en fils, on est gendarme. Chacun y naît avec son grade héréditaire, son poste local, sa solde en biens-fonds, avec la certitude de n'être jamais abandonné par son chef, avec l'obligation de se faire tuer au besoin pour son chef. En ce temps de guerre permanente, un seul régime est bon, celui d'une compagnie devant l'ennemi, et tel est le régime féodal; par ce seul trait, jugez des périls auxquels il pare et du service auquel il astreint. « En ce temps-là, dit la chro-« nique générale d'Espagne, les rois, comtes, nobles et « tous les chevaliers, afin d'être prêts à toute heure, « tenaient leurs chevaux dans la salle où ils couchaient « avec leurs femmes. » Le vicomte dans la tour qui défend l'entrée de la vallée ou le passage du gué, le marquis jeté en enfant perdu sur la frontière brûlée, sommeille la main sur son arme, comme le lieutenant américain dans un blockhaus du Far-West, au milieu des Sioux. Sa maison n'est qu'un camp et un refuge; on a mis de la paille et des tas de feuilles sur le pavé

1. Au dixième siècle, dans les « Cantilènes » qui ébauchent les chansons de Geste.

de la grande salle; c'est là qu'il couche avec ses cavaliers, ôtant un éperon quand il a chance de dormir; les meurtrières laissent à peine entrer le jour; c'est qu'il s'agit avant tout de ne pas recevoir des flèches. Tous les goûts, tous les sentiments sont subordonnés au service; il y a tel point de la frontière européenne où l'enfant de quatorze ans est tenu de marcher, où la veuve jusqu'à soixante ans est forcée de se remarier. Des hommes dans les rangs pour combler les vides, des hommes dans les postes pour monter la garde, voilà le cri qui sort à ce moment de toutes les institutions, comme l'appel d'une voix d'airain. — Grâce à ces braves, le paysan[1] est à l'abri; on ne le tuera plus, on ne l'emmènera plus captif avec sa famille, par troupeaux, la fourche au cou. Il ose labourer, semer, espérer en sa récolte; en cas de danger, il sait qu'il trouvera un asile pour lui, pour ses grains et pour ses bestiaux, dans l'enclos de palissades au pied de la forteresse. Par degrés, entre le chef militaire du donjon et les anciens colons de la campagne ouverte, la nécessité établit un contrat tacite qui devient une coutume respectée. Ils travaillent pour lui, cultivent ses terres, font ses charrois, lui payent des redevances, tant par maison, tant par tête de bétail, tant pour hériter ou vendre : il faut bien qu'il nourrisse sa troupe. Mais, ces droits acquittés, il a tort, si, par orgueil ou avidité, il leur prend quelque chose de plus. — Quant aux vagabonds, aux misérables qui, dans le désordre et la dévastation

1. *Villanus.*

universelle, viennent se réfugier sous sa garde, leur condition est plus dure : la terre est à lui, puisque sans lui elle serait inhabitable; s'il leur en accorde une parcelle, si même il leur permet seulement d'y camper, s'il leur donne du travail ou des semailles, c'est aux conditions qu'il édicte. Ils seront ses serfs, ses mainmortables; quelque part qu'ils aillent, il aura le droit de les ressaisir et ils seront, de père en fils, ses domestiques-nés, applicables au métier qu'il lui plaira, taillables et corvéables à sa merci, ne pouvant rien transmettre à leur enfant que si celui-ci, « vivant à leur pot », peut après leur mort continuer leur service. « Ne « pas être tué, dit Stendhal, et avoir l'hiver un bon « habit de peau, tel était pour beaucoup de gens le « suprême bonheur au dixième siècle »; ajoutons-y pour une femme celui de ne pas être violée par toute une bande. Quand on se représente un peu nettement la condition des hommes en ce temps-là, on comprend qu'ils aient accepté de bon cœur les pires droits féodaux, même celui de marquette; ce qu'on subissait tous les jours était pire encore[1]. La preuve en est qu'on accourait dans l'enceinte féodale, sitôt qu'elle était faite; en Normandie, par exemple, dès que Rollon eut divisé les terres au cordeau et pendu les voleurs, les gens des provinces voisines affluèrent pour s'établir; un peu de sécurité suffisait pour repeupler un pays.

1. Voir dans *les Voyages de Caillaud* en Nubie et en Abyssinie les razzias d'esclaves faites par les armées du pacha; tel était à peu près le spectacle que donnait l'Europe de 800 à 900.

On vit donc, ou plutôt on recommence à vivre sous la rude main gantée de fer qui vous rudoie, mais qui vous protège. Souverain et propriétaire, à ce double titre le seigneur garde pour lui la lande, la rivière, la forêt, toute la chasse; le mal n'est pas grand, puisque le pays est à demi désert et qu'il emploie tout son loisir à détruire les grandes bêtes fauves. Ayant seul des avances, il est le seul qui puisse construire le moulin, le four et le pressoir, établir le bac, le pont ou la route, endiguer l'étang, élever ou acquérir le taureau; pour se dédommager, il en taxe ou en impose l'usage. S'il est intelligent et bon fermier d'hommes, s'il veut tirer meilleur profit de sa terre, il relâche ou laisse se relâcher par degrés les mailles du rets où ses vilains et ses serfs travaillent mal parce qu'ils sont trop serrés. L'habitude, la nécessité, l'accommodation volontaire ou forcée font leur effet; à la fin, seigneurs, vilains, serfs et bourgeois, adaptés à leur condition, reliés par un intérêt commun, font ensemble une société, un véritable corps. La seigneurie, la comté, le duché deviennent une *patrie* que l'on aime d'un instinct aveugle et pour laquelle on se dévoue. Elle se confond avec le seigneur et sa famille; à ce titre, on est fier de lui, on conte ses grands coups d'épée; on l'acclame quand sa cavalcade passe dans la rue; on jouit par sympathie de sa magnificence[1]. Lorsqu'il est veuf et sans enfants, on

1. Voir dans les historiens du moyen âge, le zèle des sujets pour leur seigneur : Gaston Phœbus, comte de Foix, et Guy, comte de Flandre, dans Froissart; Raymond de Béziers et Raymond de Toulouse, dans la chronique de Toulouse. Ce vif sentiment de la

député auprès de lui pour qu'il se remarie et que sa mort ne livre pas le pays à la guerre des prétendants ou aux convoitises des voisins. — Ainsi renaît, après mille ans, le plus puissant et le plus vivace des sentiments qui soutiennent la société humaine. Celui-ci est d'autant plus précieux qu'il peut s'élargir : pour que la petite patrie féodale devienne la grande patrie nationale, il suffit maintenant que toutes les seigneuries se réunissent entre les mains d'un seul seigneur, et que le roi, chef des nobles, pose sur l'œuvre des nobles la troisième assise de la France.

III

Il a édifié toute cette assise, pierre à pierre. Hugues Capet pose la première; avant lui, la royauté ne donnait pas au roi une province, pas même Laon; c'est lui qui ajoute au titre son domaine. Pendant huit cents ans, par mariage, conquête, adresse, héritage, ce travail d'acquisition se poursuit; même sous Louis XV, la France s'accroît de la Lorraine et de la Corse. Parti du néant, le roi a fait un État compact qui renferme vingt-six millions d'habitants, et qui est alors le plus puissant de l'Europe. — Dans tout l'intervalle, il a été le chef de la défense publique, le libérateur du pays contre les étrangers, contre le pape au quatorzième siècle, contre les Anglais au quinzième, contre les Espagnols au sei-

petite patrie locale apparaît à chaque réunion de province, Normandie, Bretagne, Franche-Comté, etc.

zième. Au dedans, dès le douzième siècle, le casque en tête et toujours par chemins, il est le grand justicier, il démolit les tours des brigands féodaux, il réprime les excès des forts, il protège les opprimés[1], il abolit les guerres privées, il établit l'ordre et la paix : œuvre immense qui, de Louis le Gros à saint Louis, de Philippe le Bel à Charles VII et à Louis XI, de Henri IV à Louis XIII et à Louis XIV, se continue sans s'interrompre jusqu'au milieu du dix-septième siècle, par l'édit contre les duels et par les Grands Jours[2]. Cependant toutes les choses utiles exécutées par son ordre ou développées sous son patronage, routes, ports, canaux, asiles, universités, académies, établissements de piété, de refuge, d'éducation, de science, d'industrie et de commerce, portent sa marque et le proclament bienfaiteur public. — De tels services appellent une récompense proportionnée : on admet que, de père en fils, il contracte mariage avec la France, qu'elle n'agit que par lui, qu'il n'agit que pour elle, et tous les souvenirs anciens, tous les intérêts présents viennent autoriser cette union. L'Église la consacre à Reims par une sorte de huitième sacrement accompagné de légendes et de miracles; il est l'oint de Dieu[3]. Les nobles, par un vieil instinct de fidélité militaire, se considèrent comme sa

1. Suger, *Vie de Louis VI.*

2. *Les Grands Jours d'Auvergne* par Fléchier, éd. Chéruel. Sous Louis XV le dernier brigand féodal, le marquis de Pleumartin, en Poitou, est pris, jugé et décapité (1756).

3. Sous Louis XV encore, on envoya le procès-verbal des écrouelles guéries.

garde, et viendront jusqu'au 10 août se faire tuer pour lui dans son escalier; il est leur général-né. Le peuple, jusqu'en 1789, verra en lui le redresseur des torts, le gardien du droit, le protecteur des faibles, le grand aumônier, l'universel refuge. Au commencement du règne de Louis XVI, « les cris de vive le Roi, qui com- « mençaient à six heures du matin, n'étaient presque « point interrompus jusqu'après le coucher du soleil[1] ». Quand naquit son dauphin, la joie de la France fut celle d'une famille, « on s'arrêtait dans les rues, on se par- « lait sans se connaître, on embrassait tous les gens « que l'on connaissait[2] ». Tous, par une vague tradition, par un respect immémorial, sentent que la France est un vaisseau construit par ses mains et par les mains de ses ancêtres, qu'à ce titre le bâtiment est à lui, qu'il y a droit comme chaque passager à sa pacotille, et que son seul devoir est d'être expert et vigilant pour bien conduire sur la mer le magnifique navire où toute la fortune publique vogue sous son pavillon. — Sous l'ascendant d'une pareille idée, on l'a laissé tout faire; de force ou de gré, il a réduit les anciennes autorités à n'être plus qu'un débris, un simulacre, un souvenir. Les nobles ne sont que ses officiers ou ses cour-

1. *Mémoires* de Mme Campan, I, 89; II, 215.

2. En 1785, un Anglais venu en France vante la liberté politique dont on jouit dans son pays. En revanche, les Français reprochent aux Anglais d'avoir décapité Charles Ier, et « se glorifient « d'avoir toujours gardé à leur propre roi un attachement invio- « lable, une fidélité, un respect que nul excès ou sévérité de sa « part n'a pu ébranler ». (*A comparative view of the French and of the English nation*, by John Andrews, 257.)

tisans. Depuis le concordat, il nomme les dignitaires de l'Église. Les États généraux n'ont pas été convoqués depuis cent soixante-quinze ans; les États provinciaux qui subsistent ne font que répartir les impôts; les Parlements sont exilés quand ils hasardent des remontrances. Par son Conseil, ses intendants, ses subdélégués, il intervient dans la moindre affaire locale. Il a quatre cent soixante-dix-sept millions de revenu[1]. Il distribue la moitié de celui du clergé. Enfin il est maître absolu et le déclare[2]. — Ainsi des biens, des exemptions d'impôt, des agréments d'amour-propre, quelques restes de juridiction ou d'autorité locale, voilà ce qui reste à ses anciens rivaux; en échange, ils ont ses préférences et ses grâces. — Telle est en abrégé l'histoire des privilégiés, clergé, noblesse et roi; il faut se la rappeler pour comprendre leur situation au moment de leur chute; ayant fait la France, ils en jouissent. Voyons de près ce qu'ils sont devenus à la fin du dix-huitième siècle, quelle portion ils ont gardée de leurs avantages, quels services ils rendent encore et quels services ils ne rendent pas.

1. *Mémoires* d'Augeard, secrétaire des commandements de la reine et ancien fermier général.

2. Réponse de Louis XV au Parlement de Paris, le 3 mars 1766, dans un lit de justice : « C'est en ma personne seule que réside « l'autorité souveraine.... C'est à moi seul qu'appartient le pou- « voir législatif sans dépendance et sans partage. L'ordre public « tout entier émane de moi; j'en suis le gardien suprême. Mon « peuple n'est qu'un avec moi; les droits et les intérêts de la « nation, dont on ose faire un corps séparé du monarque, sont « nécessairement unis avec les miens et ne reposent qu'entre « mes mains ».

CHAPITRE II

Les privilèges. — I. Nombre des privilégiés. — II. Leurs biens, capital et revenu. — III. Leurs immunités. — IV. Leurs droits féodaux. — Ces avantages sont des débris de la souveraineté primitive. — V. Ils peuvent être justifiés par des services locaux et généraux.

I

Ils sont environ 270000 : dans la noblesse 140000; dans le clergé 130000[1]. Cela fait de 25000 à 30000 familles nobles, 23000 religieux en 2500 monastères, 37000 religieuses en 1500 couvents, 60000 curés et vicaires dans autant d'églises et chapelles. Si l'on veut se les représenter un peu nettement, on peut imaginer, dans chaque lieue carrée de terrain et pour chaque millier d'habitants, une famille noble et sa maison à girouette, dans chaque village un curé et son église, toutes les six ou sept lieues une communauté d'hommes ou de femmes. Voilà les anciens chefs et fondateurs de la France : à ce titre, ils ont encore beaucoup de biens et beaucoup de droits.

1. Voir note 1 à la fin du volume.

II

Souvenons-nous toujours de ce qu'ils ont été pour comprendre ce qu'ils sont encore. Si grands que soient leurs avantages, ils ne sont que les débris d'avantages plus grands. Tel évêque ou abbé, tel comte ou duc dont les successeurs font la révérence à Versailles, fut jadis l'égal des Carlovingiens et des premiers Capétiens. Un sire de Montlhéry a tenu en échec le roi Philippe Ier [1]. L'abbé de Saint-Germain-des-Prés a possédé quatre cent trente mille hectares de terre, l'étendue d'un département presque entier. Il ne faut pas s'étonner s'ils sont restés puissants et surtout riches; rien de plus stable qu'une forme de société. Après huit cents ans, malgré tant de coups de la hache royale et l'immense changement de la culture sociale, la vieille racine féodale dure et végète toujours. On s'en aperçoit d'abord à la distribution de la propriété [2]. Un cinquième du sol est à la couronne et aux communes, un cinquième au tiers état, un cinquième au peuple des campagnes, un cinquième à la noblesse, un cinquième au clergé. Ainsi, si l'on défalque les terres publiques, les

1. Suger, *Vie de Louis VI*, chap. VIII. — Philippe Ier ne s'était rendu maître du château de Montlhéry qu'en mariant un de ses fils à l'héritière du fief. Il disait à son successeur : « Enfant, « sois bien attentif à conserver cette tour dont les vexations m'ont « fait vieillir, et dont les fraudes et les trahisons ne m'ont « jamais donné paix ni trêve. »

2. Léonce de Lavergne, *les Assemblées provinciales*, 19. — Cf. les procès-verbaux imprimés de ces assemblées provinciales, notamment dans les chapitres qui traitent des vingtièmes.

privilégiés possèdent la moitié du royaume. Et ce gros lot est en même temps le plus riche; car il comprend presque toutes les grandes et belles bâtisses, palais, châteaux, couvents, cathédrales, et presque tout le mobilier précieux, meubles, vaisselle, objets d'art, chefs-d'œuvre accumulés depuis des siècles. — On peut en juger par l'estimation de la part du clergé. Ses biens valent en capital près de 4 milliards[1]; ils rapportent de 80 à 100 millions, à quoi il faut joindre la dîme, 123 millions par an, en tout 200 millions, somme qu'il faudrait doubler pour en avoir l'équivalent aujourd'hui; outre cela, le casuel et les quêtes[2]. Pour mieux sentir la largeur de ce fleuve d'or,

1. Rapport de Treilhard au nom du comité ecclésiastique (*Moniteur*, 19 décembre 1789). Les maisons religieuses à vendre dans la seule ville de Paris étaient estimées cent cinquante millions. Plus tard (séance du 13 février 1791), Amelot estimait les biens vendus et à vendre, non compris les bois, à 3700 millions. M. de Bouillé estime le revenu du clergé à cent quatre-vingts millions. (*Mémoires*, 44.)

2. Rapport de Chasset sur les dîmes, avril 1790. Sur les 123 millions, 23 passent en frais de perception; mais, quand on compte le revenu d'un particulier, on n'en défalque pas ce qu'il paye à ses intendants, régisseurs et caissiers. — Talleyrand (10 octobre 1789) estime le revenu des biens-fonds à 70 millions et leur valeur à 2100 millions; mais, à l'examen, le capital et le revenu se sont trouvés notablement plus grands qu'au premier aperçu. (Rapports de Treilhard et de Chasset.) D'ailleurs, dans son évaluation, Talleyrand laissait à part les maisons et enclos d'habitation, ainsi que le quart de réserve des forêts. Il faut en outre compter dans le revenu avant 1789 les droits seigneuriaux dont jouissait l'Église. Enfin, d'après Arthur Young, la rente foncière perçue par le propriétaire en France était non de 2 1/2 pour 100 comme aujourd'hui, mais de 3 3/4 pour 100. — Quant à la nécessité de doubler les chiffres pour avoir leur valeur en monnaie actuelle, elle est établie par quantité de preuves, entre autres par le prix de la journée de travail, qui était alors de dix-neuf sous. (Arthur Young.)

regardons quelques-uns de ses affluents. Les 399 Prémontrés estiment leur revenu à plus d'un million et leur capital à 45 millions. Le provincial des Dominicains de Toulouse accuse, pour ses 236 religieux, « plus de 200 000 « livres de rentes de revenu net, non compris leurs cou- « vents et leurs enclos, et, dans les colonies, des biens- « fonds, des nègres et autres effets, évalués à plusieurs « millions ». Les Bénédictins de Cluny, au nombre de 298, ont un revenu de 1 800 000 livres. Ceux de Saint-Maur, au nombre de 1672, estiment à 24 millions le mobilier de leurs églises et maisons, et à 8 millions leur revenu net, « sans compter ce qui retourne à MM. les abbés et prieurs « commendataires », c'est-à-dire autant et peut-être davantage. Dom Rocourt, abbé de Clairvaux, a de 300 000 à 400 000 livres de rente; le cardinal de Rohan, évêque de Strasbourg, plus d'un million[1]. Dans la Franche-Comté, l'Alsace et le Roussillon, le clergé possède la moitié des terres; dans le Hainaut et l'Artois, les trois quarts; dans le Cambrésis, 1400 charrues sur 1700[2]. Le Vélay presque entier appartient à l'évêque du Puy, à l'abbé de la Chaise-Dieu, au chapitre noble de Brioude et aux seigneurs de Polignac. Les chanoines de Saint-Claude, dans le Jura, sont propriétaires de 12 000 serfs ou

1. *Archives nationales*, papiers du comité ecclésiastique, cartons 10, 11, 13 25.
Beugnot, *Mémoires*, I, 49, 79.
Delbos, *l'Eglise de France*, I, 399.
Duc de Lévis, *Souvenirs et portraits*, 156.
2. Léonce de Lavergne, *Économie rurale en France*, 24.
Périn, *la Jeunesse de Robespierre* (doléances des cahiers de l'Artois), 317.

mainmortables[1]. — Par cette fortune du premier ordre, nous pouvons nous figurer celle du second. Comme avec les nobles il comprend les anoblis, et que depuis deux siècles les magistrats, depuis un siècle les financiers ont acquis ou acheté la noblesse, il est clair qu'on y trouve presque toutes les grandes fortunes de France, anciennes ou nouvelles, transmises par héritage, obtenues par des grâces de cour, acquises dans les affaires; quand une classe est au sommet, elle se recrute de tout ce qui monte ou grimpe. Là aussi il y a des richesses colossales. On a calculé que les apanages des princes de la famille royale, comtes d'Artois et de Provence, ducs d'Orléans et de Penthièvre, couvraient alors le septième du territoire[2]. Les princes du sang ont ensemble un revenu de 24 à 25 millions; le duc d'Orléans, à lui seul, possède 11 500 000 livres de rente[3]. — Ce sont là des vestiges du régime féo-

1. Boiteau, *État de la France en* 1789, 47.
Voltaire, *Politique et législation*, supplique des serfs de Saint-Claude.

2. Necker, *De l'administration des finances*, II, 272.

3. Marquis de Bouillé, *Mémoires*, 41. — Notez toujours qu'il faut au moins doubler ces chiffres pour avoir ceux qui leur correspondraient aujourd'hui. 10 000 livres de rente en 1766 en valaient 20 000 en 1825. (Mme de Genlis, *Mémoires*, chap. IX.)
Arthur Young, visitant un château de Seine-et-Marne, écrit : « J'ai interrogé Mme de Guerchy; il résulte de cette conversation que pour habiter un château comme celui-ci, avec six domestiques mâles, cinq servantes, huit chevaux, entretenir un jardin, etc., tenir table ouverte, recevoir quelque société, sans jamais aller à Paris, il faut environ 1000 louis de revenu; il en faudrait 2000 en Angleterre ». Aujourd'hui en France, au lieu de 24 000 francs, ce serait 50 000 et davantage. Arthur Young ajoute : « Il y a ici des gentilshommes qui vivent pour 6000 ou 8000 livres avec deux domestiques, deux servantes, trois chevaux et un cabriolet ». Au-

dal; on en trouve aujourd'hui de semblables en Angleterre, en Autriche, en Prusse, en Russie; en effet la propriété survit longtemps aux circonstances qui la fondent. La souveraineté l'avait faite; séparée de la souveraineté, elle est restée aux mains jadis souveraines. Dans l'évêque, l'abbé ou le comte, le roi a respecté le propriétaire en renversant le rival, et, dans le propriétaire subsistant, cent traits indiquent encore le souverain détruit ou amoindri.

III

Telle est l'exemption d'impôt totale ou partielle. Les collecteurs s'arrêtent devant eux, parce que le roi sent bien que la propriété féodale a la même origine que la sienne; si la royauté est un privilège, la seigneurie en est un autre; le roi n'est lui-même que le plus privilégié des privilégiés. Le plus absolu, le plus infatué de son droit, Louis XIV a eu des scrupules lorsque l'extrême nécessité l'a contraint à mettre sur tous l'impôt du dixième[1]. Des traités, des précédents, une coutume im-

jourd'hui il leur en faudrait 20 000 ou 25 000. — En province surtout, par l'effet des chemins de fer, la vie est devenue beaucoup plus chère. « Selon mes amis du Rouergue, dit-il encore, je pourrais vivre à Milhau avec ma famille dans la plus grande abondance pour 100 louis; il y a là des familles nobles vivant d'un revenu de 50 et même de 25 louis. » Aujourd'hui à Milhau les prix sont triplés et même quadruplés. — A Paris, telle maison dans la rue Saint-Honoré, louée 6000 francs en 1789, est louée 16 000 fr. aujourd'hui.

1. *Rapports de l'agence du clergé de* 1780 *à* 1785. A propos des droits féodaux dont le livre de Boncerf demandait l'abolition, l'avocat général Séguier disait en 1775 : « Nos rois ont déclaré

mémoriale, le souvenir du droit antique retiennent encore la main du fisc. Plus le propriétaire ressemble à l'ancien souverain indépendant, plus son immunité est large. — Tantôt il est couvert par un traité récent, par sa qualité d'étranger, par son origine presque royale. « En « Alsace, les princes possessionnés étrangers, les ordres de « Malte et Teutonique jouissent de l'exemption de toute « contribution personnelle et réelle. » — « En Lorraine, le « chapitre de Remiremont a le privilège de se cotiser lui-« même dans toutes les impositions de l'État[1]. » Tantôt il a été protégé par le maintien des États provinciaux et par l'incorporation de la noblesse à la terre : en Languedoc et en Bretagne, les biens roturiers payent seuls la taille. — Partout d'ailleurs, sa qualité l'en a préservé, lui, son château et les dépendances de son château; la taille ne l'atteint que dans ses fermiers. Bien mieux, il suffit qu'il exploite lui-même ou par un régisseur, pour que son indépendance originelle se communique à sa terre; dès qu'il touche le sol, par lui-même ou par son commis, il en abrite quatre charrues, trois cents arpents, qui, dans les mains d'un autre, payeraient deux mille francs d'impôt, et en outre « les bois, les prairies, les vignes, les « étangs, les terres encloses qui tiennent au château, de

eux-mêmes qu'ils sont dans l'heureuse impuissance de porter atteinte à la propriété. »

1. Léonce de Lavergne, *les Assemblées provinciales*, 296. Rapport de M. Schwendt sur l'Alsace en 1787.

Waroquier, *État de la France en* 1789, I, 541.

Necker, *De l'administration des finances*, I, 19, 102.

Turgot (collection des économistes), *Réponse aux observations du garde des sceaux sur la suppression des corvées*, I, 559.

« quelque étendue qu'elles soient ». Par suite, en Limousin et ailleurs, dans les pays dont la principale production est en prairies ou en vignes, il a soin de régir lui-même ou de faire régir une notable portion de son domaine; il l'affranchit ainsi du collecteur[1]. Il y a plus : en Alsace, par convention expresse, il ne paye pas un sou de taille. Ainsi, après quatre cent cinquante ans d'assaut, la taille, ce premier engin du fisc, le plus lourd de tous, a laissé presque intacte la propriété féodale[2]. — Depuis un siècle, deux nouvelles machines, la capitation et les vingtièmes, semblent plus efficaces et ne le sont guère davantage. — D'abord, par un chef-d'œuvre de diplomatie ecclésiastique, le clergé a détourné, émoussé leur choc. Comme il fait corps et qu'il a des assemblées, il a pu traiter avec le roi, se racheter, éviter d'être taxé par autrui, se taxer lui-même, faire reconnaître que ses versements ne sont pas une contribution imposée, mais un « don gratuit », obtenir en échange une foule de concessions, modérer ce don, parfois ne pas le faire, en tout cas le réduire à 16 millions tous les cinq ans, c'est-à-dire à un peu plus de 3 millions par an; en 1788, c'est seulement 1 800 000 livres, et il le refuse pour 1789[3]. Bien mieux, comme il

1. Comte de Tocqueville, *l'Ancien Régime et la Révolution*, 406. « Les habitants de Montbazon avaient porté à la taille les régisseurs du duché que possédait le prince de Rohan. Ce prince fait cesser cet abus et obtient de rentrer dans une somme de 5344 livres qu'on lui avait fait payer indûment de ce chef. »

2. Necker, *De l'administration des finances* . la taille rapportait 91 millions, les vingtièmes 76 500 000, la capitation 41 500 000.

3. Raudot, *la France avant la Révolution*, 51.

Marquis de Bouillé, *Mémoires*, 44.

Necker, *De l'administration des finances*, II, 181. Il s'agit ici emprunte pour y fournir, et que les décimes qu'il lève sur ses biens ne suffisent pas pour amortir le capital et servir les intérêts de sa dette, il a eu l'adresse de se faire allouer en outre par le roi et sur le trésor du roi, chaque année, 2500000 livres, en sorte qu'au lieu de payer il reçoit; en 1787, il touche ainsi 1500000 livres. — Quant aux nobles, ne pouvant se réunir, avoir des représentants, agir par voie publique, ils ont agi par voie privée, auprès des ministres, des intendants, des subdélégués, des fermiers généraux et de toutes les personnes revêtues d'autorité; on a pour leur qualité des égards, des ménagements, des complaisances. D'abord cette qualité les exempte, eux, leurs gens et les gens de leurs gens, du tirage à la milice, du logement des gens de guerre, de la corvée pour les routes. Ensuite, la capitation étant fixée d'après la taille, ils payent peu, puisque leur taille est peu de chose. De plus, chacun d'eux a réclamé de tout son crédit contre sa cote : « Votre cœur sensible, écrit l'un d'eux à l'intendant, ne « consentira jamais à ce qu'un père de mon état soit « taxé à des vingtièmes stricts comme un père du com- « mun[1] ». D'autre part, comme le contribuable paye la capitation au lieu de son domicile effectif, souvent fort

du clergé dit de France (116 diocèses). Le clergé dit étranger était celui des Trois-Evêchés et des pays conquis depuis Louis XIV; il avait un régime à part et payait à peu près comme les nobles. — Les décimes que le clergé de France levait sur ses biens faisaient une somme de 10500000 livres.

1. Tocqueville, *ib.*, 104, 381, 407. — Necker, *ib.*, I, 102. — Boiteau, *ib.*, 362. — Bouillé, *ib.*, 26, 41, et suivantes. — Turgot, *ib.*, passim. — Cf. t. II, livre v, ch. 2, sur les impôts du taillable.

loin de ses terres, et sans qu'on sache rien de ses revenus mobiliers, il peut ne verser que ce que bon lui semble. Nulle recherche contre lui, s'il est noble; « on « est infiniment circonspect envers les personnes d'un « rang distingué »; en province, dit Turgot, « la capita- « tion des privilégiés s'est successivement réduite à un « objet excessivement modique, tandis que la capitation « des taillables est presque égale au principal des « tailles ». Enfin, « les percepteurs se croient obligés « d'observer des ménagements à leur égard », même quand ils doivent; « ce qui fait, dit Necker, qu'il sub- « siste sur leur capitation et sur leurs vingtièmes des « restes très anciens et beaucoup trop considérables ». Ainsi, n'ayant pu repousser de front l'assaut du fisc, ils l'ont esquivé ou atténué jusqu'à le rendre presque inoffensif. En Champagne, « sur près de 1 500 000 livres four- « nis par la capitation, ils ne payent que 14 000 livres, » c'est-à-dire « 2 sous et 2 deniers pour le même objet « qui coûte 12 sous par livre au taillable ». Selon Calonne, « si l'on eût supprimé les concessions et privi- « lèges, les vingtièmes auraient rapporté le double ». A cet égard, les plus opulents étaient les plus habiles à se défendre. « Avec les intendants, disait le duc d'Orléans, « je m'arrange; je paye à peu près ce que je veux », et il calculait que les administrations provinciales, le taxant à la rigueur, allaient lui faire perdre 300 000 livres de rentes. On a vérifié que les princes du sang, pour leurs deux vingtièmes, payaient 188 000 livres, au lieu de 2 400 000. — Au fond, dans ce régime, l'exemption d'impôt est un dernier lambeau de souveraineté ou tout au moins d'indépendance. Le privilégié évite ou repousse la taxe, non seulement parce qu'elle le dépouille, mais encore parce qu'elle l'amoindrit; elle est un signe de roture, c'est-à-dire d'ancienne servitude, et il résiste au fisc autant par orgueil que par intérêt.

IV

Suivons-le chez lui dans son domaine. Un évêque, un abbé, un chapitre, une abbesse a le sien, comme un seigneur laïque; car jadis le monastère et l'Église ont été de petits États, comme le comté et le duché. — Intacte de l'autre côté du Rhin, presque ruinée en France, la bâtisse féodale laisse partout apercevoir le même plan. En certains endroits mieux abrités ou moins assaillis, elle a gardé tous ses anciens dehors. A Cahors, l'évêque-comte de la ville a le droit, quand il officie solennellement, « de faire mettre sur l'autel le casque, « la cuirasse, les gantelets et l'épée[1] ». A Besançon, l'archevêque-prince a six grands officiers qui doivent lui faire hommage de leurs fiefs, assister à son intronisation et à ses obsèques. A Mende[2], l'évêque, seigneur suzerain du Gévaudan depuis le onzième siècle, choisit « les conseils, les juges ordinaires et d'appel, les com- « missaires et syndics du pays », dispose de toutes les

1. Voir, pour tous ces détails, *la France ecclésiastique de* 1788

2. Procès-verbaux et cahiers manuscrits des États généraux de 1789. *Archives nationales*, t. LXXXVIII, 23, 85, 121, 122, 152. Procès-verbal du 12 janvier 1780.

places « municipales et judiciaires », et, prié de venir à l'assemblée des trois ordres de la province, « répond « que sa place, ses possessions et son rang le mettant « au-dessus de tous les particuliers de son diocèse, il « ne peut être présidé par personne, qu'étant seigneur « suzerain de toutes les terres et particulièrement des « baronnies, il ne peut céder le pas à ses vassaux et « arrière-vassaux », bref qu'il est roi ou peu s'en faut dans sa province. A Remiremont, le chapitre noble des chanoinesses a « la basse, haute et moyenne justice « dans cinquante-deux bans de seigneuries », présente à soixante-quinze cures, confère dix canonicats mâles, nomme dans la ville les officiers municipaux, outre cela trois tribunaux de première instance et d'appel et partout les officiers de gruerie. Trente-deux évêques, sans compter les chapitres, sont ainsi seigneurs temporels, en tout ou en partie, de leur ville épiscopale, parfois du district environnant, parfois, comme l'évêque de Saint-Claude, de tout le pays. Ici la tour féodale a été préservée. — Ailleurs elle est récrépie à neuf, notamment dans les apanages. Dans ces domaines qui comprennent plus de douze de nos départements, les princes du sang nomment aux offices de judicature et aux bénéfices. Substitués au roi, ils ont ses droits utiles et honorifiques. Ce sont presque des rois délégués et à vie; car ils touchent, non seulement tout ce que le roi toucherait comme seigneur, mais encore une portion de ce qu'il toucherait comme monarque[1]. Par exemple la maison

1. Necker, *De l'administration des finances*, II, 271, 272. « La

d'Orléans perçoit les aides, c'est-à-dire les droits sur les boissons, sur les ouvrages d'or et d'argent, sur la fabrication du fer, sur les aciers, sur les cartes, le papier et l'amidon, bref tout le montant d'un des plus lourds impôts indirects. Rien d'étonnant, si, rapprochés de la condition souveraine, ils ont, comme les souverains, un conseil, un chancelier, une dette constituée, une cour[1], un cérémonial domestique, et si l'édifice féodal revêt entre leurs mains le décor luxueux et compassé qu'il a pris aux mains du roi.

Venons-en à des personnages moindres, à un seigneur de dignité moyenne, dans sa lieue carrée de pays, au milieu des mille habitants qui jadis ont été ses vilains ou ses serfs, à portée du monastère, du chapitre ou de l'évêque dont les droits s'entremêlent à ses droits. Quoi qu'on ait fait pour l'abaisser, sa place est toujours bien haute. Il est encore, disent les intendants, « le premier habitant » ; c'est un prince qu'ils ont peu à peu dépouillé de ses fonctions publiques et relégué dans ses droits honorifiques et utiles, mais qui demeure prince[2]. — A l'église il a son banc et droit de sépulture dans le

maison d'Orléans, dit-il, est en possession des aides. » Il évalue cet impôt à 51 millions pour tout le royaume.

1. Beugnot, *Mémoires*, I, 77. Notez le cérémonial chez le duc de Penthièvre, chap. I, III. Le duc d'Orléans institue un chapitre et des cordons de chanoinesses. La place de chancelier chez le duc d'Orléans vaut 100 000 livres par an (*Gustave III et la cour de France*, par Geffroy, I, 410).

2. Tocqueville, *ib.*, 40. — Renauldon, avocat au bailliage d'Issoudun; *Traité historique et pratique des droits seigneuriaux*, 1765, 8, 10, 81 et passim. — *Cahier d'un magistrat du Châtelet* sur les justices seigneuriales, 1789. — Duvergier, *Collection*

chœur; les tentures portent ses armoiries; on lui donne l'encens, « l'eau bénite par distinction ». Souvent, ayant fondé l'église, il en est le patron, choisit le curé, prétend le conduire : dans les campagnes, on le voit avancer ou reculer à sa fantaisie l'heure des messes paroissiales. S'il est titré, il est haut justicier, et il y a des provinces entières, par exemple le Maine et l'Anjou, où il n'y a pas de fief sans justice. En ce cas, il nomme le bailli, le greffier et autres gens de loi et de justice, procureurs, notaires, sergents seigneuriaux, huissiers à verge ou à cheval, qui instrumentent ou jugent en son nom, au civil et au criminel, par première instance. De plus, il institue un gruyer, ou juge des délits forestiers, et perçoit les amendes que cet officier inflige. Pour les délinquants de diverses sortes, il a sa prison, parfois ses fourches patibulaires. D'autre part, en dédommagement de ses frais de justice, il reçoit les biens de l'homme condamné à mort et à la confiscation dans son domaine; il succède au bâtard né et décédé dans sa seigneurie sans testament ni enfants légitimes; il hérite du régnicole, enfant légitime, décédé chez lui sans testament ni héritiers apparents; il s'approprie les choses mobilières, vivantes ou inanimées, qui se trouvent égarées et dont on ignore le propriétaire; il prélève le tiers ou la moitié des trésors trouvés, et, sur la côte, il prend our lui les épaves des naufrages; enfin, ce qui est plus

des lois. Décrets du 15-28 mars 1790 sur l'abolition du régime féodal, Merlin de Douai, rapporteur, t. I, 114; Décrets du 19-23 juillet 1790 (I, 293); Décrets du 13-20 avril 1791 (I, 295).

fructueux en ces temps de misère, il devient possesseur des biens abandonnés qu'on a cessé de cultiver depuis dix ans. — D'autres avantages attestent plus clairement encore que jadis il eut le gouvernement du canton. Tels sont, en Auvergne, en Flandre, en Hainaut, dans l'Artois, dans la Picardie, l'Alsace et la Lorraine, les droits de poursoin ou de sauvement qu'on lui paye pour sa protection générale; ceux de guet et de garde qu'il réclame pour sa protection militaire; l'afforage qu'il exige de ceux qui vendent de la bière, du vin et autres boissons en gros ou en détail; le fouage, en argent ou en grains, que, dans plusieurs coutumes, il perçoit sur chaque feu, maison ou famille; le pulvérage, fort commun en Dauphiné et en Provence, sur les troupeaux de moutons qui passent; les lods et ventes, droit presque universel, qui est le prélèvement d'un sixième, parfois d'un cinquième ou même d'un quart sur le prix de toute terre vendue et de tout bail qui excède neuf ans; le droit de rachat ou relief, équivalent à une année de revenu et qu'il reçoit des héritiers collatéraux, parfois des héritiers directs; enfin un droit plus rare, mais le plus lourd de tous, celui d'acapte ou de plait-à-merci, qui est un cens double ou une année des fruits, payable aussi bien au décès du seigneur qu'à celui du censitaire. Ce sont là de véritables impôts, fonciers, mobiliers, personnels, de patente, de circulation, de mutation, de succession, établis jadis à condition d'un service public dont aujourd'hui il n'est plus chargé.

D'autres redevances sont aussi d'anciens impôts, mais

il s'acquitte encore du service qu'ils défrayent. A la vérité, le roi a supprimé quantité de péages, douze cents en 1724, et on en supprime incessamment; mais il en reste beaucoup au profit du seigneur, sur des ponts, sur des chemins, sur des bacs, sur les bateaux qui montent ou descendent, à charge pour lui d'entretenir le pont, le chemin, le bac, la route de halage, plusieurs fort lucratifs, tel rapportant quatre-vingt-dix mille livres[1]. Pareillement, à condition d'entretenir la halle et de fournir gratis les poids et mesures, il prélève un droit sur les denrées et les marchandises apportées à sa foire ou à son marché : à Angoulême le quarante-huitième des grains vendus; à Combourg, près de Saint-Malo, tant par tête de bétail; ailleurs, tant sur les vins, les comestibles et le poisson[2]. Ayant jadis bâti le four, le pressoir, le moulin, la boucherie, il oblige les habitants à s'en servir ou à s'y fournir, et il démolit les constructions qui lui feraient concurrence[3]. Visiblement, ce sont là encore

1. *Archives nationales*, G, 300 (1787). « M. de Boullongne, seigneur de Montereau (y) a un droit de péage qui consiste en « 2 deniers par bœuf, vache, veau ou porc; 1 par mouton; 2 par « bête chargée; 1 sou 8 deniers par voiture à 4 roues; 5 deniers « pour celles à 2 roues, et 10 deniers par voiture attelée de 3, « 4, 5 chevaux; en outre, un droit de 10 deniers par coche, « bateau ou bachot qui remonte la rivière; le même droit par « couple de chevaux qui remontent les bateaux; 1 denier par « futaille vide qui remonte. » Droits analogues à Varennes au profit de M. le duc du Châtelet, seigneur de Varennes.

2. *Archives nationales*, K, 1453, n° 1448 : Lettre du 12 juin 1789 de M. de Meulan; ce droit sur les grains appartenait alors au comte d'Artois. — Chateaubriand, *Mémoires*, I, 73.

3. Renauldon, *ib.*, 249, 258. « Il n'y a guère de villes seigneu- « riales qui n'aient des boucheries banales. Le boucher doit « obtenir la permission expresse du seigneur. » — Sur la mou-

des monopoles et des octrois qui remontent au temps où il avait le pouvoir public.

Non seulement il avait alors le pouvoir public, mais il possédait le sol et les hommes. Propriétaire des hommes, il l'est encore, du moins à plusieurs égards et en plusieurs provinces. « Dans la Champagne propre, « dans le Sénonais, la Marche, le Bourbonnais, le Niver-« nais, la Bourgogne, la Franche-Comté, il n'y a point « ou très peu de terres où il ne reste des marques de « l'ancienne servitude.... On y trouve encore quantité de « serfs personnels ou constitués tels par leurs reconnais-« sances ou par celles de leurs auteurs[1]. » Là, l'homme

ture, le droit était en moyenne de 1/16. En plusieurs provinces. Anjou, Berry, Maine, Bretagne, il y avait un moulin banal à draps ou à écorces.

1. Renauldon, *ib.*, 181, 200, 203; notez qu'il écrit en 1765. Louis XVI supprima le servage dans ses domaines en 1778; et plusieurs seigneurs, en Franche-Comté notamment, suivirent son exemple.

Beugnot, *Mémoires*, I, 142. — Voltaire; *Mémoire au roi sur les serfs du Jura.* — *Mémoires* de Bailly, II, 214, d'après le procès-verbal de l'Assemblée nationale du 7 août 1789. Je me suis reporté à ce procès-verbal et au livre de M. Clerget, curé d'Ornans en Franche-Comté, qui s'y trouve mentionné. M. Clerget y dit, en effet, qu'il y a encore en ce moment (1789) 1 500 000 sujets du roi soumis à la servitude, mais il n'apporte aucune preuve à l'appui de ce chiffre. Néanmoins, il est certain que le nombre des serfs et mainmortables est encore très grand. *Archives nationales*, H, 723, mémoires sur les mainmortables de la Franche-Comté en 1788; H, 200, mémoires par M. Amelot sur la Bourgogne en 1785. « Dans la subdélégation de Charolles, les habitants sem-« blent à un siècle du temps actuel; soumis aux droits féodaux, « tels que la mainmorte, leur esprit et leur corps ne peuvent « prendre aucun essor. Le rachat de la mainmorte, dont le roi a « lui-même donné l'exemple, a été mis à un prix si exorbitant « par les laïques, que les malheureux mainmortables ne peuvent « ni ne pourront y atteindre. »

est serf tantôt par le fait de sa naissance, tantôt par le fait de la terre. Mortaillables, mainmortables, bordeliers, d'une façon ou d'une autre, quinze cent mille personnes, dit-on, ont au col un morceau du collier féodal; rien d'étonnant, puisque de l'autre côté du Rhin presque tous les paysans le portent encore. Maître et propriétaire autrefois de tout leur bien et de tout leur travail, le seigneur peut encore exiger d'eux dix à douze corvées par an et une taille fixe annuelle. Dans la baronnie de Choiseul, près de Chaumont en Champagne, « les habitants sont tenus de labourer ses terres, de les « semer, de les moissonner pour son compte, d'en amener le produit dans ses granges; chaque pièce de « terre, chaque maison, chaque tête de bétail lui paye « une redevance; les enfants ne succèdent aux parents « qu'à condition de demeurer avec eux; s'ils sont absents « à l'époque du décès, c'est lui qui hérite ». Voilà ce qu'en langage du temps on appelait une terre ayant « de « beaux droits ». — Ailleurs le seigneur hérite des collatéraux, frères ou neveux, s'ils n'étaient pas en communauté avec le défunt au moment de sa mort, et cette communauté n'est valable que par sa permission. Dans le Jura et le Nivernais, il peut poursuivre les serfs qui se sont enfuis, et réclamer à leur mort, non seulement le bien qu'ils ont laissé chez lui, mais encore le pécule qu'ils ont acquis ailleurs. A Saint-Claude, il acquiert ce droit sur quiconque a passé un an et un jour dans une maison de la seigneurie. — Quant à la propriété du sol, on voit plus nettement encore que jadis il l'avait tout entière. Dans le district soumis à sa juridiction, le domaine public demeure son domaine privé; les chemins, rues et places publiques en font partie; il a le droit d'y planter des arbres et de revendiquer les arbres qui s'y trouvent. En plusieurs provinces, par le droit de blairie, il fait payer aux habitants la permission de paître leurs bestiaux dans les champs après la récolte, et dans les « terres vaines et vagues ». Les rivières non navigables sont à lui, ainsi que les îlots et atterrissements qui s'y forment et le poisson qui s'y rencontre. Il a droit de chasse dans toute l'étendue de sa juridiction et l'on a vu tel roturier obligé de lui ouvrir son parc enclos de murs.

Encore un trait pour achever de le peindre. Ce chef d'État, propriétaire des hommes et du sol, était jadis un cultivateur résidant sur sa métairie propre au milieu d'autres métairies sujettes, et, à ce titre, il se réservait des avantages d'exploitation dont il a conservé plusieurs. Tel est le droit de banvin, encore très répandu, et qui est le privilège pour lui de vendre son vin, à l'exclusion de tout autre, pendant les trente ou quarante jours qui suivent la récolte. Tel est, en Touraine, le droit de préage, c'est-à-dire la faculté pour lui d'envoyer ses chevaux, vaches et bœufs « paître à garde faite dans les « prés de ses sujets ». Tel est enfin le monopole du grand colombier à pied, d'où ses pigeons par milliers vont pâturer en tout temps et sur toutes les terres, sans que personne puisse les tuer ni les prendre. — Par une autre suite de la même qualité, il perçoit des redevances sur tous les biens que jadis il a donnés à bail perpétuel, et, sous les noms de cens, censives, carpot, champart, agrier, terrage, parcière, ces perceptions en argent ou en nature sont aussi diverses que les situations, les accidents, les transactions locales ont pu l'être. Dans le Bourbonnais, il a le quart de la récolte; dans le Berry, douze gerbes sur cent. Parfois son débiteur ou locataire est une communauté : un député à l'Assemblée nationale avait un fief de deux cents pièces de vin sur trois mille propriétés particulières[1]. Ailleurs, par le retrait censuel, il peut « garder pour son compte toute propriété vendue, à charge de rembourser l'acquéreur, mais en « prélevant à son profit le droit des lods et ventes ». — Remarquez enfin que tous ces assujettissements de la propriété forment, pour le seigneur, une créance privilégiée tant sur les fruits que sur le prix du fonds, et, pour les censitaires, une dette imprescriptible, indivisible, irrachetable. — Voilà les droits féodaux : pour nous les représenter par une vue d'ensemble, figurons-nous toujours le comte, l'évêque ou l'abbé du dixième siècle, souverain et propriétaire de son canton. La forme dans laquelle s'enserre alors la société humaine est construite sous les exigences du danger incessant et proche, en vue de la défense locale, par la subordination de tous les intérêts au besoin de vivre, de façon à sauvegarder le sol en attachant au sol, par la propriété et la jouissance, une troupe de braves sous un brave chef. Le péril s'est évanoui, la construction s'est délabrée.

1. Boiteau, *ib.*, 25 (avril 1790). — Beugnot, *Mémoires*, I, 142.

Moyennant argent, les seigneurs ont permis au paysan économe et tenace d'en arracher beaucoup de pierres. Par contrainte, ils ont souffert que le roi s'en appropriât la portion publique. Reste l'assise primitive, la structure ancienne de la propriété, la terre enchaînée ou épuisée pour le maintien d'un moule social qui s'est dissous, bref un ordre de privilèges et de sujétions dont la cause et l'objet ont disparu[1].

V

Cela ne suffit pas pour que cet ordre soit nuisible ou même inutile. En effet, le chef local qui ne remplit plus son ancien office peut remplir en échange un office nouveau. Institué pour la guerre quand la vie était militante, il peut servir dans la paix quand le régime est pacifique, et l'avantage est grand pour la nation en qui cette transformation s'accomplit; car, gardant ses chefs, elle est dispensée de l'opération incertaine et redoutable qui consiste à s'en créer d'autres. Rien de plus difficile à fonder que le gouvernement, j'entends le gouvernement stable : il consiste dans le commandement de quelques-uns et dans l'obéissance de tous, chose contre nature. Qu'un homme dans son cabinet, parfois un vieillard débile, dispose des biens et des vies de vingt ou trente millions d'hommes dont la plupart ne l'ont jamais vu; qu'il leur dise de verser le dixième ou le cinquième de leur revenu et qu'ils le versent; qu'il

1. Voir la note 2 à la fin du volume.

leur ordonne d'aller tuer ou se faire tuer et qu'ils y aillent; qu'ils continuent ainsi pendant dix ans, vingt ans, à travers toutes les épreuves, défaites, misères, invasions, comme les Français sous Louis XIV, les Anglais sous M. Pitt, les Prussiens sous Frédéric II, sans séditions ni troubles intérieurs : voilà certes une merveille, et, pour qu'un peuple demeure indépendant, il faut que tous les jours il soit prêt à la faire. Ni cette fidélité, ni cette concorde ne sont les fruits de la raison raisonnante; elle est trop vacillante et trop faible pour produire un effet si universel et si énergique. Livré à lui-même et ramené subitement à l'état de nature, le troupeau humain ne saura que s'agiter, s'entre-choquer, jusqu'à ce qu'enfin la force pure prenne le dessus comme aux temps barbares, et que, parmi la poussière et les cris, surgisse un conducteur militaire, lequel d'ordinaire est un boucher. En fait d'histoire, il vaut mieux continuer que recommencer. — C'est pourquoi, surtout quand la majorité est inculte, il est utile que les chefs soient désignés d'avance par l'habitude héréditaire qu'on a de les suivre, et par l'éducation spéciale qui les a préparés. En ce cas le public n'a pas besoin de les chercher pour les trouver. Ils sont là, dans chaque canton, visibles, acceptés d'avance; on les reconnaît à leur nom, à leur titre, à leur fortune, à leur genre de vie, et la déférence est toute prête pour leur autorité. Cette autorité, le plus souvent ils la méritent; nés et élevés pour l'exercer, ils trouvent dans la tradition, dans l'exemple et dans l'orgueil de famille des cordiaux puissants qui nourrissent en eux l'esprit public; il y a chance pour qu'ils comprennent les devoirs dont leur prérogative les charge. — Tel est le renouvellement que comporte le régime féodal. L'ancien chef peut encore autoriser sa prééminence par ses services, et rester populaire sans cesser d'être privilégié. Jadis capitaine du district et gendarme en permanence, il doit devenir propriétaire résidant et bienfaisant, promoteur volontaire de toutes les entreprises utiles, tuteur obligé des pauvres, administrateur et juge gratuit du canton, député sans traitement auprès du roi, c'est-à dire conducteur et protecteur comme autrefois, par un patronage nouveau accommodé aux circonstances nouvelles. Magistrat local, représentant au centre, voilà ses deux fonctions principales, et, si l'on regarde au delà de la France, on découvre qu'il remplit l'une ou l'autre, ou toutes les deux.

CHAPITRE III

Services locaux que doivent les privilégiés. — I. Exemples en Allemagne et en Angleterre. — Les privilégiés ne rendent pas ces services en France. — II. Seigneurs qui résident. — Restes du bon esprit féodal. — Ils ne sont point durs avec leurs tenanciers, mais ils n'ont plus le gouvernement local. — Leur isolement. — Petitesse ou médiocrité de leur aisance. — Leurs dépenses. — Ils ne sont pas en état de remettre les redevances. — Sentiments des paysans à leur endroit. — III. Seigneurs qui ne résident pas. — Énormité de leurs fortunes et de leurs droits. — Ayant des avantages plus grands, ils doivent de plus grands services. — Raisons de leur absence. — Effet de leur éloignement. — Apathie dans les provinces. — État de leurs terres. — Ils ne font pas l'aumône. — Misère de leurs tenanciers. — Exactions de leurs fermiers. — Exigences de leurs dettes. — État de leurs justices. — Effets de leur droit de chasse. — Sentiments des paysans à leur endroit.

I

Considérons la première, le gouvernement local. A la porte de la France, il y a des contrées où la sujétion féodale, plus pesante qu'en France, semble plus légère, parce que, dans l'autre plateau de la balance, les bienfaits contrepèsent les charges. A Munster en 1809, Beugnot trouve un évêque souverain, une ville de couvents et de grands hôtels seigneuriaux, quelques marchands pour les objets indispensables, peu de bourgeoisie, alentour tous les paysans colons ou serfs. Le seigneur prélève une part de tous leurs produits, denrées ou bestiaux, et à leur mort une portion de leur héritage; s'ils s'en vont, leur bien lui revient. Ses domestiques sont châtiés comme des moujiks, et, dans chaque remise, il y a un chevalet à cet usage, « sans préjudice de peines plus graves », probablement la bastonnade et le reste. Mais « jamais il n'est venu au « condamné la moindre idée de réclamation ni d'appel ». Car, si le seigneur les frappe en père de famille, il les protège « en père de famille, il accourt quand il y a un « malheur à réparer, il les soigne dans leurs maladies », il leur fournit un asile dans leur vieillesse; il pourvoit leurs veuves et se réjouit quand ils ont beaucoup d'enfants; il est en communauté de sympathies avec eux; ils ne sont ni misérables ni inquiets; ils savent que, dans tous leurs besoins extrêmes ou imprévus, il sera leur refuge[1]. — Dans les États prussiens, et d'après le code du grand Frédéric, une servitude plus dure encore est compensée par des obligations égales. Sans la permission du seigneur, les paysans ne peuvent aliéner leur champ, l'hypothéquer, le cultiver autrement, changer de métier, se marier. S'ils quittent la seigneurie, il peut les poursuivre en tout lieu et les ramener de force. Il a droit de surveillance sur leur vie

1. Beugnot, *Mémoires*, I, 292. — Tocqueville, *l'Ancien Régime et la Révolution*, 34, 60.

privée et les châtie s'ils sont ivrognes ou paresseux. Adolescents, ils sont pendant plusieurs années domestiques dans son manoir; cultivateurs, ils lui doivent des corvées, en certains lieux trois par semaine. Mais, de par l'usage et la loi, il doit « veiller à ce qu'ils « reçoivent l'éducation, les secourir dans l'indigence, « leur procurer, autant que possible, les moyens de « vivre ». Il a donc les charges du gouvernement dont il a les profits, et, sous la lourde main qui les courbe, mais qui les soutient, on ne voit pas que les sujets regimbent. — En Angleterre, la haute classe arrive au même effet par d'autres voies. Là aussi la terre paye encore la dîme ecclésiastique, le dixième strict, bien plus qu'en France[1]; le squire, le nobleman possède une part du sol encore plus large que celle de son voisin français, et, de fait, exerce sur son canton une autorité plus grande. Mais ses tenanciers, locataires et fermiers ne sont plus ses serfs ni même ses vassaux; ils sont libres. S'il gouverne, c'est par influence, non par commandement. Propriétaire et patron, on a de la déférence pour lui; lord-lieutenant, officier de la milice, administrateur, *justice*, il est visiblement utile. Surtout, de père en fils, il réside, il est du canton, en communication héréditaire et incessante avec le public local, par ses affaires et par ses plaisirs, par la chasse et par le bureau des pauvres, par ses fermiers qu'il admet à sa

1. Arthur Young, *Voyages en France*, II, 456. En France, dit il, elle est du onzième au trente-deuxième. « Mais on ne connaît rien de tel que les énormités commises en Angleterre, où l'on prend réellement le dixième. »

table, par ses voisins qu'il rencontre au comité ou à la *vestry*. Voilà comment les vieilles hiérarchies se maintiennent : il faut et il suffit qu'elles changent en cadre civil leur cadre militaire, et trouvent un emploi moderne au chef féodal.

II

Lorsqu'on remonte un peu plus haut dans notre histoire, on y rencontre çà et là de pareils nobles[1]. Tel était le duc de Saint-Simon, père de l'écrivain, vrai souverain dans son gouvernement de Blaye, respecté du roi lui-même. Tel fut le grand-père de Mirabeau, dans son château de Mirabeau en Provence, le plus hautain, le plus absolu, le plus intraitable des hommes, « exigeant « que les officiers qu'il présente pour son régiment « soient agréés du roi et des ministres », ne souffrant les inspecteurs de revue que pour la forme, mais héroïque, généreux, dévoué, distribuant la pension qu'on lui offre à six capitaines blessés sous ses ordres, s'entremettant pour les pauvres plaideurs de la montagne, chassant de sa terre les procureurs ambulants qui viennent y apporter leur chicane, « protecteur

1. Saint-Simon, *Mémoires*, éd. Chéruel, t. I. — Lucas de Montigny, *Mémoires de Mirabeau*, t. I, de 53 à 182. — Le maréchal Marmont, *Mémoires*, I, 9, 11. — Chateaubriand, *Mémoires*, I, 17. — Comte de Montlosier, *Mémoires*, 2 vol. passim. — Mme de la Rochejaquelein, *Souvenirs*, passim. On trouvera dans ces passages des détails sur les types énergiques de l'ancienne noblesse. — Ils sont peints avec force et justesse dans deux romans de Balzac : *Béatrix* (le baron de Guénic) et *le Cabinet des antiques* (le marquis d'Esgrignon).

naturel des hommes », jusque contre les ministres et contre le roi. Des gardes du tabac ayant fait une descente chez son curé, il les poursuivit à cheval si rudement qu'ils se sauvèrent à grand'peine en guéant la Durance, et là-dessus « il écrivit pour demander la « révocation de tous les chefs, assurant que sans cela « tous les employés des aides iraient dans le Rhône « ou dans la mer; il y en eut de révoqués, et le direc- « teur du tripot vint lui-même lui faire satisfaction ». Voyant son canton stérile et ses colons paresseux, il les enrégimente, hommes, femmes, enfants, et, par les plus mauvais temps, lui-même à leur tête, avec ses vingt-sept blessures, le col soutenu par une pièce d'argent, il les fait travailler en les payant, défricher des terres qu'il leur donne à bail pour cent ans, enclore d'énormes murs et planter d'oliviers une montagne de roches. « Nul n'eût pu, sous aucun prétexte, se dispenser de « travailler qu'il ne fût malade, et en ce cas secouru, « ou occupé à travailler sur son propre bien, article « sur lequel mon père ne se laissait pas tromper, et « nul ne l'eût osé. » Ce sont là les derniers troncs de la vieille souche, noueux, sauvages, mais capables de fournir des abris. On en trouverait encore quelques-uns dans les cantons reculés, en Bretagne, en Auvergne, vrais commandants de district, et je suis sûr qu'au besoin leurs paysans les suivront autant par respect que par crainte. La force du cœur et du corps donne l'ascendant qu'elle justifie, et la surabondance de sève, qui commence par des violences, finit par des bienfaits.

— Moins indépendant et moins âpre, le gouvernement paternel subsiste ailleurs, sinon dans la loi, du moins dans les mœurs. En Bretagne, près de Tréguier et de Lannion, dit le bailli de Mirabeau[1], « tout l'état-major « de la garde-côte est composé de gens de qualité et de « races de mille ans. Je n'en ai pas encore vu un « s'échauffer contre un soldat-paysan, et j'ai vu en « même temps un air de respect filial de la part de ces « derniers..... C'est le paradis terrestre pour les mœurs, « la simplicité, la vraie grandeur patriarcale : des « paysans dont l'attitude devant les seigneurs est celle « d'un fils tendre devant son père, des seigneurs qui ne « parlent à ces paysans dans leur langage grossier et « rude que d'un air bon et riant; on voit un amour « réciproque entre les maîtres et les serviteurs ». — Plus au sud, dans le Bocage, pays tout agricole et sans routes, où les dames voyagent à cheval et dans des voitures à bœufs, où le seigneur n'a pas de fermiers, mais vingt-cinq à trente petits métayers avec lesquels il partage, la primauté des grands ne fait point de peine aux petits. On vit bien ensemble, quand on vit ensemble depuis la naissance jusqu'à la mort, familièrement, avec les mêmes intérêts, les mêmes occupations et les mêmes plaisirs : tels des soldats avec leurs officiers, en campagne, sous la tente, subordonnés quoique camarades, sans que la familiarité nuise au respect. « Le « seigneur les visite souvent dans leurs métairies,

1. Lettre du bailli de Mirabeau, 1760, publiée par M. de Loménie dans *le Correspondant*, t. XLIX, 152.

« cause avec eux de leurs affaires, du soin de leur « bétail, prend part à des accidents et à des malheurs « qui lui portent aussi préjudice. Il va aux noces de « leurs enfants et boit avec les convives. Le dimanche « on danse dans la cour du château, et les dames se « mettent de la partie[1]. » Quand il chasse le loup et le sanglier, le curé en fait l'annonce au prône; les paysans avec leur fusil viennent joyeusement au rendez-vous, trouvent le seigneur qui les poste, observent strictement la consigne qu'il leur donne : voilà des soldats et un capitaine tout préparés. Un peu plus tard et d'eux-mêmes, ils vont le choisir pour commandant de la garde nationale, pour maire de la commune, pour chef de l'insurrection, et, en 1792, les tireurs de la paroisse marcheront sous lui contre les bleus, comme aujourd'hui contre le loup. — Tels sont les derniers restes du bon esprit féodal, semblables aux sommets épars d'un continent submergé. Avant Louis XIV, le spectacle était pareil dans toute la France. « La noblesse campagnarde « d'autrefois, dit le marquis de Mirabeau, buvait trop « longtemps, dormait sur de vieux fauteuils ou grabats, « montait à cheval, allait à la chasse de grand matin, « se rassemblait à la Saint-Hubert et ne se quittait « qu'après l'octave de la Saint-Martin.... Cette noblesse « menait une vie gaie et dure, volontairement, coûtait « peu de chose à l'État, et lui produisait plus par sa

1. Mme de la Rochejaquelein, *ib.*, I, 84. « Comme M. de Marigny avait quelques connaissances de l'art vétérinaire, les paysans du canton venaient le chercher quand ils avaient des bestiaux malades. »

« résidence et son fumier que nous ne lui valons « aujourd'hui par notre goût, nos recherches, nos « coliques et nos vapeurs.... On sait à quel point était « l'habitude, et, pour ainsi dire, la manie des présents « continuels que les habitants faisaient à leurs sei- « gneurs. J'ai vu de mon temps cette habitude cesser « partout et à bon droit.... Les seigneurs ne leur sont « plus bons à rien; il est tout simple qu'ils en soient « oubliés comme ils les oublient.... Personne ne con- « naissant plus le seigneur dans ses terres, tout le « monde le pille, et c'est bien fait[1]. » Partout, sauf en des coins écartés, l'affection, l'union des deux classes a disparu; le berger s'est séparé du troupeau, et les pasteurs du peuple ont fini par être considérés comme ses parasites.

Suivons-les d'abord en province. On n'y voit que la petite noblesse et une partie de la moyenne; le reste est à Paris[2]. Même partage dans l'Église : les abbés commendataires, les évêques et archevêques ne résident guère; les grands vicaires et chanoines sont dans les grandes villes; il n'y a que les prieurs et les curés dans les campagnes; à l'ordinaire, tout l'état-major ecclésiastique ou laïque est absent; les résidents ne sont fournis que par les grades secondaires ou inférieurs. — Comment ceux-ci vivent-ils avec le paysan? Un point est sûr, c'est que le plus souvent ils ne sont pour lui

1. Marquis de Mirabeau, *Traité de la population*, 57.
2. Tocqueville, *ib.*, 180. Ceci est prouvé par les registres de la capitation, qu'on payait au domicile réel.

ni durs ni même indifférents. Séparés par le rang, ils ne le sont point par la distance; or le voisinage est à lui seul un lien entre les hommes. J'ai eu beau lire, je n'ai point trouvé en eux les tyrans ruraux que dépeignent les déclamateurs de la Révolution. Hautains avec le bourgeois, ils sont ordinairement bons avec le villageois. « Qu'on parcoure dans les provinces, dit un avocat con- « temporain, les terres habitées par les seigneurs; « entre cent, on en trouvera peut-être une ou deux où « ils tyrannisent leurs sujets; tous les autres y par- « tagent patiemment la misère de leurs justiciables.... « Ils attendent les débiteurs, leur font des remises, leur « procurent toute facilité pour payer. Ils adoucissent, « ils tempèrent les poursuites parfois trop rigoureuses « des fermiers, des régisseurs, des gens d'affaires[1]. » — Une Anglaise qui les voit en Provence au sortir de la Révolution dit que, détestés à Aix, ils sont très aimés sur leurs terres. « Tandis que devant les premiers « bourgeois ils passent la tête haute, avec un air de « dédain, ils saluent les paysans avec une courtoisie et « une affabilité extrêmes. » Un d'eux distribue aux femmes, enfants, vieillards de son domaine de la laine et du chanvre pour filer pendant la mauvaise saison, et, à la fin de l'année, il donne un prix de cent livres aux deux meilleures pièces de toile. En nombre de cas, les

1. Renauldon, *ib.*, préface, 5. — Anne Plumptree, *a Narrative of three years' residence in France from* 1802 *to* 1805, II, 357. — Baronne d'Oberkirch, *Mémoires*. II, 389. — *De l'état religieux*, par les abbés de Bonnefoi et Bernard (1784), 295. — Mme Vigée-Lebrun, *Souvenirs*, 171.

paysans acquéreurs leur ont volontairement restitué leurs terres au prix d'achat. — Autour de Paris, près de Romainville, après le terrible orage de 1788, on prodigue les aumônes; « un homme fort riche distribue « aussitôt pour son compte quarante mille francs aux « malheureux qui l'entourent »; pendant l'hiver, en Alsace, à Paris, tout le monde donne; « devant chaque « hôtel d'une famille connue brûle un vaste bûcher, où « nuit et jour les pauvres viennent se chauffer » — En fait de charité, les moines qui résident et sont témoins de la misère publique restent fidèles à l'esprit de leur institut. A la naissance du Dauphin, les Augustins de Montmorillon en Poitou ont payé de leurs deniers les tailles et corvées de dix-neuf pauvres familles. En 1781, en Provence, les Dominicains de Saint-Maximin ont nourri leur district où l'ouragan avait détruit les vignes et les oliviers. « Les Chartreux de Paris donnent aux « pauvres 1800 livres de pain par semaine. Pendant « l'hiver de 1784, les aumônes sont augmentées dans « toutes les maisons religieuses : leurs fermiers distri- « buent des secours aux habitants pauvres des cam- « pagnes, et, pour fournir à ces besoins extraordi- « naires, plusieurs communautés ajoutent à la rigueur « de leurs abstinences. » — Quand, à la fin de 1789, il s'agit de les supprimer, je rencontre en leur faveur nombre de réclamations écrites par des officiers municipaux, par les notables, par une foule d'habitants, artisans, paysans, et ces colonnes de signatures rustiques sont vraiment éloquentes. Sept cents familles de

Cateau-Cambrésis[1] dressent une supplique pour garder « les dignes abbés et religieux de l'abbaye de Saint-« André, leurs pères communs et bienfaiteurs, qui les « ont nourris pendant la grêle ». Les habitants de Saint-Savin, dans les Pyrénées, « peignent avec des « larmes de douleur leur consternation » à l'idée qu'on va supprimer leur abbaye de Bénédictins, seule fondation de charité dans ce pays pauvre. A Sierk, près de Thionville, « la Chartreuse, disent les notables, est à « tous égards pour nous l'arche du Seigneur; c'est la « principale ressource de plus de douze à quinze cents « personnes qui viennent tous les jours de la semaine. « Cette année les moines leur ont distribué leur propre « provision de grain à 16 livres au-dessous du cours ». Les chanoines réguliers de Domièvre en Lorraine nourrissent soixante pauvres deux fois par semaine; il faut les conserver, dit la supplique, « par pitié et compas-« sion pour le pauvre peuple dont la misère est au-« dessus de l'imagination; où il n'y a pas de couvents « réguliers et de chanoines de leur dépendance, les « pauvres crient misère[2] ». A Moutiers-Saint-Jean, près de Semur en Bourgogne, les Bénédictins de Saint-Maur

1. *Archives nationales*, D, XIX, cartons 14, 15, 25. Cinq dossiers sont remplis de ces pétitions.

2 *Ibid.*, D, XIX, carton 11. Très belle lettre de Joseph de Saintignon, abbé de Domèvre, général des chanoines réguliers de Saint-Sauveur et résident. Il a 23 000 livres de rente, dont 6 066 livres de pension donnée par le gouvernement en récompense de ses services. Sa dépense personnelle n'étant que de 5 000 livres, « il a été en état de verser entre les pauvres et les ouvriers, dans l'espace de onze ans, plus de 250 000 livres ».

font vivre tout le village et l'ont nourri cette année dans la disette. Près de Morley en Barrois, l'abbaye d'Auvey, ordre de Citeaux, « a toujours été, pour tous les vil-« lages qui l'avoisinent, un bureau de charité ». A Airvault, dans le Poitou, les officiers municipaux, le colonel de la garde nationale, quantité de « manants et « habitants », demandent à conserver les chanoines réguliers de Saint-Augustin. « Leur existence, dit la « pétition, est absolument essentielle tant pour notre « ville que pour les campagnes, et nous ferions une « perte irréparable par leur suppression. » La municipalité et le conseil permanent de Soissons écrivent que la maison de Saint-Jean-des-Vignes « a toujours réclamé « avec empressement sa part dans les charges pu-« bliques. C'est elle qui, dans les calamités, recueille « les citoyens sans asile et leur fournit la subsistance. « C'est elle qui a porté seule la charge de l'assemblée « du bailliage, lors de l'élection des députés à l'As-« semblée nationale. C'est elle qui loge actuellement « une compagnie du régiment d'Armagnac. C'est elle « qu'on trouve partout, lorsqu'il y a des sacrifices à « faire ». — En vingt endroits, on déclare que les religieux sont « les pères des pauvres ». Dans le diocèse d'Auxerre, pendant l'été de 1789, les Bernardins de Rigny « se sont dépouillés, en faveur des habitants des « villages voisins, de tout ce qu'ils possédaient : pain, « grains, argent et autres secours, tout a été prodigué « envers douze cents personnes qui, pendant plus de « six semaines, n'ont cessé de venir se présenter chaque

« jour à leur porte.... Emprunts, avances prises sur les « fermiers, crédit chez les fournisseurs de la maison, « tout a concouru à leur faciliter les moyens de sou« lager le peuple ». — J'omets beaucoup d'autres traits aussi forts ; on voit que les seigneurs ecclésiastiques ou laïques ne sont point de simples égoïstes quand ils résident. L'homme compatit aux maux dont il est le témoin ; il faut l'absence pour en émousser la vive impression ; le cœur en est touché quand l'œil les contemple. D'ailleurs la familiarité engendre la sympathie ; on ne peut guère rester froid devant l'angoisse d'un pauvre homme, à qui, depuis vingt ans, l'on dit bonjour en passant, dont on sait la vie, qui n'est pas pour l'imagination une unité abstraite, un chiffre de statistique, mais une âme en peine et un corps souffrant. — D'autant plus que, depuis les écrits de Rousseau et des économistes, un souffle d'humanité chaque jour plus fort, plus pénétrant, plus universel, est venu attendrir les cœurs. Désormais on pense aux pauvres, et l'on se fait honneur d'y penser. Il suffit de lire les cahiers des États généraux[1] pour voir que, de Paris, l'esprit philanthropique s'est répandu jusque dans les châteaux et les abbayes de province. Je suis persuadé que, sauf des hobereaux écartés, chasseurs et buveurs, emportés par le besoin d'exercice corporel et confinés par leur rusticité dans la vie animale, la plupart des seigneurs rési-

1. Sur la conduite et sur les sentiments des seigneurs ecclésiastiques et laïques, cf. Léonce de Lavergne, *les Assemblées provinciales*, 1 vol. — Legrand, *l'Intendance du Hainaut*, 1 vol. — Hippeau, *le Gouvernement de Normandie*, 9 vol.

dents ressemblaient, d'intention ou de fait, aux gentilshommes que, dans ses contes moraux, Marmontel mettait alors en scène; car la mode les poussait de ce côté, et toujours en France on suit la mode. Leur caractère n'a rien de féodal; ce sont des gens « sen« sibles », doux, très polis, assez lettrés, amateurs de phrases générales, et qui s'émeuvent aisément, vivement, volontiers, comme cet aimable raisonneur le marquis de Ferrières, ancien chevau-léger, député de Saumur à l'Assemblée nationale, auteur d'un écrit sur le *Théisme*, d'un roman moral, de mémoires bienveillants et sans grande portée; rien de plus éloigné de l'ancien tempérament âpre et despotique. Ils voudraient bien soulager le peuple, et chez eux ils l'épargnent autant qu'ils peuvent[1]. On les trouve nuisibles sans qu'ils soient méchants; le mal vient de leur situation, non de leur caractère. En effet, c'est leur situation qui, leur laissant les droits sans les services, leur interdit les offices publics, l'influence utile, le patronage effectif par lesquels ils pourraient justifier leurs avantages et s'attacher leurs paysans.

Mais sur ce terrain le gouvernement central a pris leur place. Depuis longtemps, ils sont bien faibles contre l'intendant, bien impuissants à protéger leur paroisse. Vingt gentilshommes ne peuvent se réunir et délibérer sans une permission expresse du roi[2]. Si ceux de

1. « La pitié la plus active remplissait les âmes; ce que craignaient le plus les hommes opulents, c'était de passer pour insensibles. » (Lacretelle, *Histoire de France au* XVIIIe *siècle*, V, 2.)

2. Floquet, *Histoire du Parlement de Normandie*, VI, 696. En

Franche-Comté viennent une fois l'an dîner ensemble et entendre une messe, c'est par tolérance, et encore cette innocente confrérie ne doit s'assembler qu'en présence de l'intendant. — Séparé de ses égaux, le seigneur est encore séparé de ses inférieurs. L'administration du village ne le regarde pas, il n'en a pas même la surveillance : répartir l'impôt et le contingent de la milice, réparer l'église, rassembler et présider l'assemblée de la paroisse, faire des routes, établir des ateliers de charité, tout cela est l'affaire de l'intendant ou des officiers communaux que l'intendant nomme ou dirige[1]. Sauf par son droit de justice si écourté, le seigneur est oisif en matière publique[2]. Si, par hasard, il voulait intervenir à titre officieux, réclamer pour la communauté, les bureaux le feraient taire bien vite. Depuis Louis XIV, tout a ployé sous les commis; toute la législation et toute la pratique administrative ont opéré contre le seigneur local pour lui ôter ses fonctions efficaces et le confiner dans son titre nu. Par cette disjonction des fonctions et du titre, il est devenu d'autant plus fier qu'il devenait moins utile. Son amour-propre, n'ayant plus la grande pâture, se rabat sur la petite;

1772, vingt-cinq gentilshommes sont emprisonnés ou exilés pour avoir signé une protestation contre les ordres de la cour.

1. Tocqueville, *ib.*, 19, 39, 56, 75, 184. Il a développé ce point avec une force et une profondeur admirables.

2. Tocqueville, *ib.*, 376. Plaintes de l'assemblée provinciale de la Haute-Guyenne. « On se plaint tous les jours qu'il n'y ait aucune police dans les campagnes. Comment y en aurait-il? *Le noble ne se mêle de rien*, excepté quelques seigneurs justes et bienfaisants qui profitent de leur ascendant sur leurs vassaux pour prévenir les voies de fait. »

désormais il recherche les distinctions, non l'influence, et songe à primer, non à gouverner[1]. En effet, le gouvernement local, aux mains de rustres brutalisés par des plumitifs, est devenu une chose roturière, paperassière, et cette chose lui semble sale. « On blesserait son « orgueil en l'invitant à s'y livrer. Asseoir les taxes, « lever la milice, régler les corvées, actes serviles, « œuvres de syndic. » — Il s'abstient donc, reste isolé dans son manoir, laisse à d'autres une besogne dont on l'exclut et qu'il dédaigne. Loin de défendre ses paysans, c'est à peine s'il peut se défendre lui-même, maintenir ses immunités, faire réduire sa capitation et ses vingtièmes, obtenir pour ses domestiques l'exemption de la milice, préserver sa personne, sa demeure, ses gens, sa chasse et sa pêche de l'usurpation universelle qui met aux mains de « Monseigneur l'intendant » et de MM. les subdélégués tous les biens et tous les droits. — D'autant plus que bien souvent il est pauvre. Bouillé estime que toutes les vieilles familles, sauf deux ou trois cents, sont ruinées[2]. Dans le Rouergue, plusieurs vivent sur un revenu de cinquante et même de vingt-cinq louis.

1. Cahiers des États généraux de 1789. Quantité de cahiers de la noblesse demandent pour les nobles, hommes et femmes, une marque distinctive honorifique, par exemple une croix ou un cordon qui les fasse reconnaître.

2. Bouillé, *Mémoires*, 50. — Tocqueville, *ibid.*, 118, 119. — Loménie, *les Mirabeau*, 132. (Lettre du bailli de Mirabeau, 1760.) Chateaubriand; *Mémoires*, I, 14, 15, 29, 76, 80, 125. — Lucas de Montigny, *Mémoires de Mirabeau*, I, 160. — Comptes rendus de la société du Berry . *Bourges en* 1753 *et* 1754, d'après un journal à la main (aux *Archives nationales*), écrit par un des parlementaires exilés, 273.

En Limousin, dit un intendant au commencement du siècle, sur plusieurs milliers, il n'y en a pas quinze qui aient vingt mille livres de rente. En Berry, vers 1754, « les trois quarts meurent de faim ». En Franche-Comté, la confrérie dont nous parlions tout à l'heure est un spectacle comique : « après la messe, ils s'en « retournent chacun chez eux, les uns à pied, les « autres sur leurs Rossinantes ». En Bretagne, « il y a « un tas de gentilshommes rats de cave, dans les « fermes, dans les plus vils emplois ». Un M. de la Morandais s'est fait régisseur d'une terre. Telle famille a pour tout bien une métairie « qui n'atteste sa noblesse « que par un colombier; elle vit à la paysanne et « mange du pain bis ». Un autre gentilhomme veuf « passe ses jours à boire, vit dans le désordre avec ses « servantes, et met les plus beaux titres de sa maison « à couvrir des pots de beurre ». « Tous les chevaliers « de Chateaubriand, dit le père, ont été des ivrognes « et des fouetteurs de lièvres. » Lui-même vivote tristement et pauvrement, avec cinq serviteurs, un chien de chasse et deux vieilles juments, « dans un château « qui aurait tenu cent seigneurs et leur suite ». Çà et là, dans les Mémoires, on voit passer quelques-unes de ces étranges figures surannées, par exemple, en Bourgogne, « des gentilshommes chasseurs, en guêtres, en « souliers ferrés, portant sous le bras une vieille épée « rouillée, mourant de faim et refusant de travailler[1] »; ailleurs, « M. de Pérignan, en habit, perruque et figure

1. *La vie de mon père*, par Rétif de la Bretonne, I, 146.

« rousses, faisant travailler à des murs de pierre sèche « dans sa terre, et s'enivrant avec le maréchal-ferrant « du lieu »; parent du cardinal Fleury, on fit de lui le premier duc de Fleury. — Tout contribue à cette décadence, la loi, les mœurs, et d'abord le droit d'aînesse. Institué pour que la souveraineté et le patronage ne soient pas divisés, il ruine les nobles, depuis que la souveraineté et le patronage n'ont plus de matière propre. « En Bretagne[1], dit Chateaubriand, les aînés nobles emportaient les deux tiers des biens, et les cadets se partageaient entre eux tous un tiers de l'héritage paternel. » Par suite, « les cadets des cadets arri« vaient promptement au partage d'un pigeon, d'un « lapin, d'une canardière et d'un chien de chasse. « Toute la fortune de mon aïcul ne dépassait pas cinq « mille livres de rente, dont l'aîné de ses fils emportait « les deux tiers, trois mille trois cents livres; restait « mille six cent soixante-six livres pour les trois cadets, « sur laquelle somme l'aîné prélevait encore le pré« ciput ». — Cette fortune qui s'émiette et s'anéantit, ils ne savent ni ne veulent la refaire par le négoce, l'industrie ou l'administration : ce serait déroger « Hauts et puissants seigneurs d'un colombier, d'une « crapaudière et d'une garenne », plus la substance leur manque, plus ils s'attachent au nom. — Joignez à cela le séjour d'hiver à la ville, la représentation, les dépenses que comportent la vanité et le besoin de

1. La règle est analogue dans les autres coutumes, notamment dans celle de Paris. (Renauldon, *ib.*, 134.)

société, les visites chez le gouverneur et l'intendant : il faut être Allemand ou Anglais pour passer les mois tristes et pluvieux dans son castel ou dans sa ferme, seul, en compagnie de rustres, au risque de devenir aussi emprunté et aussi hétéroclite qu'eux[1]. Par suite, ils s'endettent, ils s'obèrent, ils vendent un morceau de leur terre, puis un autre morceau : beaucoup ont tout aliéné, sauf leur petit manoir et les droits seigneuriaux, cens, lods et ventes, droit de chasse et de justice sur le territoire dont jadis ils étaient les propriétaires[2]. Puisqu'ils vivent de ces droits, il faut bien qu'ils les exercent, même quand le droit est lourd, même quand le débiteur est pauvre. Comment lui remettraient-ils la redevance en grains et en vin, quand elle est pour eux le pain et le vin de l'année? Comment le dispenser du quint et du requint, quand c'est le seul argent qu'ils perçoivent? Comment, étant besogneux, ne seraient-ils pas exigeants? — Les voilà donc, vis-à-vis du paysan, à l'état de simples créanciers; c'est à cela qu'aboutit le

1. Mme d'Oberkirch, *Mémoires*, I, 305.

2. Bouillé, *Mémoires*, 50. Selon lui, toutes les vieilles familles nobles, « sauf deux ou trois cents au plus, étaient ruinées. « La plus grande partie des grandes terres titrées étaient deve- « nues l'apanage des financiers, des négociants et de leurs des- « cendants. Les fiefs, pour la plupart, étaient entre les mains « des bourgeois des villes ». — Léonce de Lavergne, *Économie rurale en France*, 26. « La plupart végétaient pauvrement « dans de petits fiefs de campagne qui ne valaient pas souvent « plus de 2 000 ou 3 000 francs de rente. » — Dans la répartition de l'indemnité, en 1825, plusieurs reçoivent moins de 1 000 francs. Le plus grand nombre des indemnités ne dépasse pas 50 000 francs. — « Le trône, disait Mirabeau, n'est entouré « que de nobles ruinés. »

régime féodal transformé par la monarchie. Autour du château je vois les sympathies baisser, l'envie s'élever, les haines se grossir. Écarté des affaires, affranchi de l'impôt, le seigneur reste isolé, étranger parmi ses vassaux; son autorité anéantie et ses privilèges conservés lui font une vie à part. Quand il en sort, c'est pour ajouter forcément à la misère publique. Sur ce sol ruiné par le fisc, il vient prendre une part du produit, tant de gerbes de blé, tant de cuvées de vin. Ses pigeons et son gibier mangent la récolte. Il faut aller moudre à son moulin et lui laisser un seizième de la farine. Un champ vendu six cents livres met cent livres dans sa poche. L'héritage du frère n'arrive au frère que rogné par lui d'une année de revenu. Vingt autres redevances, jadis d'utilité publique, ne servent plus qu'à nourrir un particulier inutile. — Le paysan, tel alors que nous le voyons aujourd'hui, âpre au gain, décidé et habitué à tout souffrir et tout faire pour épargner ou gagner un écu, finit par jeter en dessous des regards de colère sur la tourelle qui garde les archives, le terrier, les détestables parchemins, en vertu desquels un homme d'une autre espèce, avantagé au détriment de tous, créancier universel, et payé pour ne rien faire, tond sur toutes les terres et sur tous les produits. Vienne une occasion qui mette le feu à toutes ces convoitises : le terrier brûlera, avec lui la tourelle, et, avec la tourelle, le château.

III

Le spectacle est plus triste encore lorsque, des terres où les seigneurs résident, on passe aux terres où les seigneurs ne résident pas. Nobles ou anoblis, ecclésiastiques et laïques, ceux-ci sont privilégiés entre les privilégiés et forment une aristocratie dans une aristocratie. Presque toutes les familles puissantes et accréditées en sont[1], quelle que soit leur origine et leur date. Par leur résidence habituelle ou fréquente au centre, par leurs alliances ou leurs visites mutuelles, par leurs mœurs et leur luxe, par l'influence qu'ils exercent et les inimitiés qu'ils soulèvent, ils forment un groupe à part, et ce sont eux qui ont les plus vastes terres, les premières suzerainetés, les plus larges et les plus complètes juridictions. Noblesse de cour et haut clergé, ils sont peut-être un millier dans chaque ordre, et leur petit nombre ne fait que mettre en plus haut relief l'énormité de leurs avantages. On a vu que les apanages des princes du sang comprennent un septième du terri-

1. Bouillé, *Mémoires*, 50. — Chérin, *Abrégé chronologique des édits* (1788). « De cette multitude innombrable qui compose « l'ordre des privilégiés, à peine un vingtième peut-il prétendre « véritablement à la noblesse immémoriale et d'ancienne date. » — 4 070 charges de finances, administration, judicature, conféraient la noblesse. — Turgot, *Collection des Économistes*, II, 276. « Au moyen de la facilité qu'on a d'acquérir la noblesse à prix « d'argent, il n'est aucun homme riche qui, sur-le-champ, ne « devienne noble. » — Marquis d'Argenson, *Mémoires*, III, 402.

toire; Necker[1] estime à deux millions le revenu des terres dont jouissent les deux frères du roi. Les domaines des ducs de Bouillon, d'Aiguillon et de quelques autres occupent des lieues entières, et par l'immensité, par la continuité, rappellent ceux que le duc de Sutherland, le duc de Bedford possèdent aujourd'hui en Angleterre. Rien que par ses bois et par son canal, le duc d'Orléans, avant d'épouser sa femme aussi riche que lui, se fait près d'un million de rente. Telle seigneurie, le Clermontois, appartenant au prince de Condé, renferme quarante mille habitants : c'est l'étendue d'une principauté allemande; « de plus tous les impôts ou « subsides qui ont lieu dans le Clermontois sont perçus « au profit de Son Altesse Sérénissime, le roi n'y perçoit « absolument aucune chose[2] ». — Naturellement, autorité et richesse vont ensemble, et, plus une terre rapporte, plus son propriétaire ressemble à un souverain. L'archevêque de Cambray, duc de Cambray, comte de Cambrésis, a la suzeraineté de tous les fiefs dans un pays qui compte soixante-quinze mille habitants; il choisit la moitié des échevins à Cambray et toute l'administration du Cateau; il nomme à deux grandes abbayes, il préside les États provinciaux et le bureau

1. Necker, *De l'administration des finances*, II, 271. — Legrand, *l'Intendance du Hainaut*, 104, 118, 152, 412.

2. Même après l'échange de 1784, le prince garde pour lui « toutes les impositions personnelles, ainsi que la subvention sur « les habitants », sauf une somme de 6 000 livres pour les routes. *Archives nationales*, G, 192, Mémoires du 14 avril 1781 sur la situation du Clermontois. — *Procès-verbaux de l'assemblée provinciale des Trois-Évêchés* (1787), 380.

permanent qui leur succède; bref, sous l'intendant et à côté de lui, il garde une prééminence, bien mieux, une influence à peu près semblable à celle que conserve aujourd'hui sur son domaine tel grand-duc incorporé dans le nouvel empire allemand. Près de lui, dans le Hainaut, l'abbé de Saint-Amand possède les sept huitièmes du territoire de la prévôté et perçoit sur le dernier huitième les rentes seigneuriales, des corvées et la dîme; de plus, il nomme le prévôt et les échevins, en sorte, disent les doléances, « qu'il compose tout l'État, ou plutôt qu'il est « lui seul tout l'État[1] ». — Je ne finirais pas, si j'énumérais tous ces gros lots. Ne prenons que celui des prélats, et par un seul côté, celui de l'argent. Dans l'*Almanach royal* et dans *la France ecclésiastique* de 1788, nous lisons leur revenu avoué; mais le revenu véritable est de moitié en sus pour les évêchés, du double et du triple pour les abbayes, et il faut encore doubler ce revenu véritable pour en avoir la valeur en monnaie d'aujourd'hui[2]. Les cent trente et un évêques et archevêques ont ensemble 5 600 000 livres de revenu épiscopal et 1 200 000 livres en abbayes, en moyenne 50 000 livres par tête dans l'imprimé, 100 000 en fait : aussi bien aux yeux des contemporains, au dire des spectateurs qui savaient la vérité vraie, un évêque était « un grand « seigneur ayant 100 000 livres de rente[3] ». Quelques

1. La ville de Saint-Amand, à elle seule, contient aujourd'hui 10 210 habitants.
2. Voir la note 3 à la fin du volume.
3. Marquis de Ferrières, *Mémoires*, II, 57 : « Tous en avaient 100 000, quelques-uns 200, 300 et jusqu'à 800 000. »

sièges importants sont dotés magnifiquement. Sens rapporte 70000 livres, Verdun 74000, Tours 82000, Beauvais, Toulouse et Bayeux 90000, Rouen 100000, Auch, Metz, Albi 120000, Narbonne 160000, Paris et Cambray 200000 en chiffres officiels, et probablement moitié en sus en sommes perçues. D'autres sièges, moins lucratifs, sont en proportion mieux traités encore. Figurez-vous une petite ville de province, qui souvent n'est pas même une mince sous-préfecture de notre temps, Conserans, Mirepoix, Lavaur, Rieux, Lombez, Saint-Papoul, Comminges, Luçon, Sarlat, Mende, Fréjus, Lescar, Belley, Saint-Malo, Tréguier, Embrun, Saint-Claude, alentour moins de deux cents, moins de cent, parfois moins de cinquante paroisses, et, pour exercer cette petite surveillance ecclésiastique, un prélat qui touche de 25000 à 70000 livres en chiffres officiels, de 37000 à 105000 livres en chiffres réels, de 74000 à 210000 livres en argent d'aujourd'hui. Quant aux abbayes, j'en compte trente-trois qui rapportent de 25000 à 120000 livres à l'abbé, vingt-sept qui rapportent de 20000 à 100000 livres à l'abbesse; pesez ces chiffres de l'Almanach, et songez qu'il faut les doubler et au delà pour avoir le revenu réel, les quadrupler et au delà pour avoir le revenu actuel. Il est clair qu'avec de tels revenus et les droits féodaux de police, de justice, d'administration qui les accompagnent, un grand seigneur ecclésiastique ou laïque est, de fait, une sorte de prince dans son district, qu'il ressemble trop à l'ancien souverain pour avoir le droit de vivre en particulier ordinaire, que ses avantages privés lui imposent un caractère public, que son titre supérieur et ses profits énormes l'obligent à des services proportionnés, et que, même sous la domination de l'intendant, il doit à ses vassaux, à ses tenanciers, à ses censitaires, le secours de son intervention, de son patronage et de ses bienfaits.

Pour cela il faudrait résider, et le plus souvent il est absent. Depuis cent cinquante ans, une sorte d'attraction toute-puissante retire les grands de la province, les pousse vers la capitale, et le mouvement est irrésistible, car il est l'effet des deux forces les plus grandes et les plus universelles qui puissent agir sur les hommes, l'une qui est la situation sociale, l'autre qui est le caractère national. Ce n'est pas impunément qu'on retranche à un arbre ses racines. Instituée pour gouverner, une aristocratie se détache du sol lorsqu'elle ne gouverne plus, et elle a cessé de gouverner depuis que, par un empiètement croissant et continu, presque toute la justice, toute l'administration, toute la police, chaque détail du gouvernement local ou général, toute initiative, collaboration ou contrôle en matière d'impôts, d'élections, de routes, de travaux et de charités, a passé dans les mains de l'intendant et du subdélégué, sous la direction suprême du contrôleur général et du Conseil du roi[1]. Des

1. Tocqueville, *ib.*, liv. 2, chap. 2, 182. — Lettre du bailli de Mirabeau du 23 août 1770. « Cet ordre féodal n'était que fort, « et ils l'ont appelé barbare, parce que la France, qui avait les « vices de la force, n'a plus que ceux de la faiblesse et que le « troupeau, qui était autrefois dévoré par les loups, l'est aujour-

commis, des gens « de plume et de robe », des roturiers sans consistance font la besogne; nul moyen de la leur disputer. Même avec la délégation du roi, un gouverneur de province, fût-il héréditaire et prince du sang comme les Condés en Bourgogne, doit s'effacer devant l'intendant; il n'a pas d'office effectif; ses emplois publics consistent à faire figure et à recevoir. Du reste, il remplirait mal les autres : la machine administrative, avec ses milliers de rouages durs, grinçants et sales, telle que Richelieu et Louis XIV l'ont faite, ne peut fonctionner qu'aux mains d'ouvriers congédiables à volonté, sans scrupules et prompts à tout plier sous la raison d'État; impossible de se commettre avec ces drôles. Il s'abstient, leur abandonne les affaires. Désœuvré, amoindri, que ferait-il maintenant sur son domaine où il ne règne plus et où il s'ennuie? Il vient à la ville, surtout à la cour. — D'ailleurs il n'y a plus de carrière que par cette issue : pour parvenir, on est tenu d'être courtisan. Le roi le veut, il faut que vous soyez de son salon pour obtenir ses grâces; sinon, à la première demande, il répondra : « Qui est-ce? C'est un homme que je ne vois

« d'hui par les poux.... Trois ou quatre coups de pied ou de bâ« ton ne nuisent pas tant à la famille d'un pauvre homme, ni à « lui-même, que six rôles d'écritures qui le dévorent. » — « La « noblesse, disait déjà Saint-Simon, est devenue un autre peuple « qui n'a d'autre choix que de croupir dans une mortelle et rui« neuse oisiveté qui la rend à charge et méprisée, ou d'aller se « faire tuer à la guerre à travers les insultes des commis, des « secrétaires d'État et des secrétaires des intendants. » Voilà les réclamations des âmes féodales. — Tous les détails qui suivent sont tirés de Saint-Simon, Dangeau, Luynes, Argenson et autres historiens de la cour.

« pas ». L'absence, à ses yeux, n'a pas d'excuse, même quand elle a pour cause une conversion, et pour motif la pénitence; on lui a préféré Dieu, c'est une désertion. Les ministres écrivent aux intendants pour savoir si les gentilshommes de leur province « aiment à rester chez « eux » et s'ils « refusent de venir rendre leurs devoirs « au roi ». Songez à la grandeur d'un pareil attrait : gouvernements, commandements, évêchés, bénéfices, charges de cour, survivances, pensions, crédit, faveurs de toute espèce et de tout degré pour soi et pour les siens, tout ce qu'un État de vingt et vingt-cinq millions d'hommes peut offrir de désirable à l'ambition, à la vanité et à l'intérêt se trouve rassemblé là comme en un réservoir. On y accourt, et l'on y puise. — D'autant plus que l'endroit est agréable, disposé à souhait et de parti pris pour convenir aux aptitudes sociables du caractère français. La cour est un grand salon permanent, où « l'accès est libre et facile des sujets au prince », où ils vivent avec lui « dans une société douce et honnête, « nonobstant la distance presque infinie du rang et du pouvoir », où le monarque se pique d'être un parfait maître de maison[1]. De fait, il n'y eut jamais de salon si bien tenu, ni si propre à retenir ses hôtes par les plaisirs de toute sorte, par la beauté, la dignité et l'agré-

1. *Œuvres de Louis XIV*; ce sont là ses propres paroles. — Mme Vigée-Lebrun, *Souvenirs*, I, 71 : « J'ai vu la reine (Marie-Antoinette), faisant dîner Madame, alors âgée de six ans, avec une petite paysanne dont elle prenait soin, vouloir que cette petite fût servie la première, en disant à sa fille : « Vous devez lui faire les honneurs ».

ment du décor, par le choix de la compagnie, par l'intérêt du spectacle. Il n'y a que Versailles pour se montrer, faire figure, se pousser, pour s'amuser, converser ou causer, au centre des nouvelles, de l'action et des affaires, avec l'élite du royaume et les arbitres du ton, de l'élégance et du goût. « Sire, disait M. de Vardes à « Louis XIV, quand on est loin de Votre Majesté, non « seulement on est malheureux, mais encore on est « ridicule. » Il ne reste en province que la noblesse pauvre et rustique; pour y vivre, il faut être arriéré, dégoûté ou exilé. Quand le roi renvoie un seigneur dans ses terres, c'est la pire disgrâce; à l'humiliation de la déchéance s'ajoute le poids insupportable de l'ennui. Le plus beau château dans un site agréable est un affreux « désert »; on n'y peut voir personne, sauf des grotesques de petite ville ou des rustres de village[1]. « L'exil seul, dit Arthur Young, force la noblesse de « France à faire ce que les Anglais font par préférence : « résider sur leurs domaines pour les embellir. » Dix fois Saint-Simon et les autres historiens de la cour disent en parlant d'une cérémonie : « Toute la France « était là »; en effet, tout ce qui compte en France est là, et ils se reconnaissent à cette marque. Paris et la cour deviennent donc le séjour obligé de tout le beau monde. Dans une telle situation, les départs entraînent les départs; plus la province est délaissée, plus on la

1. Molière, *Misanthrope*; c'est là le « désert » où Célimène refuse de s'ensevelir avec Alceste. Voyez aussi dans le *Tartufe* la peinture que Dorine fait d'une petite ville. — Arthur Young, *Voyages en France*, I, 78.

délaisse. « Il n'y a pas dans le royaume, dit le marquis « de Mirabeau, une seule terre un peu considérable dont « le propriétaire ne soit à Paris, et conséquemment ne « néglige ses maisons et ses châteaux[1]. » Les grands seigneurs laïques ont leur hôtel dans la capitale, leur entresol à Versailles, leur maison de plaisance dans un cercle de vingt lieues; si de loin en loin ils visitent leurs terres, c'est pour y chasser. Les quinze cents abbés et prieurs commendataires jouissent de leurs bénéfices comme d'une ferme éloignée. Les deux mille sept cents grands vicaires et chanoines de chapitre se visitent et dînent en ville. Sauf quelques hommes apostoliques, les cent trente et un évêques résident le moins qu'ils peuvent; presque tous nobles, tous gens du monde, que feraient-ils loin du monde, confinés dans une ville de province? Se figure-t-on un grand seigneur, jadis abbé brillant et galant, maintenant évêque avec cent mille livres de rente et qui volontairement s'enterre pour toute l'année à Mende, à Condom, à Comminges, dans une bicoque? La distance est devenue trop grande entre la vie élégante, variée, littéraire du centre, et la vie monotone, inerte, positive de la province. C'est pourquoi le grand seigneur qui sort de la première ne peut entrer dans la seconde; il reste absent, au moins de cœur

Sombre aspect que celui d'un pays où le cœur cesse de pousser le sang dans les veines. Arthur Young, qui arcourut la France de 1787 à 1789, s'étonne d'y trouver

1. *Traité de la population*, 108 (1756).

à la fois un centre aussi vivant et des extrémités aussi mortes. Entre Paris et Versailles, la double file de voitures qui vont et reviennent[1] se prolonge pendant cinq lieues et sans interruption depuis le matin jusqu'au soir. Le contraste est grand sur les autres chemins. « Sortis « de Paris par la route d'Orléans, dit Arthur Young, « pendant dix milles nous n'avons pas rencontré une « diligence, rien que des messageries et des chaises de « poste en petit nombre, pas la dixième partie de ce « que nous aurions trouvé près de Londres en une « heure. » Sur la grande route, près de Narbonne, « pendant trente-six milles, dit-il, je n'ai croisé qu'un « cabriolet, une demi-douzaine de charrettes et quelques « bonnes femmes menant leur âne ». Ailleurs, près de Saint-Girons, il note qu'en deux cent cinquante milles il a rencontré en tout « deux cabriolets et trois misérables « choses semblables à notre vieille chaise de poste « anglaise à un cheval, pas un gentilhomme ». Dans toute cette contrée, auberges exécrables; impossible d'y louer une voiture, tandis qu'en Angleterre, même dans une ville écartée de deux mille à quinze cents âmes, on trouve des hôtels confortables et tous les moyens de transport; c'est la preuve qu'en France « la circulation « est nulle ». Il n'y a de civilisation et de bien-être que dans les très grandes villes. « A Nantes, superbe salle « de spectacle, deux fois plus grande que celle de « Drury-Lane et cinq fois plus magnifique. Bon Dieu, « m'écriai-je intérieurement, est-ce à un tel spectacle

1. Je tiens ce détail de vieillards qui l'ont vu avant 1789.

« que mènent les garennes, les landes, les déserts que « j'ai traversés pendant trois cents milles! — D'un bond « vous passez de la misère à la prodigalité. La campagne « est déserte, et si quelque gentilhomme l'habite, c'est « dans quelque triste bouge, pour épargner cet argent « qu'il vient ensuite jeter dans la capitale. » — « Un « coche[1], dit M. de Montlosier, partait toutes les semaines « des principales villes de province pour Paris, et n'était « pas toujours plein : voilà pour le mouvement des « affaires. On avait une seule gazette, appelée *Gazette* « *de France*, qui paraissait deux fois par semaine. « voilà pour le mouvement des esprits. » Des magistrats de Paris, exilés à Bourges en 1753 et 1754, en font le tableau suivant « Une ville où l'on ne trouve personne « à qui parler à son aise de quoi que ce soit de sensé et « de raisonnable; des nobles qui meurent les trois quarts « de faim, entichés de leur origine, tenant à l'écart la « robe et la finance, et trouvant singulier que la fille « d'un receveur des tailles, devenue la femme d'un « conseiller au Parlement de Paris, se permette d'avoir « de l'esprit et du monde; des bourgeois de l'ignorance « la plus crasse, seul appui de l'espèce de léthargie où « sont plongés les esprits de la plupart des habitants; « des femmes bigotes et prétentieuses, fort adonnées au « jeu et à la galanterie[2] »; dans ce monde étriqué et engourdi, parmi ces MM. Tibaudier le conseiller et

1. *Mémoires* de M. de Montlosier, I, 161.
2. Comptes rendus de la société du Berry, *Bourges en* 1753 *et* 1754, 273.

Harpin le receveur, parmi ces vicomtes de Sotenville et ces comtesses d'Escarbagnas, l'archevêque, cardinal de La Rochefoucauld, grand aumônier du roi, pourvu de quatre grosses abbayes, ayant cinq cent mille livres de revenu, homme du monde, le plus souvent absent, et, quand il réside, s'amusant à embellir ses jardins et son palais; bref, un faisan doré de volière dans une basse-cour d'oies[1] Naturellement, toute pensée politique manque. « On ne peut imaginer, dit le manuscrit, per« sonne plus indifférent pour toutes les affaires pu« bliques. » Plus tard, au plus fort des événements les plus graves et qui les touchent par l'endroit le plus sensible, même apathie. A Château-Thierry, le 4 juillet 1789[2], pas un café où l'on puisse trouver un journal; il n'y en a qu'un à Dijon; à Moulins, le 7 août, « dans le « meilleur café de la ville, où il y a au moins vingt « tables, on m'aurait aussi tôt donné un éléphant qu'un « journal ». Entre Strasbourg et Besançon, pas une gazette; « à Besançon, il n'y a que la *Gazette de France*, « pour laquelle un homme qui a le sens commun ne

1. *Ib.*, 271. Un jour, le cardinal, montrant à des hôtes son palais qu'il venait d'achever, les conduisit au fond d'un corridor où il avait installé des lieux à l'anglaise, chose nouvelle alors. M. Boutin de la Coulommière, fils d'un receveur général des finances, se récria à la vue de ce mécanisme ingénieux dont il se plaisait à faire jouer les ressorts, et se tournant vers l'abbé de Canillac : « Cela, dit-il, est admirable sans doute; mais ce qui « me semble plus admirable encore, c'est que Son Éminence, « étant au-dessus des faiblesses humaines, veuille bien s'y accom« moder. » Mot précieux et seul capable de montrer le rang, la position d'un prélat grand seigneur en province.

2. Arthur Young, II, 230 et suivantes.

« donnerait pas un sou dans le moment actuel, et le « *Courrier militaire*, vieux de quinze jours; des gens « bien mis parlent des choses qui sont arrivées il y a « deux ou trois semaines, et leurs discours démontrent « qu'ils ne savent rien de ce qui se passe aujourd'hui ». A Clermont, « je dinai ou soupai cinq fois à table d'hôte « avec vingt ou trente négociants, marchands, offi- « ciers, etc.; à peine un mot de politique dans un mo- « ment où tous les cœurs devraient battre de sensations « politiques; l'ignorance ou la stupidité de ces gens-là « est incroyable. Il ne se passe pas de semaine où leur « pays ne produise une multitude d'événements[1] qui « sont analysés et discutés même par les charpen- « tiers et les serruriers de l'Angleterre ». La cause de cette inertie est manifeste; interrogés sur leur opinion, tous répondent : « Nous sommes de la province, il nous « faut attendre pour savoir ce que l'on fait à Paris ». N'ayant jamais agi, ils ne savent pas agir; mais, grâce à leur inertie, ils se laisseront pousser. La province est une mare immense, stagnante, qui, par une inondation terrible, peut se déverser toute d'un côté et tout d'un coup; c'est la faute de ses ingénieurs qui n'y ont fait ni digues ni conduites.

Telle est la langueur ou plutôt l'anéantissement où tombe la vie locale lorsque les chefs locaux lui dérobent leur présence, leur action ou leur sympathie. Je ne vois pour y prendre part que trois ou quatre grands sei-

1. L'abolition des dîmes, des droits féodaux, la permission de tuer le gibier, etc

gneurs, philanthropes pratiques et guidés par l'exemple des nobles anglais, le duc d'Harcourt qui arrange les procès de ses paysans, le duc de La Rochefoucauld-Liancourt qui a fondé dans ses terres une ferme modèle et une école des arts et métiers pour les enfants des militaires pauvres, le comte de Brienne dont trente villages viendront demander la liberté à la Convention[1]. Les autres, pour la plupart libéraux, se contentent de raisonner sur le bien public et sur l'économie politique. En effet, la différence des manières, la séparation des intérêts, la distance des idées sont si grandes, qu'entre les plus exempts de morgue et leurs tenanciers directs, les contacts sont rares et lointains. Chez le duc de La Rochefoucauld-Liancourt lui-même, Arthur Young ayant besoin de renseignements, on lui envoie le régisseur. « Chez un « noble de mon pays, on eût invité à dîner trois ou « quatre fermiers qui se seraient assis à table à côté des « dames du premier rang. Je n'exagère pas en disant « que cela m'est arrivé cent fois dans les premières « maisons du Royaume-Uni. C'est cependant une chose « qu'on ne verrait pas en France de Calais à Bayonne, « excepté, par hasard, chez quelque grand seigneur

1. Loménie, *les Mirabeau*, 134. (Lettre du bailli du 25 septembre 1760) : « Je suis à Harcourt où j'admire la bonne et « honnête grandeur du maître. Tu ne saurais penser le plaisir « que j'ai eu les jours de fête de voir le peuple entier partout « dans le château, et de bons petits paysans et petites paysannes « venir regarder le bon patron sous le nez et presque lui tirer « sa montre pour voir les breloques, tout cela avec l'air de fra- « ternité sans familiarité. Le bon duc ne laisse point plaider ses « vassaux, il les écoute et les juge en les accommodant avec une « patience admirable. » — Lacretelle, *Dix ans d'épreuve*, 58.

« ayant beaucoup voyagé en Angleterre, et encore à con-
« dition qu'on le demandât. La noblesse française n'a « pas plus l'idée de se livrer à l'agriculture ou d'en « faire un sujet de conversation, sauf en théorie, et « comme on parlerait d'un métier ou d'un engin de « marine, que de toute autre chose contraire à ses habi- « tudes et à ses occupations journalières. » Par tradition, mode et parti pris, ils ne sont et ne veulent être que gens du monde; leur seule affaire est la causerie et la chasse. Jamais conducteurs d'hommes n'ont tellement désappris l'art de conduire les hommes, art qui consiste à marcher sur la même route, mais en tête, et à guider leur travail en y prenant part. — Notre Anglais, témoin oculaire et compétent, écrit encore : « Un grand sei- « gneur eût-il des millions de revenu, vous êtes sûr de « trouver ses terres en friches. Celles du prince de Sou- « bise et celles du duc de Bouillon sont les plus grandes « de France, et tous les signes que j'ai aperçus de leur « grandeur sont des bruyères, des landes, des déserts, « des fougeraies. Visitez leur résidence où qu'elle soit, « et vous les verrez au milieu des forêts très peuplées « de cerfs, de sangliers et de loups ». — « Les grands « propriétaires, dit un autre contemporain[1], attirés et « retenus dans nos villes par les jouissances du luxe, ne « connaissent rien de leurs terres », sauf « leurs fer- « miers qu'ils foulent pour fournir à un faste ruineux. « Comment attendre des améliorations de ceux qui se

1. *De l'état religieux*, par les abbés de Bonnefoi et Bernard, (1784), 287, 291.

« refusent même à l'entretien et aux réparations les « plus indispensables? » Une preuve sûre que leur absence est la cause du mal, c'est la différence visible du domaine affermé par l'abbé commendataire absent et du domaine surveillé par les religieux présents. « Un « voyageur instruit les reconnaît » tout d'abord à l'état des cultures. « S'il rencontre des champs bien environ- « nés de fossés, plantés avec soin et couverts de riches « moissons, ces champs, dit-il, appartiennent à des re- « ligieux. Presque toujours à côté de ces plaines fertiles, « une terre mal entretenue et presque épuisée présente « un contraste affligeant; cependant la nature du sol est « égale, ce sont deux parties du même domaine; il voit « que cette dernière est la portion de l'abbé commenda- « taire. » — « La manse abbatiale, disait Lefranc de « Pompignan, a souvent l'air du patrimoine d'un dissi- « pateur; la manse monacale est comme un patrimoine « où l'on n'omet rien pour améliorer », en sorte que « les deux tiers » dont l'abbé jouit lui rapportent moins que le tiers réservé à ses moines. — Ruine ou détresse de l'agriculture, voilà encore un des effets de l'absence; il y avait peut-être un tiers du sol en France qui, déserté comme l'Irlande, était aussi mal soigné, aussi peu productif que l'Irlande aux mains des riches *absentees*, évêques, doyens et nobles anglais.

Ne faisant rien pour la terre, comment feraient-ils quelque chose pour les hommes? — Sans doute, de temps en temps, surtout quand les fermages ne rentrent pas, le régisseur écrit, allègue la misère du fermier.

Sans doute aussi, et notamment depuis trente années, ils veulent être humains; ils dissertent entre eux sur les droits de l'homme; ils souffriraient de voir la face pâle d'un paysan qui a faim. Mais ils ne la voient pas; songeront-ils à la deviner sous la phrase maladroite et complimenteuse de leur homme d'affaires? D'ailleurs, savent-ils ce que c'est que la faim? Lequel d'entre eux a l'expérience de la campagne? Et comment pourraient-ils se représenter la misère du misérable? Ils sont trop loin de lui pour cela, trop étrangers à sa vie. Le portrait qu'ils s'en font est imaginaire; jamais on ne s'est représenté plus faussement le paysan; aussi le réveil sera-t-il terrible. C'est le bon villageois, doux, humble, reconnaissant, simple de cœur et droit d'esprit, facile à conduire, conçu d'après Rousseau et les idylles qui se jouent en ce moment même sur tous les théâtres de société[1]. Faute de le connaître, ils l'oublient; ils lisent la lettre de leur régisseur, puis aussitôt le tourbillon du beau monde les ressaisit, et, après un soupir donné à la détresse des pauvres, ils songent que cette année ils ne toucheront pas leurs rentes. — Ce n'est pas là une bonne disposition pour faire l'aumône. Aussi, c'est contre les absents, non contre les résidents que les plaintes s'élèvent[2]. « Les biens de l'Église, dit un cahier, « ne servent qu'à nourrir les passions des titulaires. »

1. Voir à ce sujet *La partie de chasse de Henri IV*, par Collé. Cf. Berquin, Florian, Marmontel, etc., et aussi les estampes de l'époque.

2. Boivin-Champeaux, *Notice historique sur la Révolution dans le département de l'Eure*, 61, 63.

« Suivant les canons, dit un autre cahier, tout bénéficier « doit donner le quart de son revenu aux pauvres ; cepen- « dant, dans notre paroisse, il y a pour plus de douze « mille livres de revenu, et il n'en est rien donné aux « pauvres, sinon quelque faible chose de la part du « sieur curé. » — « L'abbé de Conches touche la moitié « des dimes et ne contribue en rien au soulagement de « la paroisse. » Ailleurs, « le chapitre d'Écouis, qui « possède le bénéfice des dîmes, ne fait aucun bien aux « pauvres et ne cherche qu'à augmenter son revenu ». Près de là, l'abbé de la Croix-Leufroy, « gros décima- « teur, et l'abbé de Bernay, qui touche cinquante-sept « mille livres de son bénéfice et ne réside pas, gardent « tout et donnent à peine à leurs curés desservants de « quoi vivre ». — « J'ai dans ma paroisse, dit un curé « du Berry[1], six bénéfices simples dont les titulaires sont « toujours absents, et ils jouissent ensemble de neuf « mille livres de revenu ; je leur ai fait par écrit les plus « touchantes invitations dans la calamité de l'année der- « nière ; je n'ai reçu que deux louis d'un seul, et la « plupart ne m'ont pas même répondu. » — A plus forte raison faut-il compter qu'en temps ordinaire ils ne feront point remise de leurs droits. D'ailleurs, ces droits, censives, lods et ventes, dîmes et le reste, sont entre les mains d'un régisseur, et un bon régisseur est

1. *Archives nationales*, Procès-verbaux des États généraux de 1789, t. XXXIX, 111 : Lettre du 6 mars 1789 du curé de Saint-Pierre de Ponsigny, en Berry. — Marquis d'Argenson, 6 juillet 1756. « On a trouvé au feu cardinal de Soubise trois millions « d'argent comptant et il ne donnait rien aux pauvres. »

celui qui fait rentrer beaucoup d'argent. Il n'a pas le droit d'être généreux aux dépens de son maître, et il est tenté d'exploiter à son profit les sujets de son maître. En vain la molle main seigneuriale voudrait être légère ou paternelle, la dure main du mandataire pèse sur les paysans de tout son poids, et les ménagements d'un chef font place aux exactions d'un commis. — Qu'est-ce donc lorsque, sur le domaine, au lieu d'un commis, on trouve un fermier, un adjudicataire qui, moyennant une somme annuelle, a acheté du seigneur l'exploitation de ses droits? Dans l'élection de Mayenne[1], et certainement aussi dans beaucoup d'autres, les principaux domaines sont affermés de la sorte. D'ailleurs il y a nombre de droits, comme les péages, la taxe des marchés, le droit du troupeau à part, le monopole du four et du moulin banal, qui ne peuvent guère être exercés autrement; il faut au seigneur un adjudicataire qui lui épargne les débats et les embarras de la perception[2]. En ce cas si fréquent, toute l'exigence et toute la rapacité de l'entrepreneur, décidé à gagner ou tout au moins à ne pas perdre, s'abattent sur les paysans : « C'est un loup ravissant, dit Renauldon, que l'on lâche sur la terre, « qui en tire jusqu'aux derniers sous, accable les sujets, « les réduit à la mendicité, fait déserter les cultivateurs, « rend odieux le maître qui se trouve forcé de tolérer « ses exactions, pour le faire jouir. » Imaginez, si vous

1. Tocqueville, *ib.*, 405. — Renauldon, *ib.*, 628.

2. L'exemple est donné par le roi, qui vend aux fermiers généraux, moyennant une somme annuelle, l'exploitation des principaux impôts indirects.

pouvez, le mal que peut faire un usurier de campagne armé contre eux de droits si pesants; c'est la seigneurie féodale aux mains d'Harpagon ou plutôt du père Grandet. En effet, lorsqu'un droit devient insupportable, on voit, par les doléances locales, que presque toujours c'est un fermier qui l'exerce[1] : c'est un fermier de chanoines qui revendique l'héritage paternel de Jeanne Mermet, sous prétexte qu'elle a passé chez son mari la première nuit de ses noces. On trouverait à peine des exactions égales dans l'Irlande de 1830, sur ces domaines où, le fermier général louant à des sous-fermiers, et ceux-ci à d'autres moindres, le petit colon, placé au bas de l'échelle, portait à lui seul tout le poids de l'échelle entière, d'autant plus foulé que son créancier, foulé lui-même, mesurait les exigences qu'il pratiquait aux exigences qu'il subissait.

Supposons que, voyant cet abus de son nom, le seigneur veuille ôter à ces mains mercenaires l'administration de son domaine; le plus souvent il ne le pourrait pas : il est trop endetté, il a délégué à ses créanciers telle portion de sa terre, telle branche de ses revenus. Depuis des siècles, la haute noblesse s'obère par son luxe, par sa prodigalité, par son insouciance, et par ce faux point d'honneur qui consiste à regarder le soin de

1. Voltaire, *Politique et Législation, La voix du curé* (à propos des serfs de Saint-Claude). — Discours du duc d'Aiguillon, le 4 août 1789, à l'Assemblée nationale : « Les propriétaires des fiefs, des terres seigneuriales, ne sont que bien rarement coupables des excès dont se plaignent leurs vassaux; mais leurs gens d'affaires sont souvent sans pitié. »

compter comme une occupation de comptable. Elle est fière de sa négligence, elle appelle cela vivre noblement[1]. « Monsieur l'archevêque, disait Louis XVI à « M. de Dillon, on prétend que vous avez des dettes, et « même beaucoup. — Sire, répondit le prélat avec une « ironie de grand seigneur, je m'en informerai à mon « intendant, et j'aurai l'honneur d'en rendre compte à « Votre Majesté. » — Le maréchal de Soubise a cinq cent mille livres de rente qui ne lui suffisent pas. On sait les dettes du cardinal de Rohan, du comte d'Artois; leurs millions de revenu se perdaient en vain dans ce gouffre. Le prince de Guéméné vient de faire une faillite de trente-cinq millions. Le duc d'Orléans, le plus riche propriétaire du royaume, devait à sa mort soixante-quatorze millions. Quand, sur les biens des émigrés, il fallut payer leurs créanciers, il fut avéré que la plupart des grandes fortunes étaient vermoulues d'hypothèques[2]. Quiconque a lu les mémoires sait que depuis deux cents ans, pour boucher leurs vides, il a fallu des mariages d'argent et les bienfaits du roi. — C'est pourquoi, à l'exemple du roi lui-même, ils ont fait argent de tout, notamment des places dont ils disposent, et, lâchant

1. Beugnot, *Mémoires*, I, 136. — Duc de Lévis, *Souvenirs et portraits*, 156. — *Moniteur*, séance du 22 novembre 1872, Discours de M. Bocher : « D'après l'état dressé par ordre de la Convention, la fortune du duc d'Orléans se composait de soixante-« quatorze millions de dettes et de cent quatorze d'actif. » Le 8 janvier 1792, il avait abandonné à ses créanciers trente-huit millions de ses biens pour se libérer.

2. En 1785, le duc de Choiseul évaluait dans son testament ses biens à quatorze millions et ses dettes à dix. (Comte de Tilly, *Mémoires*, II, 215.)

l'autorité pour les profits, ils ont aliéné le dernier lambeau de gouvernement qui leur restait. Ainsi partout ils ont dépouillé le caractère vénéré de chef pour revêtir le caractère odieux de trafiquant. « Non seulement, dit un « contemporain[1], ils ne donnent pas de gages à leurs « officiers de justice, ou les prennent au rabais; mais, « ce qu'il y a de pis, c'est que la plupart aujourd'hui « vendent leurs offices. » Malgré l'édit de 1695, les juges ainsi nommés ne se font point recevoir aux justices royales et ne prêtent pas serment. « Qu'arrive-t-il alors? « La justice, trop souvent exercée par des fripons, dé- « génère en brigandage, ou en une impunité affreuse. » — Ordinairement le seigneur qui a vendu la charge moyennant finance perçoit en outre le centième, le cinquantième, le dixième du prix lorsqu'elle passe en d'autres mains; d'autres fois il en vend la survivance. Charges et survivances, il en crée pour en vendre. « Toutes les justices seigneuriales, disent les cahiers, « sont infestées d'une foule d'huissiers de toute espèce, « sergents seigneuriaux, huissiers à cheval, huissiers à « verge, gardes de la prévôté des monnaies, gardes de « la connétablie. Il n'est pas rare d'en trouver jusqu'à « dix dans un arrondissement qui pourrait à peine en « faire vivre deux, s'ils se renfermaient dans les limites « de leurs charges. » Aussi « sont-ils en même temps « juges, procureurs, procureurs fiscaux, greffiers, no-

1. Renauldon, *ib.*, 45, 52, 628. — Duvergier, *Collection des lois*, t. II, 391. Loi du 31 août-18 octobre 1792. — *Cahier d'un magistrat du Châtelet* sur les justices seigneuriales (1789), 29. — Legrand, *l'Intendance du Hainaut*, 119.

« taires », chacun dans un lieu différent, chacun exerçant dans plusieurs seigneuries et sous divers titres, tous ambulants, tous s'entendant comme fripons en foire, et se réunissant au cabaret pour y instrumenter, plaider et juger. Parfois, pour faire une économie, le seigneur confère le titre à l'un de ses fermiers : « A Hautemont, dans « le Hainaut, c'est un domestique qui est procureur « fiscal. » Plus souvent il commet quelque avocat famélique de la petite ville voisine, avec des gages « qui ne « suffiraient pas à le faire vivre une semaine ». Celui-ci se dédommage sur les paysans. Rôles de chicane, longueurs et complications voulues de la procédure, vacations à trois livres l'heure pour l'avocat, à six livres l'heure pour le bailli : l'engeance noire des sangsues judiciaires suce d'autant plus âprement qu'elle est plus nombreuse sur une proie plus maigre, et qu'elle a payé le privilège de sucer[1]. — On devine l'arbitraire, la corruption, la négligence d'un pareil régime. « L'impunité, « dit Renauldon, n'est nulle part plus grande que dans « les justices seigneuriales.... Il ne s'y fait aucune re« cherche des crimes les plus atroces » ; car le seigneur craint de fournir aux frais d'un procès criminel, et ses juges ou procureurs ont peur de n'être pas payés de leurs procédures. Au reste, sa geôle est souvent une

1. *Archives nationales*, H, 614 (Mémoire par René de Hauteville, avocat au Parlement, Saint-Brieuc, 5 octobre 1776). En Bretagne, le nombre des justices seigneuriales est immense, et les plaideurs sont obligés de passer par quatre ou cinq juridictions avant d'arriver au Parlement. « Où exerce-t-on la justice? C'est au ca« baret, à la taverne, où, dans le sein de l'ivresse et de la cra« pule, le juge vend la justice à qui paye plus. »

cave du château; « sur cent justices, il n'y en a pas une « qui soit en règle du côté des prisons »; ses gardiens ferment les yeux ou tendent la main. C'est pourquoi « ses terres deviennent l'asile de tous les scélérats du « canton ». — Terrible effet de son indifférence et qui va se retourner contre lui-même : demain, au club, les procureurs qu'il a multipliés demanderont sa tête, et les bandits qu'il a tolérés la mettront au bout d'une pique.

Reste un point, la chasse, où sa juridiction est encore active et sévère, et c'est justement le point où elle se trouve le plus blessante. Jadis, quand la moitié du canton était en forêts ou en friches et que les grosses bêtes ravageaient l'autre moitié, il avait raison de s'en réserver la poursuite; cela rentrait dans son office de capitaine local. Il était le grand gendarme héréditaire, toujours armé, toujours à cheval, aussi bien contre les sangliers et les loups que contre les rôdeurs et les brigands. A présent que du gendarme il n'a plus que le titre et les épaulettes, il maintient par tradition son privilège et d'un service il fait une vexation. Il faut qu'il chasse et soit seul à chasser; c'est pour lui un besoin du corps et en même temps un signe de race. Un Rohan, un Dillon courent le cerf même quand ils sont d'Église, malgré les édits et malgré les canons. « Vous chassez beaucoup, Monsieur l'Évêque, disait « Louis XV[1] à ce dernier; j'en sais quelque chose. Com- « ment voulez-vous interdire la chasse à vos curés, si

1. Beugnot, *Mémoires*, I, 35.

« vous passez votre vie à leur en donner l'exemple? — « Sire, pour mes curés la chasse est leur défaut; pour « moi, c'est le défaut de mes ancêtres. » — Lorsque l'amour-propre de caste monte ainsi la garde autour d'un droit, c'est avec une vigilance intraitable. A cet effet leurs capitaines de chasse, veneurs, gardes forestiers, gruyers, protègent les bêtes comme si elles étaient des hommes, et poursuivent les hommes comme s'ils étaient des bêtes. Dans le bailliage de Pont-l'Évêque, en 1789, on cite quatre exemples « d'assassinats récents « commis par les gardes-chasses de Mme d'A., de « Mme N., d'un prélat et d'un maréchal de France sur « des roturiers pris en délit de chasse ou de port « d'arme. Tous les quatre jouissent publiquement de « l'impunité ». Dans l'Artois, une paroisse déclare que, « sur le territoire de la châtellenie, le gibier dévore « tous les avêtis et que les cultivateurs se verront forcés « d'abandonner leur exploitation ». Près de là, à Rumancourt, à Bellone, « les lièvres, les lapins, les per- « drix dévorent entièrement les avêtis, le comte d'Oisy « ne chassant pas et ne faisant pas chasser ». Dans vingt villages circonvoisins d'Oisy où il chasse, c'est à cheval et à travers les récoltes. « Ses gardes toujours « armés ont tué plusieurs personnes, sous prétexte de « veiller à la conservation des droits de leur maître.... « Le gibier, qui excède de beaucoup celui des capi- « taineries royales, mange chaque année l'espoir de la « récolte, vingt mille razières de blé et autant d'autres « grains. » Dans le bailliage d'Évreux, « le gibier vient

« tout détruire jusqu'au pied des maisons.... A cause « du gibier, le citoyen n'est pas même libre dans le « cours de l'été d'aller retirer les mauvaises herbes qui « étouffent le grain et qui gâtent les semences.... « Combien de femmes restées sans mari et d'enfants « sans père pour un malheureux lièvre ou lapin! » Les gardes de la forêt de Gouffern en Normandie « sont « si terribles, qu'ils maltraitent, insultent et tuent les « hommes.... Je connais des fermiers qui, ayant plaidé « contre la dame pour se faire indemniser de la perte « de leurs blés, ont perdu leur temps, leur moisson, « et les frais du procès.... On voit des cerfs et des « biches errer auprès de nos maisons en plein jour ». Dans le bailliage de Domfront, « les habitants de plus de « dix paroisses sont obligés de veiller la nuit entière « pendant plus de six mois de l'année pour la conser- « vation de leurs moissons[1] ». — Voilà l'effet du droit de chasse en province. Mais c'est dans l'Ile-de-France, où les capitaineries abondent et vont s'élargissant, que le spectacle en est le plus lamentable. Un procès-verbal

1. Boivin-Champeaux, *ib.*, 48. — Renauldon, 26, 416. — Procès-verbaux manuscrits des États généraux (*Archives nationales*), t. CXXXII, 896 et 901. — Hippeau, *le Gouvernement de Normandie*, VII, 61, 74. — Paris, *la Jeunesse de Robespierre*, 314 à 324. — *Essai sur les capitaineries royales et autres* (1789), passim. — L. de Loménie, *Beaumarchais et son temps*, I, 125. Beaumarchais, ayant acheté la charge de lieutenant général des chasses aux bailliages de la garenne du Louvre (douze à quinze lieues de rayon), jugeait à ce titre les délinquants. Le 15 juillet 1766, il condamne Ragondet, fermier, à cent livres d'amende et à démolir ses murs de clôture et son hangar, nouvellement bâtis sans autorisation, comme pouvant gêner les plaisirs du roi.

prouve que dans la seule paroisse de Vaux, près de Meulan, les lapins des garennes voisines ont ravagé huit cents arpents cultivés et détruit une récolte de deux mille quatre cents setiers, c'est-à-dire la nourriture annuelle de huit cents personnes. Près de là, à la Rochette, des troupes de biches et de cerfs, pendant le jour, dévorent tout dans les champs et, la nuit, viennent jusque dans les petits jardins des habitants manger les légumes et briser les jeunes arbres. Impossible dans un territoire soumis à la capitainerie de récolter des légumes, sauf dans des jardins clos de hautes murailles. A Farcy, de cinq cents pêchers plantés dans une vigne et broutés par les cerfs, il n'en reste pas vingt au bout de trois ans. Sur tout le territoire de Fontainebleau, les communautés, pour sauver leurs vignes, sont obligées d'entretenir, et encore sauf l'agrément de la capitainerie, des messiers qui, avec des chiens autorisés, veillent et font tintamarre, du soleil couchant au soleil levant, et du 1er mai à la mi-octobre. A Chartrettes, les bêtes fauves, traversant la Seine, viennent détruire chez la comtesse de La Rochefoucauld toutes les plantations de peupliers. Un domaine, affermé deux mille livres, n'est plus loué que quatre cents livres depuis l'établissement de la capitainerie de Versailles. Bref, onze régiments de cavalerie ennemie, cantonnés dans les onze capitaineries voisines de la capitale, et allant tous les matins au fourrage, ne feraient pas plus de dégâts. — Il ne faut pas s'étonner si, aux approches de ces repaires, on se dégoûte de la culture[1]. Près de Fontainebleau et de Melun, à Boïs-le-Roi, les trois quarts du territoire restent en friche; presque toutes les maisons de Brolle sont en ruines, on n'y voit plus que des pignons demi-écroulés; aux Coutilles et à Chapelle-Rablay, cinq fermes sont abandonnées; à Arbonne, quantité de champs sont délaissés; à Villiers et à Dame-Marie, où il y avait quatre corps de ferme et nombre de cultures particulières, huit cents arpents demeurent incultes. — Chose étrange; à mesure que le siècle va s'adoucissant, le régime de la chasse empire; les officiers de la capitainerie font du zèle, parce qu'ils travaillent sous les yeux et pour les « plaisirs » du maître. En 1789, cent huit remises viennent d'être plantées dans un seul canton de la capitainerie de Fontainebleau et malgré les propriétaires. Par le règlement de 1762, il est interdit à tout particulier domicilié dans l'étendue d'une capitainerie d'enclore son héritage et

1 Marquis d'Argenson, *Mémoires*, éd. Rathery, 21 janvier 1757. « Le sieur de Montmorin, capitaine des chasses de Fontaine« bleau, tire de sa place des sommes immenses et se conduit en « vrai brigand. Les habitants de plus de cent villages voisins ne « sèment plus leurs terres, les fruits et graines étant mangés « par les biches, cerfs et autre gibier. Ils ont seulement quel« ques vignes, qu'ils gardent six mois de l'année en faisant des « factions et gardes jour et nuit avec tambours et charivari pour « faire fuir les bêtes destructives. »

23 janvier 1753. — « M. le prince de Conti s'est fait une capi« tainerie de onze lieues autour de l'Isle-Adam où tout le monde « est vexé. »

23 septembre 1753. — « Depuis que M. le duc d'Orléans jouit « de Villers-Cotterets, il en a fait revivre la capitainerie, et il y a « plus de soixante terres à vendre à cause de ces vexations de « princes. »

tout terrain quelconque de murs, haies ou fossés, sans une permission spéciale[1]. En cas de permission, il doit laisser dans sa clôture un large espace vide et uni pour que la chasse puisse passer à son aise. Il ne peut avoir chez lui aucun furet, aucune arme à feu, aucun engin propre à la chasse, ni se faire suivre d'un chien même impropre à la chasse, à moins que ce chien ne soit tenu en laisse ou n'ait un billot au cou. Bien mieux, on lui défend de faucher son pré ou sa luzerne avant la Saint-Jean, d'entrer dans son propre champ du 1er mai au 24 juin, d'aller dans les îles de la Seine, d'y couper de l'herbe ou de l'osier, même si l'herbe et l'osier sont à lui; c'est qu'à ce moment les perdrix couvent, et que le législateur les protège; il aurait moins d'égards pour une femme en couches; les vieux chroniqueurs diraient de lui comme de Guillaume Rufus que ses entrailles sont paternelles seulement pour les bêtes. Or il y a en France quatre cents lieues carrées de pays soumises au régime des capitaineries[2], et, par toute la France, le gibier, grand ou petit, est le tyran du paysan. Concluez ou plutôt écoutez comment conclut le peuple. « Chaque

1. Les vieux paysans avec qui j'ai causé autrefois dans le pays ont gardé la vive impression de ces vexations et de ces ravages. — Dans le Clermontois, ils racontent que les gardes du prince de Condé au printemps prenaient des portées de loups et nourrissaient les jeunes loups dans les fossés du château. On les lâchait au commencement de l'hiver, et l'équipage du loup leur donnait la chasse. Mais ils mangeaient les moutons, et, par-ci par-là, un enfant.

2. Le domaine du roi comprend en bois un million d'arpents, sans compter les bois situés dans les apanages ou affectés aux usines et aux salines. (Necker, *Compte rendu*, II, 56.)

« fois, dit M. de Montlosier en 1789[1], qu'il m'arrivait « de rencontrer des troupeaux de cerfs ou de daims sur « ma route, mes guides de s'écrier aussitôt : Voilà la « noblesse! par allusion aux ravages que ces animaux « faisaient dans leurs terres. » Ainsi, aux yeux de leurs sujets, ils sont des bêtes fauves. — Voilà où conduit le privilège détaché du service; c'est ainsi qu'un devoir de protection dégénère en un droit de dévastation, et que des gens humains et raisonnables agissent, sans y penser, en gens déraisonnables et inhumains. Séparés du peuple, ils abusent de lui; chefs nominaux, ils ont désappris l'office de chefs effectifs; ayant perdu leur caractère public, ils ne rabattent rien de leurs avantages privés. C'est tant pis pour le canton et tant pis pour eux-mêmes. Les trente ou quarante braconniers qu'ils poursuivent aujourd'hui sur leurs terres marcheront demain contre leur château à la tête de l'émeute. — Absence des maîtres, apathie des provinces, mauvais état des cultures, exactions des fermiers, corruption des justices, vexations des capitaineries, oisiveté, dettes et exigences du seigneur, abandon, misère, sauvagerie et hostilité des vassaux, tout cela vient de la même cause et aboutit au même effet. Quand la souveraineté se transforme en sinécure, elle devient lourde sans rester utile, et, quand elle est lourde sans être utile, on la jette à bas.

1. Montlosier, *Mémoires*, I, 175.

CHAPITRE IV

Services généraux que doivent les privilégiés. — I. Exemple en Angleterre. — Les privilégiés ne rendent pas ces services en France. — Influence et droits qui leur restent. — Ils ne s'en servent que pour eux-mêmes. — II. Assemblées du clergé. — Elles ne servent que l'intérêt ecclésiastique. — Le clergé exempté de l'impôt. — Sollicitations de ses agents. — Son zèle contre les protestants. — III. Influence des nobles. — Règlements en leur faveur. — Préférence qu'ils obtiennent dans l'Église. — Distribution des évêchés et des abbayes. — Préférence qu'ils obtiennent dans l'État. — Gouvernements, offices, sinécures, pensions, gratifications. — Au lieu d'être utiles, ils sont à charge. — IV. Isolement des chefs. — Sentiments des subordonnés. — La noblesse de province. — Les curés. — V. Le roi. — Son privilège est le plus énorme de tous. — Ayant accaparé tous les pouvoirs, il s'est chargé de toutes les fonctions. — Pesanteur de cette tâche. — Il s'y dérobe, ou n'y suffit pas. — Sécurité de sa conscience. — La France est sa propriété. — Comment il en abuse. — La royauté centre des abus. — VI. Désorganisation latente de la France.

I

Inutiles dans le canton, ils pourraient être utiles au centre, et, sans prendre part au gouvernement local, servir dans le gouvernement général. Ainsi fait un lord, un baronnet, un squire, même lorsqu'il n'est pas *justice* dans son comté ou membre d'une commission dans sa paroisse. Député élu à la chambre basse, membre héréditaire de la chambre haute, il tient les cordons de la bourse publique et empêche le prince d'y puiser trop avant. Tel est le régime dans les pays où les seigneurs féodaux, au lieu de laisser le roi s'allier contre eux avec les communes, se sont alliés avec les communes contre le roi. Pour mieux défendre leurs propres intérêts, ils ont défendu les intérêts des autres, et, après avoir été les représentants de leurs pareils, ils sont devenus les représentants de la nation. — Rien de semblable en France. Les États généraux sont tombés en désuétude, et le roi peut avec vérité se dire l'unique représentant du pays. Pareils à des arbres étouffés par l'ombre d'un chêne gigantesque, les autres pouvoirs publics ont péri de sa croissance; ce qu'il en reste encombre aujourd'hui la place et forme autour de lui un cercle de broussailles rampantes ou de troncs desséchés. L'un d'eux, le Parlement, simple rejeton sorti du grand chêne, a cru parfois posséder une racine propre; mais sa sève était trop visiblement empruntée pour qu'il pût se tenir debout par lui-même et fournir au peuple un abri indépendant. D'autres corps, survivants quoique rabougris, l'Assemblée du clergé et les États provinciaux, protègent encore un ordre et quatre ou cinq provinces; mais cette protection ne couvre que l'ordre ou la province, et, si elle défend un intérêt partiel, c'est d'ordinaire contre un intérêt général.

II

Regardons le plus vivace et le mieux enraciné de ces corps, l'Assemblée du clergé. Tous les cinq ans elle se réunit, et, dans l'intervalle, deux agents choisis par elle veillent aux intérêts de l'ordre. Convoquée par le gouvernement, dirigée par lui, contenue ou interrompue au besoin, toujours sous sa main, employée par lui à des fins politiques, elle reste néanmoins un asile pour le clergé qu'elle représente. Mais elle n'est un asile que pour lui, et, dans la série de transactions par lesquelles elle se défend contre le fisc, elle ne décharge ses épaules que pour rejeter un fardeau plus lourd sur les épaules d'autrui. On a vu comment sa diplomatie a sauvé les immunités du clergé, comment elle l'a racheté de la capitation et des vingtièmes, comment elle a changé sa part d'impôt en un « don gratuit », comment chaque année elle applique ce don au remboursement des capitaux empruntés pour son rachat, par quel art délicat elle est parvenue, non seulement à n'en rien verser dans le Trésor, mais encore à soutirer chaque année du Trésor environ 1 500 000 livres; c'est tant mieux pour l'Église, mais tant pis pour le peuple. — Maintenant parcourez la file des in-folios où se suivent de cinq ans en cinq ans les rapports des agents, hommes habiles et qui se préparent ainsi aux plus hauts emplois de l'Église, les abbés de Boisgelin, de Périgord, de Barral, de Montesquiou; à chaque instant, grâce à leurs sollicitations auprès des juges et du Conseil, grâce à l'autorité que donne à leurs plaintes le mécontentement de l'ordre puissant que l'on sent derrière eux, quelque affaire ecclésiastique est décidée dans le sens ecclésiastique; quelque droit féodal est maintenu en faveur d'un chapitre ou d'un évêque; quelque réclamation du public est rejetée[1]. En 1781, malgré un arrêté du Parlement de Rennes, les chanoines de Saint-Malo sont maintenus dans le monopole de leur four banal, au détriment des boulangers qui voudraient cuire à domicile et des habitants qui payeraient moins cher le pain cuit chez les boulangers. En 1773, Guénin, maître d'école, destitué par l'évêque de Langres et vainement soutenu par les habitants, est forcé de laisser sa place au successeur que le prélat lui a nommé d'office. En 1770, Rastel, protestant, ayant ouvert une école publique à Saint-Affrique, est poursuivi à la demande de l'évêque et des agents du clergé; on ferme son école et on le met en prison. — Quand un corps a gardé dans sa main les cordons de sa bourse, il obtient bien des complaisances; elles sont l'équivalent de l'argent qu'il accorde. Le ton commandant du roi, l'air soumis du clergé ne changent rien au fond des choses; entre eux, c'est un marché[2] : donnant, donnant; telle loi contre les protestants, en échange d'un ou deux millions ajoutés au don gratuit. C'est ainsi que graduellement s'est faite, au dix-septième

1. *Rapport de l'agence du clergé* de 1775 à 1780, 31 et 34. — *Id.* de 1780 à 1785, 237.

2. Lanfrey, *l'Église et les philosophes*, passim.

siècle, la révocation de l'édit de Nantes, article par article, comme un tour d'estrapade après un autre tour d'estrapade, chaque persécution nouvelle achetée par une largesse nouvelle, en sorte que, si le clergé aide l'État, c'est à condition que l'État se fera bourreau. Pendant tout le dix-huitième siècle, l'Église veille à ce que l'opération continue[1]. En 1717, une assemblée de soixante-quatorze personnes ayant été surprise à Anduze, les hommes vont aux galères et les femmes en prison. En 1724, un édit déclare que tous ceux qui assisteront à une assemblée et tous ceux qui auront quelque commerce direct ou indirect avec les ministres prédicants, seront condamnés à la confiscation des biens, les femmes rasées et enfermées pour la vie, les hommes aux galères perpétuelles. En 1745 et 1746, dans le Dauphiné, deux cent soixante-dix-sept protestants sont condamnés aux galères et nombre de femmes au fouet. De 1744 à 1752, dans l'Est et le Midi, six cents protestants sont enfermés et huit cents condamnés à diverses peines. En 1774, les deux enfants de Roux, calviniste à Nîmes, lui sont enlevés. Jusqu'aux approches de la Révolution, dans le Languedoc, on pend les ministres et l'on envoie des dragons contre les congrégations qui se rassemblent au désert pour prier Dieu;

1. Boiteau, *État de la France en* 1789, 205, 207. — Marquis d'Argenson, *Mémoires*, 5 mai 1752, 3, 22, 25 septembre 1753, 17 octobre 1753, 26 octobre 1755. — Prudhomme, *Résumé général des cahiers des États généraux*, 1789 (Cahiers du clergé). — *Histoire des églises du désert*, par Charles Coquerel, I, 151 et suivantes.

la mère de M. Guizot y a reçu des coups de feu dans ses jupes; c'est qu'en Languedoc, par les États provinciaux, « les évêques sont maîtres du temporel plus que « partout ailleurs, et que leur sentiment est toujours « de dragonner, de convertir à coups de fusil ». En 1775, au sacre, l'archevêque Loménie de Brienne, incrédule connu, dit au jeune roi : « Vous réprouverez « les systèmes d'une tolérance coupable.... Achevez « l'ouvrage que Louis le Grand avait entrepris. Il vous « est réservé de porter le dernier coup au calvinisme « dans vos États ». En 1780, l'Assemblée du clergé déclare « que l'autel et le trône seraient également en « danger, si l'on permettait à l'hérésie de rompre ses « fers ». Même en 1789, le clergé dans ses cahiers, tout en consentant à tolérer les non-catholiques, trouve l'édit de 1788 trop libéral; il veut qu'on les exclue des charges de judicature, qu'on ne leur accorde jamais l'exercice public de leur culte, et qu'on interdise les mariages mixtes; bien plus, il demande la censure préalable de tous les ouvrages de librairie, un comité ecclésiastique pour les dénoncer, et des peines infamantes contre les auteurs de livres irréligieux; enfin, il réclame pour lui-même la direction des écoles publiques et la surveillance des écoles privées. — Rien d'étrange dans cette intolérance et dans cet égoïsme. Un corps, comme un individu, pense d'abord et surtout à lui. Si parfois il sacrifie quelque chose de son privilège, c'est pour s'assurer l'alliance des autres corps. En ce cas, qui est celui de l'Angleterre, tous ces privilèges qui transigent entre eux et se soutiennent les uns les autres composent par leur réunion les libertés publiques. — Ici, un seul corps étant représenté, ses députés ne sont ni chargés, ni tentés de rien concéder aux autres; son intérêt est leur seul guide; ils lui subordonnent l'intérêt général, et le servent à tout prix, même par des attentats publics

III

Ainsi travaillent les corps quand, au lieu d'être associés, ils sont séparés. Même spectacle, si l'on regarde les castes et les coteries; leur isolement fait leur égoïsme. Du bas en haut de l'échelle, les pouvoirs légaux ou moraux qui devraient représenter la nation ne représentent qu'eux-mêmes, et chacun d'eux s'emploie pour soi au détriment de la nation. — A défaut du droit de s'assembler et de voter, la noblesse a son influence, et, pour savoir comment elle en use, il suffit de lire les édits et l'almanach. Un règlement imposé au maréchal de Ségur[1] vient de relever la vieille barrière qui excluait les roturiers des grades militaires, et désormais, pour être capitaine, il faudra prouver quatre degrés de noblesse. Pareillement, dans les derniers temps, il faut être noble pour être reçu maître des requêtes, et l'on décide secrètement qu'à l'avenir « tous les biens ecclé-

1. Comte de Ségur, *Mémoires*, I, 16, 41. — Bouillé, *Mémoires*, 54. — Mme Campan, *Mémoires*, I, 237 (détails à l'appui).

« siastiques, depuis le plus modeste prieuré jusqu'aux « plus riches abbayes, seront réservés à la noblesse ». — De fait, toutes les grandes places, ecclésiastiques ou laïques, sont pour eux; toutes les sinécures, ecclésiastiques ou laïques, sont pour eux, ou pour leurs parents, alliés, protégés et serviteurs. La France ressemble à une vaste écurie où les chevaux de race auraient double et triple ration pour être oisifs ou ne faire que demi-service, tandis que les chevaux de trait font le plein service avec une demi-ration qui leur manque souvent. Encore faut-il noter que, parmi ces chevaux de race, il est un troupeau privilégié qui, né auprès du râtelier, écarte ses pareils et mange à pleine bouche, gras, brillant, le poil poli et jusqu'au ventre en la litière, sans autre occupation que de toujours tirer à soi. Ce sont les nobles de cour, qui vivent à portée des grâces, exercés dès l'enfance à demander, obtenir et demander encore, uniquement attentifs aux faveurs et aux froideurs royales, pour qui l'Œil-de-bœuf compose l'univers, « indifférents aux affaires de l'État comme à leurs « propres affaires, laissant gouverner les unes par les « intendants de province, comme ils laissent gouverner « les autres par leurs propres intendants ».

Voyons-les à l'œuvre sur le budget. On sait combien celui de l'Église est large; j'estime qu'ils en prélèvent au moins la moitié. Dix-neuf chapitres nobles d'hommes, vingt-cinq chapitres nobles de femmes, deux cent soixante commanderies de Malte, sont à eux par institution. Ils occupent par faveur tous les archevêchés, et, sauf cinq, tous les évêchés[1]. Sur quatre abbés commendataires et vicaires généraux, ils en fournissent trois. Si, parmi les abbayes de femmes à nomination royale, on relève celles qui rapportent 20 000 livres et au delà, on trouve qu'elles ont toutes pour abbesses des demoiselles. Un seul détail pour montrer l'étendue des grâces : j'ai compté quatre-vingt-trois abbayes d'hommes possédées par des aumôniers, chapelains, précepteurs ou lecteurs du roi, de la reine, des princes et princesses; l'un d'eux, l'abbé de Vermond, a 80 000 livres de rente en bénéfices. Bref, grosses ou petites, les quinze cents sinécures ecclésiastiques à nomination royale sont une monnaie à l'usage des grands, soit qu'ils la versent en pluie d'or pour récompenser l'assiduité de leurs familiers et de leurs gens, soit qu'ils la gardent en larges réservoirs pour soutenir la dignité de leur rang. Du reste, selon la coutume de donner plus à qui plus a, les plus riches prélats ont, par-dessus leurs revenus épiscopaux, les plus riches abbayes. D'après l'almanach, M. d'Argentré, évêque de Séez[2], se fait ainsi en supplément 34 000 livres de rente; M. de Suffren, évêque de Sisteron, 36 000; M. de Girac, évêque de Rennes, 40 000; M. de Bourdeille, évêque de Soissons, 42 000; M. d'Agout de Bonneval, évêque de Pamiers, 45 000; M. de Marbeuf, évêque d'Autun, 50 000; M. de Rohan, évêque de Strasbourg, 60 000; M. de Cicé, archevêque de Bordeaux,

1. *La France ecclésiastique*, 1788.
2. Granier de Cassagnac, *Des causes de la Révolution française*, III, 58.

63 000; M. de Luynes, archevêque de Sens, 82 000; M. de Bernis, archevêque d'Alby, 100 000; M. de Brienne, archevêque de Toulouse, 106 000; M. de Dillon, archevêque de Narbonne, 120 000; M. de La Rochefoucauld, archevêque de Rouen, 130 000 : c'est-à-dire le double et parfois le triple en sommes perçues, le quadruple et parfois le sextuple en valeurs d'aujourd'hui. M. de Rohan tirait de ses abbayes, non pas 60 000 livres, mais 400 000, et M. de Brienne, le plus opulent de tous après M. de Rohan, le 24 août 1788, au moment de quitter le ministère[1], envoyait prendre au « Trésor les « 20 000 livres de son mois qui n'était pas encore échu, « exactitude d'autant plus remarquable, que, sans « compter les appointements de sa place et les 6 000 li- « vres de pension attachées à son cordon bleu, il pos- « sédait en bénéfices 678 000 livres de rente, et que, « tout récemment encore, une coupe de bois dans une « de ses abbayes lui avait valu un million ».

Passons au budget laïque; là aussi les sinécures abondent et sont presque toutes à la noblesse. De ce genre, sont en province les trente-sept grands gouvernements généraux, les sept petits gouvernements généraux, les soixante-six lieutenances générales, les quatre cent sept gouvernements particuliers, les treize gouvernements de maisons royales, et nombre d'autres, tous emplois vides et de parade, tous entre des mains nobles, tous lucratifs, non seulement par les appointements du Trésor, mais aussi par les profits locaux. Ici encore la noblesse s'est

1. Marmontel, *Mémoires*, II, liv. XIII, 221

laissé dérober l'autorité, l'action, l'utilité de sa charge, à condition d'en garder le titre, la pompe et l'argent[1]. C'est l'intendant qui gouverne ; « le gouverneur en titre « ne peut remplir aucune fonction sans lettres particu-« lières de commandement » ; il n'est là que pour donner à dîner ; encore lui faut-il pour cela une permission, « la permission d'aller résider dans son gouverne-« ment ». Mais la place est fructueuse : le gouvernement général du Berry vaut 35 000 livres de rente, celui de la Guyenne 120 000, celui du Languedoc 160 000 ; un petit gouvernement particulier, comme celui du Havre, rapporte 35 000 livres, outre les accessoires ; une médiocre lieutenance générale, comme celle du Roussillon, 13 000 à 14 000 livres ; un gouvernement particulier, de 12 000 à 18 000 livres ; et notez que, dans la seule Ile-de-France, il y en a trente-quatre, à Vervins, Senlis, Melun, Fontainebleau, Dourdan, Sens, Limours, Étampes, Dreux, Houdan et autres villes aussi médiocres

1. Boiteau, *État de la France en* 1789, 55, 248. — Marquis d'Argenson, *Considérations sur le gouvernement de la France*, 177. — Duc de Luynes, *Journal*, XIII, 226 ; XIV, 287 ; XIII, 33, 158, 162, 218, 233, 237 ; XV, 268 ; XVI, 304. — Le gouvernement de Ham vaut 11 250 livres, celui d'Auxerre 12 000, celui de Briançon 12 000, celui des îles Sainte-Marguerite 16 000, celui de Schelestadt 15 000, celui de Brisach de 15 à 16 000, celui de Gravelines 18 000. — L'ordonnance de 1776 avait réduit ainsi ces diverses places (Waroquier, II, 467) : 18 gouvernements généraux à 60 000 livres, 21 à 30 000, 114 gouvernements particuliers, dont 25 à 12 000 livres, 25 à 10 000, 64 à 8 000, 176 lieutenants et commandants de villes, places etc., dont 35 de 6 000 à 16 600, et 141 de 2 000 à 6 000. L'ordonnance de 1788 établit en outre 17 commandants en chef ayant de 20 000 à 30 000 livres de fixe, et de 4000 à 6 000 par mois de résidence, et des commandants en second

que pacifiques; c'est l'état-major des Valois qui depuis Richelieu a cessé de servir, mais que le Trésor paye toujours. — Considérez ces sinécures dans une seule province, en Languedoc, pays d'États, où il semble que la bourse du contribuable doive être mieux défendue. Il y a trois sous-commandants à Tournon, Alais et Montpellier, « chacun payé 16 000 livres, quoiqu'ils « soient sans fonctions, puisqu'ils n'ont été établis que « dans un temps de troubles et de guerres de religion, « pour contenir les protestants ». Douze lieutenants du roi sont également inutiles et pour la montre. De même les trois lieutenants généraux : chacun d'eux « reçoit, « à tour de rôle et tous les trois ans, une gratification « de 30 000 livres, pour services rendus à cette même « province, lesquels sont vains et chimériques, et qu'on « ne spécifie pas »; car aucun d'eux ne réside, et, si on les paye, c'est pour avoir leur appui en cour. « Ainsi, « M. le comte de Caraman, qui a plus de 600 000 livres « de rente comme propriétaire du canal du Languedoc, « reçoit 30 000 livres tous les trois ans sans cause légi- « time, et indépendamment des dons fréquents et abon- « dants que la province lui fait pour les réparations de « son canal. » — La province donne aussi au comman- dant comte de Périgord une gratification de 12 000 livres en sus de ses appointements, et à sa femme une autre gratification de 12 000 livres, lorsque pour la première fois elle honore les États de sa présence. Elle paye encore au même commandant quarante gardes, « dont « vingt-quatre seulement servent pendant sa courte pré-

« sence aux États », et qui, avec leur capitaine, coûtent par an 15 000 livres. Elle paye de même au gouverneur de quatre-vingts à cent gardes « qui reçoivent chacun « 300 ou 400 livres, outre beaucoup d'exemptions, et « ne sont jamais en fonctions puisque le gouverneur ne « réside jamais »; pour ces fainéants subalternes la dépense est de 24 000 livres, outre 5 000 à 6 000 pour leur capitaine, à quoi il faut ajouter 7 500 pour les secrétaires du gouverneur, outre 60 000 livres d'appointements et des profits infinis pour le gouverneur lui-même. Je vois partout des oisifs secondaires pulluler à l'ombre des oisifs en chef et puiser leur sève dans la bourse publique qui est la commune nourrice. Tout ce monde parade, boit et mange copieusement, en cérémonie : tel est leur principal emploi, et ils s'en acquittent en conscience. Les tenues d'États sont des bombances de six semaines, où l'intendant dépense 25 000 livres en dîners et réceptions[1].

Aussi lucratives et aussi inutiles sont les charges de cour[2], sinécures domestiques dont les profits et accessoires dépassent de beaucoup les émoluments. Je trouve dans l'état imprimé 295 officiers de bouche sans compter les garçons pour la table du roi et de ses gens, et « le

1. *Archives nationales*, H, 944, 25 avril et 20 septembre 1780, Lettres et Mémoires de M. Furgole, avocat à Toulouse.

2. *Archives nationales*, O[1], 738 (Rapports faits au bureau général des dépenses de la maison du roi en mars 1780, par M. Mesnard de Chouzy). — Augeard, *Mémoires*, 97. — Mme Campan, *Mémoires*, I, 291. — Marquis d'Argenson, *Mémoires*, 10 février, 9 décembre 1751. — *Essai sur les capitaineries royales et autres* (1789), 80. — Waroquier, *État de la France en* 1789, I, 266.

« premier maître d'hôtel jouit de 84000 livres par an « en billets et en nourritures », sans compter ses appointements et les « grandes livrées » qu'il touche en argent. Les premières femmes de chambre de la reine inscrites sur l'Almanach pour 150 livres et payées 12000 francs, se font en réalité 50000 francs par la revente des bougies allumées dans la journée; Augeard, secrétaire des commandements et dont la place est marquée 900 livres par an, avoue qu'elle lui en vaut 200000. Le capitaine des chasses, à Fontainebleau, vend à son profit chaque année pour 20000 francs de lapins. « Dans chaque voyage aux maisons de campagne « du roi, les dames d'atour, sur leurs frais de déplace-« ment, gagnent 80 pour 100; on dit que le café au lait « avec un pain à chacune de ces dames coûte 2000 francs « par an, et ainsi du reste. » — « Mme de Tallard s'est fait « 115000 livres de rente dans sa place de gouvernante « des enfants de France, parce que, à chaque enfant, « ses appointements augmentent de 35000 livres. » Le duc de Penthièvre, en qualité de grand-amiral, perçoit sur tous les navires « qui entrent dans les ports et em-« bouchures de France » un droit d'ancrage, dont le produit annuel est de 91484 francs. Mme de Lamballe, surintendante, inscrite pour 6000 francs, en touche 150000[1]. Sur un seul feu d'artifice, le duc de Gesvres gagne 50000 écus par les débris et charpentes qui lui appartiennent en vertu de sa charge[2]. — Grands officiers

1. *Marie-Antoinette*, par Arneth et Geffroy, II, 377.
2. Mme Campan, *Mémoires*, I, 296, 298, 300. 301; III, 78. —

du palais, gouverneurs des maisons royales, capitaines des capitaineries, chambellans, écuyers, gentilhommes servants, gentilshommes ordinaires, pages, gouverneurs, aumôniers, chapelains, dames d'honneur, dames d'atour, dames pour accompagner, chez le roi, chez la reine, chez Monsieur, chez Madame, chez le comte d'Artois, chez la comtesse d'Artois, chez Mesdames, chez Madame Royale, chez Madame Élisabeth, dans chaque maison princière et ailleurs, des centaines d'offices pourvus d'appointements et d'accessoires sont sans fonctions ou ne servent que pour le décor. « Mme de la Borde vient d'être nommée « garde du lit de la reine avec 12 000 francs de pension « sur la cassette du roi; on ignore quelles sont les fonc- « tions de cette charge, qui n'a pas existé depuis Anne « d'Autriche. » Le fils aîné de M. de Machault est nommé intendant des classes. C'est un de ces emplois dits gracieux : cela vaut « 18 000 livres de rente pour « signer son nom deux fois par an ». De même la place de secrétaire général des Suisses valant 30 000 livres de rente et donnée à l'abbé Barthélemy; de même la place de secrétaire général des dragons, valant 20 000 livres par an, occupée tour à tour par Gentil Bernard et par Laujon, deux petits poètes de poche. — Il serait plus simple de donner l'argent sans la place; en effet on n'y manque pas; quand on lit jour par jour les Mémoires, il semble que le Trésor soit une proie. Assidus auprès

Hippeau, *le Gouvernement de Normandie*, IV, 171 (Lettre de Paris, du 13 décembre 1780). — Marquis d'Argenson, *Mémoires*, 5 septembre 1755. — Bachaumont, 16 janvier 1758. — *Mémoire sur l'imposition territoriale*, par M. de Calonne (1787), 54.

du roi, les courtisans le font compatir à leurs peines. Ils sont ses familiers, les hôtes de son salon, des gens de race comme lui, ses clients naturels, les seuls avec lesquels il cause et qu'il ait besoin de voir contents; il ne peut s'empêcher de les assister. Il faut bien qu'il contribue à doter leurs enfants, puisqu'il signe au contrat; il faut bien qu'il les enrichisse eux-mêmes, puisque leur luxe sert à la décoration de sa cour. La noblesse étant un ornement du trône, c'est au possesseur du trône à le redorer aussi souvent qu'il le faudra[1]. Là-dessus quelques chiffres et anecdotes pris, entre mille, sont d'une rare éloquence[2]. — « M. le prince de Pons « avait 25 000 livres de pension des bienfaits du roi, « sur quoi Sa Majesté avait bien voulu en donner « 6000 à Mlle de Marsan, sa fille, chanoinesse de Remi- « remont. La famille a représenté au roi le mauvais état « des affaires de M. le prince de Pons, et Sa Majesté a « bien voulu accorder à M. le prince Camille, son fils, « 15 000 livres de la pension vacante par la mort de son « père, et 5000 livres d'augmentation à Mme de Mar- « san. » — M. de Conflans épouse Mlle Portail : « En « faveur de ce mariage, le roi a bien voulu que, sur la

1. Marquis d'Argenson, *Mémoires*, 9 décembre 1751.
« La dépense que font les gens de cour pour avoir deux habits neufs et magnifiques, chacun pour les deux jours de fête et cela par ordre du roi, achève de les ruiner. »

2. Duc de Luynes, *Journal*, XIV, 147, 295; XV, 36, 119. — Marquis d'Argenson, *Mémoires*, 8 avril 1752, 30 mars et 28 juillet 1753, 23 juin 1755. — Hippeau, *ib.*, IV, 153 (Lettre du 15 mai 1780). — Necker, *De l'administration des finances*, II, 265, 269, 270, 271, 282. — Augeard, *Mémoires*, 249.

« pension de 10 000 livres accordée à Mme la présidente « Portail, il en passât 6000 à M. de Conflans après la « mort de Mme Portail. » — M. de Séchelles, ministre qui se retire, « avait 12 000 livres d'ancienne pension « que le roi lui conserve; il a, outre cela, 20 000 livres « de pension comme ministre; et le roi lui donne encore « outre cela 40 000 livres de pension ». — Parfois les motifs de la grâce sont admirables. Il faut consoler M. Rouillé de n'avoir pas participé au traité de Vienne; c'est pourquoi « on donne une pension de 6 000 livres « à sa nièce, Mme de Castellane, et une autre de 10 000 « à sa fille, Mme de Beuvron, fort riche ». — « M. de « Puisieux jouit d'environ 76 ou 77 000 livres de rente « des bienfaits du roi; il est vrai qu'il a un bien considérable; mais le revenu de ce bien est incertain, étant « pour la plupart en vignes. » — « On vient de donner « une pension de 10 000 livres à la marquise de Lède « parce qu'elle a déplu à Madame Infante et pour qu'elle « se retire. » — Les plus opulents tendent la main et prennent. « On a calculé que, la semaine dernière, il y « eut pour 128 000 livres de pension données à des dames « de la cour, tandis que depuis deux ans on n'a pas donné « la moindre pension à des officiers : 8000 livres à la « duchesse de Chevreuse dont le mari a de 4 à 500 000 « livres de rente, 12 000 livres à Mme de Luynes pour « qu'elle ne soit pas jalouse, 10 000 à la duchesse de « Brancas, 10 000 à la duchesse douairière de Brancas, « mère de la précédente, etc. » En tête de ces sangsues sont les princes du sang. « Le roi vient de donner un

« million cinq cent mille livres à M. le prince de Conti « pour payer ses dettes, dont un million sous prétexte « de le dédommager du tort qu'on lui a fait par la vente « d'Orange, et 500 000 livres de grâce. » — « M. le duc « d'Orléans avait ci-devant 50 000 écus de pension comme « pauvre et en attendant la succession de son père. « Étant devenu par cet événement riche de plus de trois « millions de rente, il a remis sa pension. Mais depuis « il a représenté qu'il dépenserait par delà son revenu, « et le roi lui a rendu ses 50 000 écus. » — Vingt ans plus tard, en 1780, quand Louis XVI, voulant soulager le Trésor, signe « la grande réforme de la bouche », « on donne à Mesdames 600 000 livres pour leur table » ; rien qu'en dîners, voilà ce que trois vieilles dames, en se retranchant, coûtent au public. Pour les deux frères du roi, 8 300 000 livres, outre deux millions de rente en apanages; pour le Dauphin, Madame Royale, Madame Élisabeth et Mesdames, 3 500 000; pour la reine, quatre millions : voilà le compte de Necker en 1784. Joignez à cela les dons de la main à la main avoués ou déguisés : 200000 francs à M. de Sartine pour l'aider à payer ses dettes, 200 000 à M. de Lamoignon, garde des sceaux, 600 000 francs à M. de Miromesnil pour frais d'établissement, 166 000 à la veuve de M. de Maurepas, 500 000 au prince de Salm, 1 200 000 au duc de Polignac pour l'engagement du comté de Fenestranges, 754 337 à Mesdames pour payer Bellevue[1]. « M. de Calonne, dit Au-

1. Nicolardot, *Journal de Louis XVI*, 228. Sommes ordonnancées dans le Livre Rouge de 1774 à 1789 : 227 985 716 livres.

« geard, témoin compétent[1], fit, à peine entré, un em-
« prunt de cent millions, dont un quart n'est pas entré
« au Trésor royal : le reste a été dévoré par les gens de
« la cour; on évalue ce qu'il a donné au comte d'Artois
« à cinquante-six millions, la part de Monsieur à vingt-
« cinq millions; il a donné au prince de Condé, en
« échange de 300 000 livres de rente, douze millions
« une fois payés et 600 000 livres de rentes viagères, et
« il fait faire à l'État les acquisitions les plus onéreuses,
« des échanges dont la lésion était de plus de 500 pour
« 100. » N'oublions pas qu'au taux actuel tous ces dons, pensions, appointements valent le double. — Tel est l'emploi des grands auprès du pouvoir central : au lieu de se faire les représentants du public, ils ont voulu être les favoris du prince, et ils tondent le troupeau qu'ils devraient préserver.

dont 80 millions en acquisitions et dons à la famille du roi. — Entre autres, 14 450 000 livres à Monsieur, 14 600 000 au comte d'Artois. — 7 726 253 pour Saint-Cloud donné à la reine. — 8 700 000 pour acquisition de l'Isle-Adam.

1. Cf. *Compte général des revenus et dépenses fixes au 1er mai* 1789. (Imprimerie royale, 1789, in-4.) « Terre de l'Ile-Dieu, acquise en 1783 du duc de Mortemart, 1 million. — Terre de Viviers, acquise du prince de Soubise en 1784, 1 500 000. — Terres de Saint-Priest et de Saint-Étienne, acquises en 1787 de M. Gilbert des Voisins, 1 335 935. — Forêts de Camors et de Floranges, acquises du duc de Liancourt en 1785, 1 200 000. — Comté de Montgommery, acquis de M. Clément de Barville en 1785, 3 306 604. »

IV

A la fin le troupeau écorché découvrira ce qu'on fait de sa laine. « Tôt ou tard[1], dit un Parlement dès 1764, « le peuple apprendra que les débris de nos finances « continuent d'être prodigués en dons si souvent peu « mérités, en pensions excessives et multipliées sur les « mêmes têtes, en dots et assurances de douaires, en « places et appointements inutiles. » Tôt ou tard, il repoussera « ces mains avides qui toujours s'ouvrent et ne « se croient jamais pleines, ces gens insatiables qui ne « semblent nés que pour tout prendre et ne rien avoir, « gens sans pitié comme sans pudeur ». — Et ce jour-là les écorcheurs se trouveront seuls. Car le propre d'une aristocratie qui ne songe qu'à soi est de devenir une coterie. Ayant oublié le public, elle néglige par surcroît ses subordonnés; après s'être séparée de la nation, elle se sépare de sa suite. C'est un état-major en congé qui fait bombance et ne prend plus soin des sous-officiers; vienne un jour de bataille, personne ne marche après lui, on cherche des chefs ailleurs. Tel est l'isolement des seigneurs de cour et des prélats au milieu de la petite noblesse et du bas clergé; ils se font la part trop grosse, et ne donnent rien ou presque rien aux gens qui ne sont pas de leur monde. Contre eux, depuis un siècle, un long murmure s'élève et va s'enflant jusqu'à devenir

1. *Le président de Brosses*, par Foisset. (Remontrances au roi par le Parlement de Dijon, le 19 janvier 1764.)

une clameur où l'esprit ancien et l'esprit nouveau, les idées philosophiques grondent à l'unisson. « Je vois, « disait le bailli de Mirabeau[1], que la noblesse s'avilit et « se perd. Elle s'étend sur tous les enfants de sangsues, « sur la truandaille de finance, introduits par la Pom- « padour, sortie elle-même de ces immondices. Une « partie va s'avilir dans la servitude de cour; l'autre se « mélange à la canaille plumière qui change en encre le « sang des sujets du roi; l'autre périt étouffée par de « viles robes, ignobles atomes de la poussière de cabinet « qu'une charge tire de la crasse »; et tout cela, parvenus d'ancienne ou de nouvelle race, fait une bande qui est la cour. — « La cour! s'écrie d'Argenson, dans ce mot est « tout le mal. La cour est devenue le sénat de la nation; « le moindre valet de Versailles est sénateur; les femmes « de chambre ont part au gouvernement, sinon pour « ordonner, du moins pour empêcher les lois et les « règles; et, à force d'empêcher, il n'y a plus ni lois, ni « ordres, ni ordonnateurs.... Sous Henri IV, les cour- « tisans demeuraient chacun dans leur maison, ils « n'étaient point engagés dans des dépenses ruineuses « pour être de la cour; ainsi les grâces ne leur étaient pas « *dues* comme aujourd'hui.... La cour est le tombeau

1. Lucas de Montigny, *Mémoires de Mirabeau*. Lettre du bailli du 26 mai 1781. — Marquis d'Argenson, *Mémoires*, IV, 156, 157. 160, 176; VI, 320. — Maréchal Marmont, *Mémoires*, I, 9. — Marquis de Ferrières, *Mémoires*, préface. — Voir sur cette difficulté de parvenir, les *Mémoires* de Dumouriez. Le père de Chateaubriand est aussi un de ces mécontents, « frondeur politique et grand « ennemi de la cour ». (I, 206.) — *Cahiers des États généraux* de 1789, résumé général par Prudhomme, t. II, passim.

« de la nation. » — Quantité d'officiers nobles, voyant que les hauts grades ne sont que pour les courtisans, quittent le service et vont porter leur mécontentement dans leurs terres. D'autres, qui ne sont point sortis de leur domaine, y couvent dans la gêne, l'oisiveté et l'ennui leurs ambitions aigries par l'impuissance. En 1789, dit le marquis de Ferrières, la plupart sont « si las de la « cour et des ministres qu'ils sont presque des démo- « crates ». Du moins « ils veulent retirer le gouverne- « ment à l'oligarchie ministérielle entre les mains de « laquelle il est concentré ». Point de grands seigneurs pour députés; ils les écartent et « les rejettent absolu- « ment, disant qu'ils trafiqueraient des intérêts de la « noblesse »; eux-mêmes, dans leurs cahiers, ils insistent pour qu'il n'y ait plus de noblesse de cour.

Mêmes sentiments dans le bas clergé, et encore plus vifs; car il est exclu des hautes places, non seulement comme inférieur, mais encore comme roturier[1]. Déjà en 1766, le marquis de Mirabeau écrivait : « Ce serait « faire injure à la plupart de nos ecclésiastiques à pré- « tentions que de leur proposer une cure. Les revenus « et les distinctions sont pour les abbés commenda- « taires, pour les bénéficiers à simple tonsure, pour les « nombreux chapitres ». Au contraire, « les vrais pas- « teurs des âmes, les coopérateurs dans le saint minis- « tère ont à peine une subsistance ». La première classe,

1. *Éphémérides du citoyen*, II, 200, 203. — Voltaire, *Dictionnaire philosophique*, article *Curé de campagne* — L'abbé Guettée, *Histoire de l'Église de France*, XII, 130

« tirée de la noblesse et de la bonne bourgeoisie, n'a « que les prétentions sans vrai ministère. L'autre, « n'ayant que des devoirs à remplir sans espoir et « presque sans revenu..., ne peut se recruter que dans « les derniers rangs de la société civile, et les para- « sites qui dépouillent les travailleurs affectent de les « subjuguer et de les avilir de plus en plus ». — « Je « plains, disait Voltaire, le sort d'un curé de campagne « obligé de disputer une gerbe de blé à son malheureux « paroissien, de plaider contre lui, d'exiger la dîme des « pois et des lentilles, de consumer sa misérable vie « en querelles continuelles.... Je plains encore davan- « tage le curé à portion congrue à qui des moines, « nommés gros décimateurs, osent donner un salaire de « quarante ducats pour aller faire, pendant toute l'année, « à deux ou trois milles de sa maison, le jour, la nuit, « au soleil, à la pluie, dans les neiges, au milieu des « glaces, les fonctions les plus pénibles et les plus dés- « agréables. » — Depuis trente ans, on a tâché d'assurer et de relever un peu leur salaire; en cas d'insuffisance, le bénéficier, collateur ou décimateur de la paroisse, doit y ajouter jusqu'à ce que le curé ait 500 livres (1768), puis 700 livres (1785), le vicaire 200 livres (1768), puis 250 (1778), et à la fin 350 (1785). A la rigueur, au prix où sont les choses[1], un homme peut s'entretenir là-dessus. Mais il vit parmi les misérables auxquels il doit l'aumône, et il garde au fond du cœur

1. Aujourd'hui le traitement d'un curé est au minimum de 900 francs, plus le logement et le casuel.

une amertume secrète contre le richard oisif qui, les poches pleines, l'envoie faire, avec des poches vides, un ministère de charité. A Saint-Pierre de Barjouville, dans le Toulousain, l'archevêque de Toulouse prend la moitié des dîmes et fait par an 8 livres d'aumône; à Bretx, le chapitre de l'Isle-Jourdain qui perçoit la moitié de certaines dîmes et les trois quarts des autres, donne 10 livres; à Croix-Falgarde, les Bénédictins, à qui la moitié de la dîme appartient, donnent 10 livres par an[1]. A Sainte-Croix de Bernay en Normandie[2], l'abbé non résident, qui touche 57 000 livres, donne 1050 livres au curé qui n'a pas de presbytère et dont la paroisse contient 4000 communiants. A Saint-Aubin-sur-Gaillon, l'abbé, gros décimateur, donne 350 livres au vicaire, qui est obligé d'aller dans le village quêter du blé, du pain, des pommes. A Plessis-Hébert, « le desservant déportuaire, n'ayant pas de quoi vivre, est forcé d'aller chercher ses repas chez les curés voisins ». Dans l'Artois, où souvent la dîme prélève 7 1/2 et 8 pour 100 du produit de la terre, nombre de curés sont à la portion congrue et sans presbytère; leur église tombe en ruines et le bénéficier ne donne rien aux pauvres. « A Saint-Laurent,

1. Théron de Montaugé, *l'Agriculture et les classes rurales dans le pays Toulousain*, 86.

2. Périn, *la Jeunesse de Robespierre*, doléances des paroisses rurales de l'Artois, 320. — Boivin-Champeaux, *ib.*, 65, 68. — Hippeau, *ib.*, VI, 79, et VII, 177. — Lettre de M. Sergent, curé de Villers, du 27 janvier 1790. (*Archives nationales*, DXIX, carton 24.) Lettre de M. Briscard, curé de Beaumont-le-Roger, diocèse d'Évreux, du 19 décembre 1789. (*Ib.*, DXIX, carton 6.) — Tableau moral du clergé de France (1789), 2.

« en Normandie, la cure ne vaut pas plus de 400 livres « que le curé partage avec un obitier, et il y a 500 ha- « bitants, dont les trois quarts à l'aumône. » — Comme les réparations du presbytère et de l'église sont d'ordinaire à la charge d'un seigneur ou d'un bénéficier souvent éloigné, obéré ou indifférent, il arrive parfois que le prêtre ne sait ni où loger, ni où dire la messe. « J'arrivai, dit un curé de Touraine, au mois de juin « 1788.... Le presbytère ressemblerait à un souterrain « hideux s'il n'était ouvert à tous les frimas et à tous « les vents » : en bas, deux chambres carrelées sans portes ni fenêtres, hautes de quatre pieds et demi, une troisième haute de six pieds, carrelée, servant de salon, de salle, de cuisine, de buanderie, de boulangerie et d'égout pour les eaux de la cour et du jardin; au-dessus trois pièces semblables, « le tout absolument lézardé, « crevé, menaçant ruine, sans portes ni croisées qui « tiennent », et, en 1790, les réparations ne sont pas encore faites. — Voyez par contraste le luxe des prélats qui ont un demi-million de rente, la pompe de leurs palais, les équipages de chasse de M. de Dillon, évêque d'Évreux, les confessionnaux garnis de satin de M. de Barral, évêque de Troyes, l'innombrable batterie de cuisine en argent massif de M. de Rohan, évêque de Strasbourg. — Tel est le sort des curés à portion congrue, et il y en a « beaucoup » qui n'ont pas la portion congrue, que la mauvaise volonté du haut clergé en exclut, qui, avec leur casuel, ne touchent que 400 à 500 livres, qui réclament en vain la maigre pitance à laquelle ils ont droit par le dernier édit. « Une pareille « demande, dit un curé, ne devrait-elle pas être acceptée « de bon gré par MM. du haut clergé qui souffrent des « moines jouir de 5 à 6000 livres de rente par chaque « individu, tandis qu'ils voient les curés, au moins « aussi nécessaires, réduits à la mince portion, tant « pour eux que pour la paroisse? » — Et, sur cette mince pitance, on rogne encore pour payer le don gratuit. En ceci comme pour le reste, les pauvres sont chargés pour décharger les riches. Dans le diocèse de Clermont, « les curés, même à simple portion congrue, « sont imposés à 60, 80, 100, 120 livres et plus; les « vicaires qui ne subsistent que du fruit de leurs « sueurs, sont taxés à 22 livres ». Au contraire, les prélats payent peu de chose, et « encore est-on dans « l'usage de présenter aux évêques la quittance de leur « taxe, aux étrennes du premier de l'an[1] ». — Nulle issue pour les curés. Sauf trois ou quatre petits évêchés « de laquais », toutes les dignités de l'Église sont réservées à la noblesse; « pour être évêque aujourd'hui, dit l'un d'entre eux, il faut être gentilhomme ». Je vois en eux des sergents qui, comme leurs pareils dans l'armée, ont perdu l'espoir de jamais devenir officiers. — C'est pourquoi il y en a chez qui la colère déborde : « Nous, malheureux « curés à portions congrues; nous, chargés communé- « ment des plus fortes paroisses, telles que la mienne « qui a, jusqu'à deux lieues dans les bois, des hameaux

1. *Doléances* sur les surcharges que supportent les gens du Tiers-État, par Gaultier de Biauzat (1788), 237

« qui en feraient une autre; nous dont le sort fait crier « jusqu'aux pierres et aux chevrons de nos misérables « presbytères », nous subissons des prélats « qui feraient « encore quelquefois faire par leurs gardes un procès « au pauvre curé qui couperait dans leurs bois un bâton, « son seul soutien dans ses longues courses par tous « chemins ». A leur passage, le pauvre homme « est « obligé de se jeter à tâtons le long d'un talus, pour se « garantir des pieds et des éclaboussures de leurs che- « vaux, comme aussi des roues et peut-être du fouet « d'un cocher insolent », puis « tout crotté, son chétif « bâton d'une main et son chapeau, tel quel, de l'autre, « de saluer humblement et rapidement, à travers la « portière du char clos et doré, le hiérarque postiche « ronflant sur la laine du troupeau que le pauvre curé « va paissant et dont il ne lui laisse que la crotte et le « suint ». Toute la lettre est comme un long cri de rage; ce sont des rancunes semblables qui feront les Joseph Lebon et les Fouché. — Dans cette situation et avec ces sentiments, il est manifeste que le bas clergé traitera ses chefs comme la noblesse de province a traité les siens[1]. Il ne choisira pas « pour représentants ceux « qui nagent dans l'opulence et qui l'ont vu toujours « souffrir avec tranquillité ». De toutes parts les curés

1. Hippeau, *ib.*, VI, 164. (Lettre du curé de Marolles et de treize autres. Lettre de l'évêque d'Évreux du 20 mars 1789. Lettre de l'abbé d'Osmond du 2 avril 1789.) — *Archives nationales*, Procès-verbaux manuscrits des États généraux, t. 148, 245 et 257, Mémoires des curés de Toulouse; t. 150, 282, représentations par le chapitre de Dijon

« se confédèrent » pour n'envoyer aux États généraux que des curés, et pour exclure, « non seulement les « chanoines, les abbés, les prieurs et tous autres béné- « ficiers, mais encore les premiers supérieurs, les chefs « de la hiérarchie », c'est-à-dire les évêques. En effet, sur trois cents députés du clergé, on compte aux États généraux deux cent huit curés, et, comme la noblesse de province, ils apportent avec eux la défiance et le mauvais vouloir qu'ils nourrissent depuis si longtemps contre leurs chefs. On s'en apercevra tout à l'heure à l'épreuve. Si les deux premiers ordres sont contraints de se réunir aux communes, c'est qu'au moment critique les curés font défection. Si l'institution d'une chambre haute est repoussée, c'est que la plèbe des gentilshommes ne veut pas souffrir aux grandes familles une prérogative dont elles ont abusé.

V

Reste un dernier privilège, le plus énorme de tous, celui du roi; car, dans cet état-major de nobles héréditaires, il est le général héréditaire. A la vérité son office n'est pas une sinécure comme leur rang; mais il comporte des inconvénients aussi graves et des tentations pires. Deux choses sont pernicieuses à l'homme, le manque d'occupation et le manque de frein; ni l'oisiveté, ni la toute-puissance ne sont conformes à sa nature, et le prince absolu qui peut tout faire, comme l'aristocratie désœuvrée qui n'a rien à faire, finit par devenir inutile et malfaisant. — Insensiblement, en accaparant tous les pouvoirs, le roi s'est chargé de toutes les fonctions; tâche immense et qui surpasse les forces humaines. Car ce n'est point la Révolution, c'est la monarchie qui a implanté en France la centralisation administrative[1]. Sous la direction du Conseil du roi, trois fonctionnaires superposés, au centre le contrôleur général, dans chaque généralité l'intendant, dans chaque élection le subdélégué, mènent toutes les affaires, fixent, répartissent et lèvent l'impôt et la milice, tracent et font exécuter les routes, emploient la maréchaussée, distribuent les secours, réglementent la culture, imposent aux paroisses leur tutelle, et traitent comme des valets les magistrats municipaux. « Un village, dit Turgot[2], « n'est qu'un assemblage de maisons, de cabanes et « d'habitants aussi passifs qu'elles.... Votre Majesté « est obligée de décider tout par elle-même ou par ses « mandataires.... Chacun attend vos ordres spéciaux, « pour contribuer au bien public, pour respecter les « droits d'autrui, quelquefois même pour user des siens « propres. » Par suite, ajoute Necker, « c'est du fond « des bureaux que la France est gouvernée.... Les com- « mis, ravis de leur influence, ne manquent jamais de « persuader au ministre qu'il ne peut se détacher de « commander un seul détail ». — Bureaucratie au

1. Tocqueville, liv. II. Cette vérité capitale a été établie par M. de Tocqueville avec une perspicacité supérieure.

2. Remontrances de Malesherbes, Mémoire de Turgot, Mémoire de Necker au roi. (Laboulaye, *De l'administration française sous Louis XVI. Revue des cours littéraires*, IV, 423, 759, 814.)

centre, arbitraire, exceptions et faveurs partout, tel est le résumé du système. « Subdélégués, officiers d'élec-« tions, directeurs, receveurs et contrôleurs des ving-« tièmes, commissaires et collecteurs des tailles, offi-« ciers des gabelles, voituriers-buralistes, huissiers, « piqueurs des corvées, commis aux aides, au contrôle, « aux droits réservés, tous ces hommes de l'impôt, cha-« cun selon son caractère, assujettissent à leur petite « autorité et enveloppent de leur science fiscale des con-« tribuables ignorants et inhabiles à reconnaître si on « les trompe[1]. » Une centralisation grossière, sans contrôle, sans publicité, sans uniformité, installe sur tout le territoire une armée de petits pachas qui décident comme juges les contestations qu'ils ont comme parties, règnent par délégation, et, pour autoriser leurs grappillages ou leurs insolences, ont toujours à la bouche le nom du roi, qui est obligé de les laisser faire. — En effet, par sa complication, son irrégularité et sa grandeur, la machine échappe à ses prises. Un Frédéric II levé à quatre heures du matin, un Napoléon qui dicte une partie de la nuit dans son bain et travaille dix-huit heures par jour, y suffiraient à peine. Un tel régime ne

1. « On a entendu le financier dire au citoyen : Il faut que la « ferme ait des grâces à vous accorder, il faut que vous soyez « obligé de venir les demander. — Celui qui paye ne peut jamais « savoir ce qu'il doit. Le fermier est souverain législateur dans les « matières qui font l'objet de son intérêt personnel. Toute requête, « dans laquelle les intérêts d'une province ou ceux de la nation « entière sont stipulés, est regardée comme une témérité punis-« sable si elle est signée d'un seul particulier, et comme une asso-« ciation illicite si elle est signée de plusieurs. » (Malesherbes, *ibid.*).

va point sans une attention toujours tendue, sans une énergie infatigable, sans un discernement infaillible, sans une sévérité militaire, sans un génie supérieur; à ces conditions seulement on peut changer vingt-cinq millions d'hommes en automates, et substituer sa volonté partout lucide, partout cohérente, partout présente, à leurs volontés que l'on abolit. Louis XV laisse « la bonne machine » marcher toute seule, et se cantonne dans son apathie. « Ils l'ont voulu ainsi, ils ont « pensé que c'était pour le mieux »[1], telle est sa façon de parler « quand les opérations des ministres n'ont pas « réussi ». — « Si j'étais lieutenant de police, disait-il encore, je défendrais les cabriolets. » Il a beau sentir que la machine se disloque, il n'y peut rien, il n'y fait rien. En cas de malheur, il a sa réserve privée, sa bourse à part. « Le roi, disait Mme de Pompadour, « signerait sans y songer pour un million, et donnerait « avec peine cent louis sur son petit trésor. » — Louis XVI essaye pendant un temps de supprimer plusieurs rouages, d'en introduire de meilleurs, d'adoucir les frottements du reste; mais les pièces sont trop rouillées, trop pesantes; il ne peut les ajuster, les accorder, les maintenir en place; sa main retombe impuissante et lassée. Il se contente d'être économe pour lui-même; il inscrit sur son journal un raccommodage de montre, et laisse la voiture publique, aux mains de Calonne, se charger d'abus nouveaux pour rentrer dans l'an-

1. Mme Campan, *Mémoires*, I, 13. — Mme du Hausset, *Mémoires*, 114.

cienne ornière, d'où elle ne sortira qu'en se disloquant.

Sans doute le mal qu'ils font ou qu'on fait en leur nom leur déplaît et les chagrine; mais au fond leur conscience n'est pas inquiète. Ils peuvent avoir compassion du peuple, mais ils ne se sentent pas coupables envers lui; car ils sont ses souverains et non ses mandataires. La France est à eux comme tel domaine est à son seigneur, et un seigneur ne manque pas à l'honneur parce qu'il est prodigue et négligent. C'est son bien qu'il dissipe, et personne n'a le droit de lui demander des comptes. Fondée sur la seigneurie féodale, la royauté est comme elle une propriété, un héritage, et ce serait infidélité, presque trahison chez un prince, en tout cas faiblesse et bassesse, que de laisser passer entre des mains de sujets quelque portion du dépôt qu'il a reçu intact de ses pères pour le transmettre intact à ses enfants. Non seulement, par la tradition du moyen âge, il est commandant-propriétaire des Français et de la France, mais encore, par la théorie des légistes, il est, comme César, l'unique et perpétuel représentant de la nation, et, par la doctrine des théologiens, il est, comme David, le délégué sacré et spécial de Dieu lui-même. A tous ces titres, ce serait merveille s'il ne considérait pas le revenu public comme son revenu privé, et si, maintes fois, il n'agissait pas en conséquence. En ceci notre point de vue est si opposé, que nous avons de la peine à nous mettre au sien; mais le sien était alors celui de tout le monde. En ce temps-là il semblait aussi étrange de s'ingérer dans les affaires du roi que dans celles d'un particulier. C'est seulement à la fin de 1788[1] que le fameux salon du Palais-Royal, « avec une hardiesse et une « déraison inimaginables, prétend que, dans une véri« table monarchie, les revenus de l'État ne doivent pas « être à la disposition du souverain, qu'il doit seulement « lui être accordé une somme assez considérable pour « les charges de sa maison, ses dons et les grâces de « ses serviteurs, ainsi que pour ses plaisirs, que le sur« plus doit être déposé au Trésor royal pour n'y être « employé qu'aux objets sanctionnés par l'Assemblée de « la Nation ». Réduire le prince à une liste civile, mettre la main sur les neuf dixièmes de son revenu, lui interdire les acquits au comptant, quel attentat! La surprise ne serait pas plus grande, si aujourd'hui l'on proposait de faire deux parts dans le revenu de chaque millionnaire, de lui en accorder la plus mince pour son entretien, de mettre la plus grosse à la caisse des consignations pour ne la dépenser qu'en œuvres d'utilité publique. Un ancien fermier général, homme d'esprit et sans préjugés, écrit sérieusement pour justifier l'achat de Saint-Cloud : « C'était une bague au doigt de la reine ». A la vérité, la bague coûtait 7 700 000 francs. Mais « le « roi de France avait alors 477 millions de rente. Que « dirait-on d'un particulier qui aurait 477 000 livres de « rente, et qui, une fois dans sa vie, donnerait à sa « femme pour 7000 ou 8000 livres de diamants?[2] » On

1. *Gustave III et la cour de France*, par Geffroy, II, 474. (Archives de Dresde, correspondance de France, 20 novembre 1788.)
2. Agear,du *Moémires*, 135.

dirait que le don est modeste et que le mari est raisonnable. — Pour bien comprendre l'histoire de nos rois, posons toujours en principe que la France est leur terre, une ferme transmise de père en fils, d'abord petite, puis arrondie peu à peu, à la fin prodigieusement élargie, parce que le propriétaire, toujours aux aguets, a trouvé moyen de faire de beaux coups aux dépens de ses voisins; au bout de huit cents ans, elle comprend 27 000 lieues carrées. Certainement, en plusieurs points, son intérêt et son amour-propre sont d'accord avec le bien public; en somme il n'a pas mal géré, et puisqu'il s'est toujours agrandi, il a mieux géré que beaucoup d'autres. De plus, autour de lui, nombre de gens experts, vieux conseillers de famille, rompus aux affaires et dévoués au domaine, bonnes têtes et barbes grises, lui font respectueusement des remontrances quand il dépense trop; souvent ils l'engagent dans des œuvres utiles, routes, canaux, hôtels d'invalides, écoles militaires, instituts de science, ateliers de charité, limitation de la mainmorte, tolérance des hérétiques, recul des vœux monastiques jusqu'à vingt et un ans, assemblées provinciales, et autres établissements ou réformes par lesquels un domaine féodal se transforme en un domaine moderne. Mais, féodal ou moderne, le domaine est toujours sa propriété, dont il peut abuser autant qu'user; or qui use en toute liberté finit par abuser avec toute licence. Si, dans sa conduite ordinaire, les motifs personnels ne l'emportaient pas sur les motifs publics, il serait un saint comme Louis IX, un stoïcien comme Marc-Aurèle, et il est un seigneur, un homme du monde semblable aux gens de sa cour, encore plus mal élevé, plus mal entouré, plus sollicité, plus tenté et plus aveuglé. A tout le moins, il a comme eux son amour-propre, ses goûts, ses parents, sa maîtresse, sa femme, ses familiers, tous solliciteurs intimes et prépondérants qu'il faut d'abord satisfaire; la nation ne vient qu'ensuite. — En effet, pendant cent ans, de 1672 à 1774, toutes les fois qu'il fait une guerre, c'est par pique de vanité, par intérêt de famille, par calcul d'intérêt privé, par condescendance pour une femme. Louis XV conduit les siennes encore plus mal qu'il ne les entreprend[1], et Louis XVI, dans toute sa politique extérieure, trouve pour entrave le rets conjugal. — A l'intérieur, il vit comme les autres seigneurs, mais plus grandement, puisqu'il est le plus grand seigneur de France; je décrirai son train tout à l'heure, et l'on verra plus tard par quelles exactions ce faste est défrayé. En attendant, marquons deux ou trois détails. D'après des relevés authentiques, Louis XV a dépensé pour Mme de Pompadour 36 millions, au moins 72 millions d'aujourd'hui[2]. Selon d'Argenson[3], en 1751, il a dans ses écuries 4000 chevaux, et l'on assure que

1. « Mme de Pompadour, écrivant au maréchal d'Estrées à « l'armée sur les opérations de la campagne, et lui traçant une « espèce de plan, avait marqué sur le papier avec des *mouches* « les différents lieux qu'elle lui conseillait d'attaquer ou de dé- « fendre. » (Mme de Genlis, 329, *Souvenirs de Félicie*, Récit de Mme de Puisieux, belle-mère du maréchal d'Estrées.)

2. D'après le registre manuscrit des dépenses de Mme de Pompadour, aux *Archives de la préfecture de Versailles;* elle avait dépensé 36 327 268 livres. (Granier de Cassagnac, I, 91.)

3. Marquis d'Argenson, *Mémoires*, VI, 398 (24 avril 1751). —

sa seule maison ou personne « a coûté cette année « 68 millions », près du quart du revenu public. Quoi d'étonnant, lorsqu'on considère le souverain à la manière du temps, c'est-à-dire comme un châtelain qui jouit de son bien héréditaire? Il bâtit, il reçoit, il donne des fêtes, il chasse, il dépense selon sa condition. — De plus, étant maître de son argent, il donne à qui lui plaît, et tous ses choix sont des grâces. « Votre Majesté sait « mieux que moi, écrit l'abbé de Vermond à l'impéra« trice Marie-Thérèse[1], que, d'usage immémorial, les « trois quarts des places, des honneurs, des pensions « sont accordés non aux services, mais à la faveur et au « crédit. Cette faveur est originairement motivée par la « naissance, les alliances et la fortune; presque toujours « elle n'a de véritable fondement que dans la protection « et l'intrigue. Cette marche est si fort établie, qu'elle « est respectée comme une sorte de justice par ceux « mêmes qui en souffrent le plus; un bon gentilhomme, « qui ne peut éblouir par des alliances à la cour, ni par « une dépense d'éclat, n'oserait prétendre à un régi« ment, quelque anciens et distingués que puissent être « ses services et sa naissance. Il y a vingt ans, les fils « des ducs, des ministres, des gens attachés à la cour, « les parents et protégés des maîtresses, devenaient « colonels à seize ans; M. de Choiseul fit jeter les hauts « cris en rejetant cette époque à vingt-trois; mais, pour

« M. du Barry avouait hautement qu'il avait mangé 18 millions à « l'État. » (*Correspondance* par Métra, I, 27.)

1 *Marie-Antoinette*, par Arneth et Geffroy, II, 168 (5 juin 1774).

« dédommager la faveur et l'arbitraire, il a remis à la « pure grâce du roi, ou plutôt des ministres, la nomi- « nation des lieutenances-colonelles et des majorités « qui jusqu'alors allaient de droit à l'ancienneté du « service, les gouvernements et les commandements « des provinces et des villes. Vous savez, Monsieur « l'ambassadeur, qu'on a fort multiplié ces places, et « qu'elles se donnent par crédit et faveur, comme les « régiments. Le cordon bleu, le cordon rouge sont « dans le même cas, quelquefois même la croix de « Saint-Louis. Les évêchés et les abbayes sont encore « plus constamment au régime du crédit. Les places « de finances, je n'ose en parler. Les charges de judi- « cature sont les plus assujetties aux services rendus; « et cependant combien le crédit et la recommandation « n'influent-ils pas sur la nomination des intendants, « des premiers présidents », et des autres? — Necker, entrant aux affaires, trouve 28 millions de pensions sur le Trésor royal, et, sitôt qu'il tombe, c'est une débâcle d'argent déversé par millions sur les gens de cour. Même de son temps, le roi s'est laissé aller à faire la fortune des amies et des amis de sa femme : à la comtesse de Polignac 400 000 francs pour payer ses dettes, 800 000 francs pour la dot de sa fille, en outre, pour elle-même, la promesse d'une terre de 35 000 livres de rente, et, pour son amant, le comte de Vaudreuil, 30 000 livres de pension; à la princesse de Lamballe, 100 000 écus par an, tant pour la charge de surintendante qu'on rétablit en sa faveur, que pour une pension à son frère[1]. Mais c'est sous Calonne que la prodigalité devient folle. On a fait honte au roi de sa parcimonie; pourquoi serait-il ménager de sa bourse? Lancé hors de sa voie, il donne, il achète, il bâtit, il échange, il vient en aide aux gens de son monde, le tout en grand seigneur, c'est-à-dire en jetant l'argent à pleines mains. Qu'on en juge par un seul exemple : pour secourir les Guéméné faillis, il leur achète moyennant 12 500 000 livres trois terres qu'ils viennent d'acheter 4 millions; de plus, en échange de deux domaines en Bretagne qui rapportent 33 758 livres, il leur cède la principauté de Dombes rapportant près de 70 000 livres de rente[2]. — Lorsqu'on lira plus tard le *Livre Rouge*, on y trouvera 700 000 livres de pensions pour la maison de Polignac, la plupart réversibles d'un membre à l'autre, et près de deux millions de bienfaits annuels à la maison de Noailles. — Le roi a oublié que toutes ses grâces sont meurtrières; car « le courtisan « qui obtient 6000 livres de pension reçoit la taille de « six villages[3] ». En l'état où est l'impôt, chaque largesse du monarque est fondée sur le jeûne des paysans, et le souverain, par ses commis, prend aux pauvres leur pain pour donner des carrosses aux riches. — Bref le centre du gouvernement est le centre du mal; toutes les injustices et toutes les misères en partent comme d'un foyer

1. *Marie-Antoinette*, *ib.*, II, 377; III, 391.
2. *Archives nationales*, H, 1456. Mémoire pour M. Bouret de Vézelay, syndic des créanciers.
3 Marquis de Mirabeau, *Traité de la population*, 81.

engorgé et douloureux; c'est ici que l'abcès public a sa pointe, et c'est ici qu'il crèvera.

VI

Juste et fatal effet du privilège que l'on exploite à son profit au lieu de l'exercer au profit d'autrui. Qui dit sire ou seigneur, dit « le protecteur qui nourrit, l'ancien qui « conduit[1] »; à ce titre et pour cet emploi, on ne peut lui donner trop, car il n'y a pas d'emploi plus difficile et plus haut. Mais il faut qu'il le remplisse; sinon, au jour du danger, on le laisse là. Déjà, et bien avant le jour du danger, sa troupe n'est plus à lui; si elle marche, c'est par routine; elle n'est qu'un amas d'individus, elle n'est plus un corps organisé. Tandis qu'en Allemagne et en Angleterre le régime féodal conservé ou transformé compose encore une société vivante, en France son cadre mécanique n'enserre qu'une poussière d'hommes. On trouve encore l'ordre matériel; on ne trouve plus l'ordre moral. Une lente et profonde révolution a détruit la hiérarchie intime des suprématies acceptées et des déférences volontaires. C'est une armée où les sentiments qui font les chefs et les sentiments qui font les subordonnés ont disparu; les grades sont marqués sur les habits et ne le sont plus dans les consciences; il lui manque ce qui fait une armée solide, l'ascendant légitime des officiers, la confiance justifiée

1. *Lord*, en vieux saxon, signifie « celui qui nourrit ». *Seigneur*, en latin du moyen âge, signifie « l'ancien », le chef du troupeau.

des soldats, l'échange journalier des dévouements mutuels, la persuasion que chacun est utile à tous et que les chefs sont les plus utiles de tous. Comment trouverait-on cette persuasion dans une armée dont l'état-major, pour toute occupation, dîne en ville, étale ses épaulettes et touche double solde? Déjà avant l'écroulement final, la France est dissoute, et elle est dissoute parce que les privilégiés ont oublié leur caractère d'*hommes publics*.

LIVRE II

LES MŒURS ET LES CARACTÈRES

LIVRE DEUXIÈME

LES MŒURS ET LES CARACTÈRES

CHAPITRE I

Principe des mœurs sous l'ancien régime. — La cour et la vie de représentation. — I. Aspect physique et caractère moral de Versailles. — II. La maison du roi. — Personnel et dépenses. — Sa maison militaire, son écurie, sa vénerie, sa chapelle, sa faculté, sa bouche, sa chambre, sa garde-robe, ses bâtiments, son garde-meuble, ses voyages. — III. La société du roi. — Officiers de sa maison. — Invités de son salon. — IV. Les occupations du roi. — Lever, messe, dîner, promenades, chasse, souper, jeu, soirées. — Il est toujours en représentation et en compagnie. — V. Divertissements des personnes royales et de la cour. — Louis XV. — Louis XVI. — VI. Autres vies analogues. — Princes et princesses. — Seigneurs de la cour. — Financiers et parvenus. — Ambassadeurs, ministres, gouverneurs, officiers généraux. — VII. Prélats, seigneurs et petite noblesse en province. — L'aristocratie féodale est devenue une société de salon.

Un état-major en vacances pendant un siècle et davantage, autour du général en chef qui reçoit et tient salon : voilà le principe et le résumé des mœurs sous l'ancien régime. C'est pourquoi, si l'on veut les comprendre, il faut d'abord considérer leur centre et leur source, je veux dire la cour. Comme l'ancien régime tout entier, elle est la forme vide, le décor survivant d'une institution militaire; quand les causes ont disparu, les effets subsistent, et l'usage survit à l'utilité. Jadis, aux premiers temps féodaux, dans la camaraderie et la simplicité du camp et du château fort, les nobles servaient le roi de leurs mains, celui-ci pourvoyant à son logis, celui-là apportant le plat sur sa table, l'un le déshabillant le soir, l'autre veillant à ses faucons et à ses chevaux. Plus récemment, sous Richelieu et pendant la Fronde[1], parmi les coups de main et les exigences brusques du danger continu, ils étaient la garnison de son hôtel, ils l'escortaient en armes, ils lui faisaient un cortège d'épées toujours prêtes. Maintenant encore ils sont comme autrefois assidus autour de lui, l'épée au côté, attendant un mot, empressés sur un signe, et les plus qualifiés d'entre eux font chez lui un semblant de service domestique. Mais la parade pompeuse a remplacé l'action efficace; ils ne sont que de beaux ornements, ils ne sont plus des instruments utiles; ils représentent autour du roi qui représente, et, de leurs personnes, ils contribuent à son décor.

1. *Mémoires de Laporte* (1632). « M. d'Épernon vint à Bordeaux, « où il trouva Son Éminence fort malade. Il l'alla voir soigneu« sement tous les matins avec 200 gardes qui l'accompagnaient « jusqu'à la porte de la chambre. » — *Mémoires de Retz.* « Nous « vînmes à l'audience, M. de Beaufort et moi, avec un corps de « noblesse qui pouvait faire 300 gentilshommes; MM. les princes « avaient près de 1000 gentilshommes avec eux. » — Tous les Mémoires du temps montrent à chaque instant ces escortes qui étaient nécessaires pour faire ou repousser un coup de main.

I

Il faut dire que le décor est réussi, et que, depuis les fêtes de la Renaissance italienne, on n'en a pas vu de plus magnifique. Suivons la file de voitures qui, de Paris à Versailles, roule incessamment comme un fleuve. Des chevaux qu'on nomme « des enragés » et qu'on nourrit d'une façon particulière[1] y vont et en reviennent en trois heures. Au premier coup d'œil, on se sent dans une ville d'espèce unique, bâtie subitement et tout d'une pièce, comme une médaille d'apparat frappée à un seul exemplaire et tout exprès : sa forme est une chose à part, comme aussi son origine et son usage. Elle a beau compter 80 000 âmes[2], être l'une des plus vastes cités du royaume, elle est remplie, peuplée, occupée par la vie d'un seul homme; ce n'est qu'une résidence royale, arrangée tout entière pour fournir aux besoins, aux plaisirs, au service, à la garde, à la société, à la représentation du roi. Çà et là, dans les recoins et le pourtour, sont des auberges, des échoppes, des cabarets, des taudis pour les ouvriers, les hommes de peine, pour les derniers soldats, pour la valetaille accessoire; il faut bien qu'il y ait de ces taudis, puisque la plus belle apothéose ne peut se passer de manœuvres. Mais le reste n'est qu'hôtels et bâtisses somptueuses, façades sculptées, corniches et

1. Mercier, *Tableau de Paris*, IX, 3.

2. Leroi, *Histoire de Versailles*, II, 21 (70 000 âmes de population fixe, et 10 000 de population flottante, d'après les registres de la mairie).

balustres, escaliers monumentaux, architectures seigneuriales, espacées et ordonnées régulièrement comme un cortège autour du palais immense et grandiose où tout aboutit. Les premières familles ont ici leur résidence fixe : à droite du palais, hôtel de Bourbon, hôtel d'Ecquevilly, hôtel de la Trémoille, hôtel de Condé, hôtel de Maurepas, hôtel de Bouillon, hôtel d'Eu, hôtel de Noaillès, hôtel de Penthièvre, hôtel de Livry, hôtel du comte de la Marche, hôtel de Broglie, hôtel du prince de Tingry, hôtels d'Orléans, de Châtillon, de Villeroy, d'Harcourt, de Monaco; à gauche, pavillon d'Orléans, pavillon de Monsieur, hôtels de Chevreuse, de Balbelle, de l'Hospital, d'Antin, de Dangeau, de Pontchartrain : l'énumération ne finirait pas. Ajoutez-y tous ceux de Paris, tous ceux qui, à dix lieues à la ronde, à Sceaux, à Gennevilliers, à Brunoy, à l'Isle-Adam, au Raincy, à Saint-Ouen, à Colombes, à Saint-Germain, à Marly, à Bellevue, en cent endroits, forment une couronne de fleurs architecturales d'où s'élancent chaque matin autant de guêpes dorées pour briller et butiner à Versailles, centre de toute abondance et de tout éclat. On en « présente » chaque année une centaine, hommes et femmes[1], cela fait en tout deux ou trois mille : voilà la société du roi, les dames qui lui font la révérence, les seigneurs qui montent dans ses carrosses; leurs hôtels sont tout près ou à portée pour remplir à toute heure son antichambre ou son salon.

1. Waroquier, *État de la France* (1789). Liste des personnes présentées de 1779 à 1789, 453 hommes et 414 femmes, t. II, 515.

Un pareil salon comporte des dépendances proportionnées; c'est par centaines qu'il faut compter les hôtels et bâtiments occupés à Versailles pour le service privé du roi et des siens. Depuis les Césars, aucune vie humaine n'a tenu tant de place au soleil. Rue des Réservoirs, l'ancien hôtel et le nouvel hôtel du gouverneur de Versailles, l'hôtel du gouverneur des enfants du comte d'Artois, le garde-meuble de la couronne, le bâtiment pour les loges et foyers des acteurs qui jouent au Palais, les écuries de Monsieur. — Rue des Bons-Enfants, l'hôtel de la garde-robe, le logement des fontainiers, l'hôtel des officiers de la comtesse de Provence. — Rue de la Pompe, l'hôtel du grand-prévôt, les écuries du duc d'Orléans, l'hôtel des gardes du comte d'Artois, les écuries de la reine, le pavillon des Sources. — Rue Satory, les écuries de la comtesse d'Artois, le jardin anglais de Monsieur, les glacières du roi, le manège des chevau-légers de la garde du roi, le jardin de l'hôtel des trésoriers des bâtiments. — Par ces quatre rues, jugez des autres. — On ne peut faire cent pas dans la ville sans y rencontrer un accessoire du palais : hôtel de l'état-major des gardes du corps, hôtel de l'état-major des chevau-légers, hôtel immense des gardes du corps, hôtel des gendarmes de la garde, hôtels du grand-louvetier, du grand-fauconnier, du grand-veneur, du grand-maître, du commandant du canal, du contrôleur général, du surintendant des bâtiments, hôtel de la chancellerie, bâtiments de la fauconnerie et du vol de cabinet, bâtiments du vautrait, grand chenil, chenil-dauphin, chenil dit des chiens verts, hôtel des voitures de la cour, magasin des bâtiments et menus-plaisirs, ateliers et magasins pour les menus-plaisirs, grande écurie, petite écurie, autres écuries dans la rue de Limoges, dans la rue Royale et dans l'avenue de Saint-Cloud, potager du roi comprenant vingt-neuf jardins et quatre terrasses, grand-commun habité par deux mille personnes, maisons et hôtels dits des *Louis* où le roi assigne des logements à temps ou à vie : avec des mots sur du papier, on ne rend point l'impression physique de l'énormité physique. — Aujourd'hui, de cet ancien Versailles mutilé et approprié à d'autres usages, il ne reste plus que des morceaux; allez le voir pourtant. Considérez ces trois avenues qui se réunissent sur la grande place, larges de quarante toises, longues de quatre cents, et qui n'étaient point trop vastes pour la multitude, le déploiement, la vitesse vertigineuse des escortes lancées à fond de train et des carrosses courant « à tombeau ouvert[1] »; voyez, en face du château, les deux écuries, avec leurs grilles de trente-deux toises, ayant coûté, en 1682, trois millions, c'est-à-dire quinze millions d'aujourd'hui, si amples et si belles que, sous Louis XIV lui-même, on en faisait tantôt un champ de cavalcades pour les princes, tantôt une salle de théâtre, et tantôt une salle de bal; suivez alors du regard le développement de la gigantesque place demi-circulaire, qui, de grille en grille et de cour en cour, va montant

1. Il y avait alors, presque chaque jour, des passants roués à Paris par les voitures à la mode, et c'était l'habitude chez les grands d'aller très vite

et se resserrant, d'abord entre les hôtels des ministres, puis entre les deux ailes colossales, pour s'achever par le fastueux encadrement de la Cour de Marbre. où les pilastres, les statues, les frontons, les ornements multipliés et amoncelés d'étage en étage portent jusque dans le ciel la raideur majestueuse de leurs lignes et l'étalage surchargé de leur décor. D'après un manuscrit relié aux armes de Mansart, le palais a coûté 153 millions, c'est-à-dire environ 750 millions d'aujourd'hui[1]; quand un roi veut représenter, c'est à ce prix qu'il se loge. — Jetez maintenant les yeux de l'autre côté, vers les jardins, et cette représentation vous deviendra plus sensible. Les parterres et le parc sont encore un salon en plein air; la nature n'y a plus rien de naturel; elle est tout entière disposée et rectifiée en vue de la société; ce n'est point là un endroit pour être seul et se détendre, mais un lieu pour se promener en compagnie et saluer Ces charmilles droites sont des murailles et des tentures. Ces ifs tondus figurent des vases et des lyres. Ces parterres sont des tapis à ramages. Dans ces allées unies et rectilignes, le roi, la canne à la main, groupera autour de lui tout son cortège. Soixante dames, en robes lamées et bouffantes sur des paniers qui ont vingt-quatre pieds de circonférence, s'espaceront sans peine sur les marches de ces escaliers. Ces cabinets de ver-

1. 153 282 827 livres 10 sous 3 deniers. (*Souvenirs d'un page de la cour de Louis XVI*, par le comte d'Hézecques, 142.) — En 1690, avant la construction de la chapelle et de la salle de spectacle, il coûtait déjà 100 millions. (Saint-Simon, XII, 514. Mémoire de Marinier, commis des bâtiments du roi.)

dure pourront abriter une collation princière[1]. Sous ce portique circulaire, tous les seigneurs qui ont l'entrée de la chambre pourront assister ensemble au jeu d'un nouveau jet d'eau. Ils retrouvent leurs pareils jusque dans les figures de marbre et de bronze qui peuplent les allées et les bassins, jusque dans la contenance digne d'un Apollon, dans l'air théâtral d'un Jupiter, dans l'aisance mondaine et dans la nonchalance voulue d'une Diane ou d'une Vénus. Les dieux eux-mêmes sont de leur monde. — Enfoncée par l'effort de toute une société et de tout un siècle, l'empreinte de la cour est si forte, qu'elle s'est gravée dans le détail comme dans l'ensemble et dans les choses de la matière comme dans les choses de l'esprit.

II

Ceci n'est que le cadre; avant 1789, il était rempli. « On n'a rien vu, dit Chateaubriand, quand on n'a pas « vu la pompe de Versailles, même après le licencie- « ment de l'ancienne maison du roi; Louis XIV était « toujours là[2]. » C'est un fourmillement de livrées, d'uniformes, de costumes et d'équipages, aussi brillant et aussi varié que dans un tableau; j'aurais voulu vivre huit jours dans ce monde; il est fait à peindre, arrangé

1. Cabinet des Estampes, *Histoire de France par estampes*, passim, notamment plans et vues de Versailles par Aveline, « et dessin de la collation donnée par M. le Prince dans le milieu du Labyrinthe de Chantilly, le 29 août 1687 ».

2. *Mémoires*, I, 221. Il avait été présenté le 19 février 1787.

exprès pour le plaisir des yeux, comme une scène d'opéra. Mais comment nous figurer aujourd'hui des gens pour qui la vie était un opéra? En ce temps-là, il faut à un grand un grand état de maison; son cortège et son décor font partie de sa personne; il se manque à lui-même s'il ne les a pas aussi amples et aussi beaux qu'il le peut; il serait choqué d'un vide dans sa maison comme nous d'un trou dans notre habit. S'il se retranche, il déchoit; quand Louis XVI fait des réformes, la cour dit qu'il agit en bourgeois. Dès qu'un prince ou une princesse est d'âge, on lui forme une maison; dès qu'un prince se marie, on forme une maison à sa femme; et par maison entendez une représentation à quinze ou vingt services distincts, écurie, vénerie, chapelle, faculté, chambre, garde-robe, chambre aux deniers, bouche, paneterie-bouche, cuisine-bouche, échansonnerie, fruiterie, fourrerie, cuisine-commun, cabinet, conseil[1]; elle ne se sent point princesse sans cela. Il y a 274 charges chez le duc d'Orléans, 210 chez Mesdames, 68 chez Madame Élisabeth, 239 chez la comtesse d'Artois, 256 chez la comtesse de Provence, 496 chez la reine. Lorsqu'il s'agit de former une maison à Madame Royale, âgée d'un mois, « la reine, écrit l'ambassadeur « d'Autriche, veut supprimer une mollesse nuisible, « une affluence inutile de gens de service, et tout usage

1. Pour tous les détails suivants, cf. Waroquier, t. I, passim. — *Archives nationales*, O¹,710 *bis*. Maison du roi, dépenses de 1771. — Marquis d'Argenson, 25 février 1752. — En 1771, on dépense 5 millions pour l'installation de la comtesse d'Artois. Un simple appartement pour Madame Adélaïde coûte 800 000 livres.

« propre à faire naître des sentiments d'orgueil. Malgré « le retranchement susdit, la maison de la jeune prin- « cesse se montera encore à près de 80 personnes des- « tinées au service unique de sa personne royale[1] ». La maison civile de Monsieur en comprend 420 et sa maison militaire 179; celle du comte d'Artois 237 et sa maison civile 456. — Les trois quarts sont pour la montre; avec leurs broderies et leurs galons, avec leur contenance dégagée et polie, leur air attentif et discret, leur belle façon de saluer, de marcher, de sourire, ils font bien, alignés dans une antichambre ou espacés par groupes dans une galerie; j'aurais même voulu contempler les escouades des écuries et des cuisines; ce sont les figurants qui remplissent le fond du tableau. — Par cet éclat des astres secondaires, jugez de la splendeur du soleil royal.

Il faut au roi une garde, infanterie, cavalerie, gardes du corps, gardes françaises, gardes suisses, Cent-Suisses, chevau-légers de la garde, gendarmes de la garde, gardes de la porte, 9 050 hommes[2], coûtant chaque année 7 681 000 livres. Quatre compagnies des gardes françaises et deux des gardes suisses font tous les jours la parade dans la cour des ministres, entre les deux grilles, et le

1. Marie-Antoinette, *Correspondance secrète*, par Arneth et Geffroy, III, 292. Lettre de Mercy, du 25 janvier 1779. — Waroquier, en 1789, ne mentionne que 15 charges dans la maison de Madame Royale. Ceci, outre beaucoup d'autres indices, montre combien les chiffres officiels sont insuffisants.

2. C'est le chiffre auquel on arrive après les réductions de 1775 et de 1776, avant celles de 1787. Voyez Waroquier, t. I. — Necker, *Administration des finances*, II, 119.

spectacle est magnifique quand le roi sort en carrosse pour aller à Paris ou à Fontainebleau. Quatre trompettes sonnent à l'avant et quatre en arrière. Les gardes suisses d'un côté, les gardes françaises de l'autre[1] font la haie aussi loin qu'elle peut s'étendre. Devant les chevaux marchent les Cent-Suisses en costume du quinzième siècle, avec la pertuisane, la fraise, le chapeau à panache, l'ample pourpoint bariolé de couleurs mi-parties, à côté d'eux les gardes de la prévôté, à brandebourgs d'or et parements d'écarlate, avec des hoquetons tout hérissés de bouillons d'orfèvrerie. Dans tous les corps, les officiers, les trompettes, les musiciens, chamarrés de passementeries d'or et d'argent, sont éblouissants à voir; la timbale pendue à l'arçon de la selle, toute brodée et surchargée d'ornements peints et dorés, est une pièce à mettre dans un garde-meuble; le cymbalier nègre des gardes françaises ressemble à un soudan de féerie. — Derrière le carrosse et sur les flancs courent les gardes du corps, avec l'épée et la carabine, en culottes rouges, grandes bottes noires, habit bleu couturé de broderies blanches, tous gentilshommes vérifiés; il y en a 1200, choisis à la noblesse et à la taille; parmi eux sont les gardes de la manche, plus intimes encore, qui, à l'église, aux cérémonies, en hoqueton blanc étoilé de papillotes d'argent et d'or, ayant en main leur pertuisane damasquinée, sont toujours debout et tournés vers le roi « pour « avoir de toutes parts l'œil sur sa personne ». Voilà

1. Cabinet des Estampes, *La maison du roi en* 1786 (estampes coloriées).

pour sa sûreté. — Étant gentilhomme, il est cavalier, et il lui faut une écurie proportionnée[1], 1857 chevaux, 217 voitures, 1458 hommes qu'il habille et dont la livrée coûte 540 000 francs par an; outre cela, 38 écuyers de main, cavalcadours et ordinaires; outre cela, 20 gouverneurs, sous-gouverneurs, aumôniers, professeurs, cuisiniers et valets pour gouverner, instruire et servir les pages; outre cela, une trentaine de médecins, apothicaires, garde-malades, intendants, trésoriers, ouvriers, marchands brevetés et payés pour les accessoires de ce service : en tout plus de 1500 hommes. On achète pour 250 000 francs de chevaux par an, et il y a des haras en Limousin et en Normandie pour la remonte. 287 chevaux sont exercés tous les jours dans les deux manèges; il y a 443 chevaux de selle dans la petite écurie, 437 dans la grande, et cela ne suffit pas à la « vivacité du service ». Le tout coûte 4 600 000 livres en 1775 et monte à 6 200 000 livres en 1787[2]. Encore un spectacle

1. *Archives nationales*, O[1],738. Rapport de M. Teissier (1780) sur la grande et la petite écurie. — L'écurie de la reine comprend 75 voitures et 330 chevaux. Ce sont là les chiffres véritables, extraits des rapports secrets et manuscrits; ils montrent l'insuffisance des chiffres officiels. Par exemple, l'Almanach de Versailles de 1775 compte seulement 335 hommes dans les écuries, et l'on voit qu'effectivement le nombre était quadruple ou quintuple. — « Avant toutes les réformes, dit un témoin, je crois que le nom« bre des chevaux du roi allait bien à 3000. » (Comte d'Hézecques, *Souvenirs d'un page de Louis XVI*, 121.)

2. *La maison du roi justifiée par un soldat citoyen* (1786), d'après les comptes publiés par le gouvernement. — *La future maison du roi* (1790). « Les deux écuries ont dépensé en 1786, « la grande 4 207 606 livres, la petite 3 509 402 livres, total « 7 717 008 livres, dont 486 546 livres en achats de chevaux. »

qu'il faudrait voir avec les yeux de la tête, pages[1], piqueurs, élèves galonnés, élèves à boutons d'argent, garçons de la petite livrée en soie, joueurs d'instruments, chevaucheurs de l'écurie. C'est un art féodal que l'emploi du cheval; il n'y a pas de luxe plus naturel à un homme de qualité; pensez aux écuries de Chantilly, qui sont des palais. Pour dire un homme bien élevé et distingué, on disait alors « un cavalier accompli »; en effet, il n'avait toute sa prestance qu'en selle et sur un cheval de race comme lui. — Autre goût de gentilhomme, qui est une suite du précédent : la chasse. Elle coûte au roi de 1 100 000 à 1 200 000 livres par an[2] et occupe 280 chevaux, outre ceux des deux écuries. On ne saurait imaginer un équipage plus varié ni plus complet : meute pour le sanglier, meute pour le loup, meute pour le chevreuil, vol pour corneille, vol pour pie, vol pour émerillon, vol pour lièvre, vol pour les champs. On dépense, en 1783, 179 194 livres pour la nourriture des chevaux et 53 412 livres pour celle des chiens. Tout le territoire, à dix lieues de Paris, est chasse gardée; « on n'y saurait « tirer un coup de fusil[3]; aussi voyez-vous dans toutes

1. « A mon arrivée à Versailles (1786) on y comptait 150 pages, « sans compter ceux des princes du sang qui résidaient à Paris. « Un seul habit de page de la chambre coûtait 1500 livres (velours « cramoisi brodé d'or sur toutes les tailles, chapeau garni d'un « plumet et d'un large point d'Espagne). » (Comte d'Hézecques, *ib.*, 112).

2. *Archives nationales*, O^1, 778. Mémoire sur la vénerie de 1760 à 1792 et notamment rapport de 1786.

3. Mercier, *Tableau de Paris*, I, 11; V, 62. — Comte d'Hézecques, *ib.*, 253. — *Journal de Louis XVI*, publié par Nicolardot, passim.

« les plaines les perdrix, familiarisées avec l'homme, « becqueter le grain tranquillement et ne point s'écarter « quand il passe ». Joignez-y les capitaineries des princes jusqu'à Villers-Cotterets et Orléans; cela fait, autour de Paris, un cercle presque continu, ayant trente lieues de rayon, où le gibier, protégé, remisé, multiplie, fourmille pour les plaisirs du roi. Le seul parc de Versailles est une enceinte close de plus de dix lieues. La forêt de Rambouillet comprend 25000 arpents. On rencontre autour de Fontainebleau des bandes de soixante-dix à quatre-vingts cerfs. En lisant les carnets des chasses, il n'y a pas de vrai chasseur qui n'éprouve un mouvement d'envie. L'équipage du loup court toutes les semaines et prend 40 loups par an. De 1743 à 1774, Louis XV force 6400 cerfs. Louis XVI écrit le 31 août 1781 : « Aujourd'hui tué 460 pièces ». En 1780, il abat 20534 pièces; en 1781, 20291; en quatorze ans, 189251 pièces, outre 1254 cerfs; les sangliers, les chevreuils, sont en proportion; et notez que tout cela est sous sa main, puisque ses parcs confinent à ses maisons. — Tel est en effet le caractère d'une « maison montée », c'est-à-dire munie de ses dépendances et de ses services; tout y est à portée : c'est un monde complet qui se suffit à lui-même. Une grande vie se rattache et rassemble autour d'elle, avec une prévoyance universelle et un détail minutieux, tous les appendices dont elle use ou dont elle pourrait user. — Ainsi chaque prince, chaque princesse a sa faculté, sa chapelle[1]; il ne convient pas que l'aumônier

1. Waroquier, t. I, passim. Maison de la reine, chapelle 22 per-

qui leur dit la messe, que le chirurgien qui les soigne, soient d'emprunt. A plus forte raison faut-il au roi les siens : pour sa chapelle, 75 aumôniers, chapelains, confesseurs, maîtres de l'oratoire, clercs, avertisseurs, sommiers de chapelle, chantres, noteurs, compositeurs de musique sacrée; pour sa faculté, 48 médecins, chirurgiens, apothicaires, oculistes, opérateurs, renoueurs, distillateurs, pédicures et spagiriques. Notez encore sa musique profane, 128 chanteurs, danseurs, instrumentistes, maîtres et surintendants; son cabinet de livres, 43 conservateurs, lecteurs, interprètes, graveurs, médaillistes, géographes, relieurs, imprimeurs; le personnel qui orne ses cérémonies, 62 hérauts, porte-épées, introducteurs et musiciens; le personnel qui pourvoit à ses logements, 68 maréchaux des logis, guides et fourriers. J'omets d'autres services, j'ai hâte d'arriver au centre, la bouche; c'est à la table qu'on reconnaît une grande maison.

Il y a trois divisions de la bouche[1] : la première pour le roi et ses enfants en bas âge; la seconde, nommée petit commun, pour la table du grand maître, pour celle du grand chambellan et pour celle des princes et prin-

sonnes, faculté 6. Maison de Monsieur, chapelle 22, faculté 21. Maison de Madame, chapelle 20, faculté 9. Maison du comte d'Artois, chapelle 20, faculté 28. Maison de la comtesse d'Artois, chapelle 19, faculté 17. Maison du duc d'Orléans, chapelle 6, faculté 19.

1. *Archives nationales*, O^1, 738. Rapports par M. Mesnard de Chouzy (mars 1780). — Là-dessus une réforme suivit (17 août 1780). — *La maison du roi justifiée* (1789), 24. En 1788, la dépense de bouche est réduite à 2 870 000 livres, dont 600 000 livres données à Mesdames pour leur bouche.

cesses qui logent chez le roi; la troisième, nommée grand commun pour la seconde table du grand maître, pour celle des maîtres d'hôtel, pour celle des aumôniers, pour celle des gentilshommes servants et pour celle des valets de chambre : en tout 383 officiers de bouche, 103 garçons et 2 177 771 livres de dépense; outre cela 389 173 livres pour la bouche de Madame Élisabeth, et 1 093 547 livres pour celles de Mesdames, total 3 660 491 livres pour la table. Le marchand de vin fournit par an pour 300 000 francs de vin et le pourvoyeur pour un million de gibier, viande et poisson. Rien que pour aller à Ville-d'Avray chercher l'eau, et pour voiturer les officiers, garçons et provisions, il faut 50 chevaux loués 70 591 francs par an. Les princes et princesses du sang, ayant le droit « d'envoyer prendre « du poisson à la recette les jours maigres, quand ils « ne font pas à la cour de résidence suivie », ce seul article revient, en 1778, à 175 116 livres. Lisez dans l'Almanach les titres des offices, et vous verrez se développer devant vous une fête de Gargantua, la solennelle hiérarchie des cuisines, grands officiers de la bouche, maîtres d'hôtel, contrôleurs, contrôleurs-élèves, commis, gentilshommes panetiers, échansons et tranchants, écuyers et huissiers de cuisine, chefs, aides et maîtres-queux, enfants de cuisine et galopins ordinaires, coureurs de vins et hâteurs de rôts, potagers, verduriers, lavandiers, pâtissiers, serdeaux, porte-tables, gardes-vaisselle, sommiers des broches, maître d'hôtel de la table du premier maître d'hôtel, toute une procession de dos amples et galonnés, de ventres majestueux et rebondis, de figures sérieuses qui, devant les casseroles, autour des buffets, officient avec ordre et conviction. — Encore un pas et nous entrons dans le sanctuaire, l'appartement du roi. Deux dignitaires principaux y président, et chacun d'eux a sous ses ordres une centaine de subordonnés : d'un côté le grand chambellan avec les premiers gentilshommes de la chambre, avec les pages de la chambre, leurs gouverneurs et précepteurs, avec les huissiers de l'antichambre, avec les quatre premiers valets de chambre ordinaires, avec les seize valets de chambre par quartier, avec les porte-manteaux ordinaires et par quartier, avec les barbiers, tapissiers, horlogers, garçons et porteurs; de l'autre côté, le grand-maître de la garde-robe, avec les maîtres de la garde-robe, avec les valets de la garde-robe ordinaires et par quartier, avec le porte-malle, le porte-mail, les tailleurs, les lavandiers, l'empeseur et les garçons ordinaires, avec les gentilshommes ordinaires, les huissiers et secrétaires de cabinet, en tout 198 personnes pour le service intime, comme autant d'ustensiles domestiques pour tous les besoins de la personne ou de meubles somptueux pour la décoration de l'appartement. Il y en a pour aller chercher le mail et les boules, pour tenir le manteau et la canne, pour peigner le roi et l'essuyer au bain, pour commander les mulets qui transportent son lit, pour gouverner les levrettes de sa chambre, pour lui plier, passer et nouer sa cravate, pour enlever et rapporter sa chaise percée[1].

1. Comte d'Hézecques, *ib.*, 212. Sous Louis XVI, il y avait deux

Il y en a surtout dont tout l'office est d'être là et de remplir un coin qui ne doit pas rester vide. Certainement, pour le port et l'aisance, ils sont les premiers de tous; si proches du maître, ils y sont obligés; dans un tel voisinage, leur tenue ne doit pas faire disparate. — Telle est la maison du roi, et je n'ai décrit qu'une de ses résidences; il y en a une douzaine, outre Versailles, grandes ou petites, Marly, les deux Trianon, la Muette, Meudon, Choisy, Saint-Hubert, Saint-Germain, Fontainebleau, Compiègne, Saint-Cloud, Rambouillet[1], sans compter le Louvre, les Tuileries et Chambord, avec leurs parcs et territoires de chasse, avec leurs gouverneurs, inspecteurs, contrôleurs, concierges, fontainiers, jardiniers, balayeurs, frotteurs, taupiers, gruyers, gardes à cheval et à pied, plus de 1000 personnes. Naturellement il entretient, plante et bâtit; à cela il dépense 3 ou 4 millions par année[2]. Naturellement aussi il répare et renouvelle ses ameublements; en 1778, qui est une année moyenne, cela lui coûte 1 936 853 livres. Naturellement aussi il y mène ses hôtes et les y défraye, eux et leurs gens : à Choisy, en 1780, outre les distributions,

porte-chaises du roi, qui tous les matins, en habit de velours, l'épée au côté, venaient vérifier et vider, s'il y avait lieu, l'objet de leurs fonctions; cette charge valait à chacun d'eux 20 000 livres par an.

1. En 1787, Louis XVI démolit ou ordonne de vendre Madrid, la Muette, Choisy; mais ses acquisitions, Saint-Cloud, l'Isle-Adam, Rambouillet, ont de beaucoup surpassé ses réformes.

2. Necker, *Compte rendu*, II, 452. — *Archives nationales*, O[1], 738, p. 62 et 64; O[1], 2805; O[1], 736. — *La maison du roi justifiée* (1789). Bâtiments en 1775, 3 924 400 l.; en 1786, 4 000 000 l.; en 1788, 3 077 000 livres. — Garde-meuble en 1788, 1 700 000 livres.

il y a 16 tables et 345 couverts; à Saint-Cloud, en 1785, il y a 26 tables; « un voyage à Marly de 21 jours est un « objet de 120 000 livres de dépense extraordinaire »; le voyage à Fontainebleau a coûté jusqu'à 400 000 et 500 000 livres. En moyenne, ses déplacements exigent par an un demi-million et davantage[1]. — Pour achever de concevoir ce prodigieux attirail, songez que « des « artisans et marchands de tous les corps d'état sont « obligés, par leur privilège, de suivre la cour » dans ses voyages, afin de la fournir sur place : « apothicaires, « armuriers, arquebusiers, bonnetiers-vendeurs de bas « de soie et de laine, bouchers, boulangers, brodeurs, « cabaretiers, carreleurs de souliers, ceinturiers, chan- « deliers, chapeliers, charcutiers, chirurgiens, cordon- « niers, corroyeurs-baudroyeurs, cuisiniers, décou- « peurs-égratigneurs, doreurs et graveurs, éperonniers, « épiciers-confituriers, fourbisseurs, fripiers, gantiers- « parfumeurs, horlogers, libraires, lingers, marchands- « vendeurs de vin en gros et en détail, menuisiers, mer- « ciers-joailliers-grossiers, orfèvres, parcheminiers, « passementiers, poulaillers-rôtisseurs et poissonniers, « proviseurs de foin, paille et avoine, quincailliers, sel- « liers, tailleurs, vendeurs de pain d'épice et d'amidon, « verduriers-fruitiers, verriers et violons[2] ». On dirait

1. Voici quelques autres dépenses accidentelles (*Archives nationales*, O[1], 2805). Pour la naissance du duc de Bourgogne, en 1751, 604 477 l. Pour le mariage du dauphin, en 1770, 1 267 770 l. Pour le mariage du comte d'Artois, en 1773, 2 016 221 l. Pour le sacre, en 1775, 835 862 l. Pour les comédies, bals et concerts, en 1778, 481 744 l.; en 1779, 382 986 l.

2. Waroquier, I, *ib.* — *Marie-Antoinette*, par Arneth et Gef-

d'une cour d'Orient qui, pour se mouvoir, entraîne tout un monde : « quand elle va s'ébranler, il faut, si l'on « veut passer, prendre la poste d'avance ». Au total, près de 4 000 personnes pour la maison civile du roi, 9 000 à 10 000 pour sa maison militaire, 2 000 au moins pour celles de ses proches, en tout près de 15 000 personnes avec une dépense de 40 à 45 millions, qui en vaudraient le double aujourd'hui et qui sont alors le dixième du revenu public[1]. Voilà la pièce centrale du décor monarchique. Si grande et si dispendieuse qu'elle soit, elle n'est que proportionnée à son usage, depuis que la cour est une institution publique et que l'aristocratie, occupée à vide, s'emploie à remplir le salon du roi.

froy. Lettre de Mercy du 16 septembre 1773. « La multitude du « service qui suit le roi dans ses voyages ressemble à la marche « d'une armée. »

1. Maison civile du roi, de la reine, de Madame Élisabeth, de Mesdames, de Madame Royale, 25 700 000 l. — Aux frères et belles-sœurs du roi, 8 040 000 l. — Maison militaire du roi, 7 681 000 l. (Necker, *Compte rendu*, II, 119). — De 1774 à 1788, la dépense des maisons du roi et de sa famille flotte entre 32 et 36 millions, non compris la maison militaire (*La maison du roi justifiée*). En 1789, la maison du roi, de la reine, du Dauphin, des enfants de France, de Mesdames coûte 25 millions. — Celles de Monsieur et de Madame, 3 656 000 l.; celles du comte et de la comtesse d'Artois, 3 656 000 l.; ducs de Berry et d'Angoulême, 700 000 l.; les traitements conservés aux personnes qui ont servi les princes montent à 228 000 l. Total 33 240 000 livres. — A quoi il faut ajouter la maison militaire du roi et les 2 millions en apanage des princes. (*Compte général des revenus et dépenses fixes au 1er mai 1789, remis par M. le premier ministre des finances à MM. du Comité des finances de l'Assemblée nationale.*)

III

Deux causes y maintiennent cette affluence : l'une qui est la forme féodale conservée, l'autre qui est la nouvelle centralisation introduite; l'une qui met le service du roi entre les mains des nobles, l'autre qui change les nobles en solliciteurs. — Par les charges du palais, la première noblesse vit chez le roi, à demeure : grand aumônier, M. de Montmorency-Laval, évêque de Metz; premier aumônier, M. de Bessuéjouls de Roquelaure, évêque de Senlis; grand maître de France, le prince de Condé; premier maître d'hôtel, le comte des Cars; maître d'hôtel ordinaire, le marquis de Montdragon; premier panetier, le duc de Brissac; grand échanson, le marquis de Verneuil; premier tranchant, le marquis de la Chesnaye; premiers gentilshommes de la chambre, les ducs de Richelieu, de Durfort, de Villequier, de Fleury; grand maître de la garde-robe, le duc de La Rochefoucauld-Liancourt; maîtres de la garde-robe, le comte de Boisgelin et le marquis de Chauvelin; capitaine de la fauconnerie, le chevalier de Forget; capitaine du vautrait, le marquis d'Ecquevilly; surintendant des bâtiments, le comte d'Angiviller; grand écuyer, le prince de Lambesc; grand veneur, le duc de Penthièvre; grand maître des cérémonies, le marquis de Brézé; grand maréchal des logis, le marquis de la Suze; capitaines des gardes, les ducs d'Ayen, de Villeroy, de Brissac, d'Aiguillon et de Biron, les princes de Poix, de

Luxembourg et de Soubise; prévôt de l'hôtel, le marquis de Tourzel; gouverneurs des résidences et capitaines des chasses, le duc de Noailles, le marquis de Champcenetz; le baron de Champlost, le duc de Coigny, le comte de Modène, le comte de Montmorin, le duc de Laval, le comte de Brienne, le duc d'Orléans, le duc de Gesvres[1]. Tous ces seigneurs sont pour le roi des familiers obligés, des hôtes perpétuels et le plus souvent héréditaires, logés chez lui, en société intime et quotidienne avec lui, puisqu'ils sont « ses gens[2] » et font le service domestique de sa personne. Ajoutez-y leurs pareils, aussi nobles et presque aussi nombreux chez la reine, chez Mesdames, chez Madame Élisabeth, chez le comte et chez la comtesse de Provence, chez le comte et chez la comtesse d'Artois. — Et ce ne sont là que les chefs d'emploi; si, au-dessous d'eux, dans les offices, je compte les titulaires nobles, j'y trouve, entre autres, 68 aumôniers ou chapelains, 170 gentilshommes de la chambre ou servants, 117 gentilshommes de l'écurie et de la vénerie, 148 pages, 114 dames de compagnie titrées, en outre tous les officiers jusqu'au plus petit de la maison militaire, sans compter 1 400 simples gardes qui, vérifiés par le généalogiste[3], sont admis sur ce titre à faire leur cour. Telle est la recrue fixe des réceptions royales; c'est le trait distinctif de ce régime

1. Waroquier, *ibid.* (1789), t. I, passim.
2. Mot du comte d'Artois en présentant à sa femme les officiers de sa maison.
3. Le nombre des chevau-légers et des gendarmes a été réduit en 1775 et 1776; les deux corps sont supprimés en 1787.

que les serviteurs y sont des hôtes, et que l'antichambre y peuple le salon.

Non que le salon ait besoin de cela pour se remplir. Étant la source de tout avancement et de toute grâce, il est naturel qu'il regorge; dans notre société égalitaire, celui d'un mince député, d'un médiocre journaliste, d'une femme à la mode, est plein de courtisans sous le nom de visiteurs et d'amis. — D'ailleurs ici la présence est d'obligation; on pourrait dire qu'elle est une continuation de l'ancien hommage féodal; l'état-major des nobles est tenu de faire cortège à son général-né. Dans le langage du temps, cela s'appelle « rendre ses devoirs « au roi ». Aux yeux du prince, l'absence serait une marque d'indépendance autant que d'indifférence, et la soumission, aussi bien que l'empressement, lui est due. — A cet égard, il faut voir l'institution dès son origine. Du regard, à chaque instant Louis XIV faisait sa ronde, « à son lever, à son coucher, à ses repas, en passant « dans ses appartements, dans ses jardins... : aucun ne « lui échappait, jusqu'à ceux qui n'espéraient pas même « être vus; c'était un démérite aux uns et à tout ce « qu'il y avait de plus distingué de ne pas faire de la « cour son séjour ordinaire, aux autres d'y venir rare- « ment, et une disgrâce sûre pour qui n'y venait jamais « ou comme jamais[1] ». Dorénavant pour les premiers personnages du royaume, hommes et femmes, ecclé-

1. Saint-Simon, *Mémoires*, XVI, 456. — Ce besoin d'être entouré dure jusqu'à la fin; en 1791, la reine disait amèrement en parlant de la noblesse : « Quand on obtient de nous une démar- « che qui la blesse, je suis boudée; personne ne vient à mon

siastiques et laïques, la grande affaire, le principal emploi de la vie, le vrai travail, sera d'être à toute heure, en tout lieu, sous les yeux du roi, à portée de sa parole ou de son regard. « Qui considérera, dit La « Bruyère, que le visage du prince fait toute la félicité « du courtisan, qu'il s'occupe et se remplit toute sa vie « de le voir et d'en être vu, comprendra un peu com- « ment voir Dieu fait toute la gloire et toute la félicité « des saints. » Il y eut alors des prodiges d'assiduité et d'assujettissement volontaire. Tous les matins à sept heures, en hiver comme en été, le duc de Fronsac, par ordre de son père, se trouvait au bas du petit escalier qui conduit à la chapelle, uniquement pour donner la main à Mme de Maintenon qui partait pour Saint-Cyr[1]. « Pardonnez-moi, Madame, lui écrivait le duc de Riche- « lieu, l'extrême liberté que je prends d'oser vous en- « voyer la lettre que j'écris au roi, par où je le prie « à genoux qu'il me permette de lui aller faire de « Ruel quelquefois ma cour; car *j'aime autant mourir « que d'être deux mois sans le voir.* » Le vrai cour- tisan suivait le prince comme l'ombre suit le corps; tel fut sous Louis XIV le duc de La Rochefoucauld, grand veneur. « Le lever, le coucher, les deux autres change- « ments d'habit tous les jours, les chasses et les pro- « menades du roi tous les jours aussi, il n'en manquait « jamais, quelquefois dix ans de suite sans découcher

« jeu; le coucher du roi est solitaire, on nous punit de nos mal- « heurs ». (Mme Campan, II, 177.)

1. Duc de Lévis, *Souvenirs et portraits*, 29. — Mme de Mainte- non, *Correspondance.*

« d'où était le roi, et sur pied de demander un congé, « non pour découcher, car en plus de quarante ans il « n'a jamais couché vingt fois hors de Paris, mais pour « aller dîner hors de la cour et ne pas être de la pro- « menade. » — Si plus tard, sous des maîtres moins exigeants et dans le relâchement général du dix-huitième siècle, cette discipline se détend, l'institution subsiste[1]; à défaut de l'obéissance, la tradition, l'intérêt et l'amour-propre suffiraient pour peupler la cour. Approcher du roi, être domestique dans sa maison, huissier, porte-manteau, valet de chambre, est un privilège qu'on achète, même en 1789, trente, quarante et cent mille livres; à plus forte raison sera-ce un privilège, et le plus honorable, le plus utile, le plus envié de tous, de faire partie de sa société — D'abord, c'est une preuve de race. Un homme, pour suivre le roi à la chasse, une femme pour être présentée à la reine, doit établir au préalable, devant le généalogiste et par pièces authentiques, que sa noblesse remonte à l'an 1400. — Ensuite c'est une certitude de fortune; il n'y a que ce salon pour être à portée des grâces; aussi bien, jusqu'en 1789, les grandes familles ne bougent pas de Versailles, et, nuit et jour, sont à l'affût. Le valet de chambre du maréchal de Noailles lui disait un soir en fermant ses

1. M. de V., qui avait la promesse d'une lieutenance du roi ou d'un commandement, la cède à l'un des protégés de Mme de Pompadour, et obtient en échange le rôle d'*exempt* dans *Tartuffe* que des seigneurs de la cour jouaient dans les petits cabinets devant le roi. (Mme de Hausset, 168) « M. de V. remercia Ma- « dame comme si elle l'eût fait duc. »

rideaux : « A quelle heure Monseigneur veut-il que je « l'éveille demain. — A dix heures, s'il ne meurt per- « sonne cette nuit[1] ». On trouve encore de ces vieux courtisans, qui « âgés de quatre-vingts ans, en ont bien « passé quarante-cinq sur leurs pieds dans l'anti- « chambre du roi, des princes et des ministres ». — « Vous n'avez que trois choses à faire, disait l'un d'eux « à un débutant : dites du bien de tout le monde, de- « mandez tout ce qui vaquera, et asseyez-vous quand « vous pourrez. »

C'est pourquoi, autour du prince, il y a toujours foule. Le 1er août 1773, la comtesse du Barry présentant sa nièce, « le cortège est si nombreux, partout où « cette présentation passe, qu'on peut à peine traverser « les antichambres[2] ». En décembre 1774, à Fontainebleau, où tous les soirs la reine tient son jeu, « l'appar- « tement, quoique vaste, ne désemplit pas.... La « presse est telle, qu'on ne peut parler qu'aux deux ou « trois personnes avec lesquelles on joue ». Aux réceptions d'ambassadeurs, les quatorze appartements sont pleins et combles de seigneurs et de femmes

1. *Paris, Versailles et les provinces au dix-huitième siècle*, II, 160, 168. — Mercier, *Tableau de Paris*, IV, 150. — Comte de Ségur, *Mémoires*, I, 16.

2. *Marie-Antoinette*, par Arneth et Geffroy. II, 27, 255, 281. — *Gustave III*, par Geffroy, novembre 1786. Bulletin de Mme de Staël. — Comte d'Hézecques, *ibid.*, 231. — *Archives nationales*, O[1], 736. Lettre de M. Amelot, du 23 septembre 1780. — Duc de Luynes, XV, 260, 367; XVI, 268. 163 dames, dont 42 de service, viennent faire la révérence au roi. 160 hommes et plus de 100 dames viennent rendre leurs devoirs au dauphin et à la dauphine.

parées. Le 1er janvier 1775 la reine « a compté au delà « de deux cents femmes qui se sont présentées pour « lui faire leur cour ». En 1780, à Choisy, il y a tous les jours une table de trente couverts pour le roi, une autre de trente couverts pour les seigneurs, outre quarante couverts pour les officiers de garde et les écuyers, outre cinquante couverts pour les officiers de la chambre. J'estime qu'à son lever, à son coucher, dans ses promenades, à sa chasse, à son jeu, le roi a toujours autour de lui, outre les gens de service, quarante ou cinquante seigneurs au moins, plus souvent une centaine, et autant de dames; à Fontainebleau, en 1756, quoiqu'il n'y eût « cette année-là ni fêtes ni ballets, on « comptait cent six dames ». Quand le roi tient « grand « appartement », lorsqu'il donne à jouer ou à danser dans la galerie des glaces, quatre ou cinq cents invités, l'élite de la noblesse et de la mode s'ordonnent sur les banquettes ou se pressent autour des tables de cavagnole et de tri[1]. Voilà le spectacle qu'il faudrait voir, non par l'imagination et d'après des textes incomplets, mais avec les yeux et sur place, pour comprendre l'esprit, l'effet, le triomphe de la culture monarchique; dans une maison montée, le salon est la pièce principale; et il n'y en eut jamais de plus éblouissant que celui-ci. De la voûte sculptée et peuplée d'amours folâtres, descendent, par des guirlandes de fleurs et de

1. Cochin. Estampes, *bal masqué*, *bal paré*, *jeu du roi et de la reine*, *salle de spectacle* (1745). — Costumes de Moreau (1777). — Mme de Genlis, *Dictionnaire des Étiquettes*, article *Parure*.

feuillage, les lustres flamboyants dont les hautes glaces multiplient la splendeur; la lumière rejaillit à flots sur les dorures, sur les diamants, sur les têtes spirituelles et gaies, sur les fins corsages, sur les énormes robes enguirlandées et chatoyantes. Les paniers des dames rangées en cercle ou étagées sur les banquettes « forment un riche espalier couvert de perles, d'or, d'argent, de pierreries, de paillons, de fleurs, de fruits avec leurs fleurs, groseilles, cerises, fraises artificielles »; c'est un gigantesque bouquet vivant dont l'œil a peine à soutenir l'éclat. — Point d'habits noirs comme aujourd'hui pour faire disparate. Coiffés et poudrés, avec des boucles et des nœuds, en cravates et manchettes de dentelle, en habits et vestes de soie feuille morte, rose tendre, bleu céleste, agrémentés de broderies et galonnés d'or, les hommes sont aussi parés que les femmes. Hommes et femmes, on les a choisis un à un; ce sont tous des gens du monde accomplis, ornés de toutes les grâces que peuvent donner la race, l'éducation, la fortune, le loisir et l'usage; dans leur genre, ils sont parfaits. Il n'y a pas une toilette ici, pas un air de tête, pas un son de voix, pas une tournure de phrase qui ne soit le chef-d'œuvre de la culture mondaine, la quintessence distillée de tout ce que l'art social peut élaborer d'exquis. Si polie que soit la société de Paris, elle n'en approche pas[1]; comparée à la cour, elle semble

1. « Il y avait à peu près une différence aussi sensible entre le ton, le langage de la cour et celui de la ville qu'entre Paris et les provinces. » (Comte de Tilly, *Mémoires*, I, 153.)

provinciale. Il faut cent mille roses, dit-on, pour faire une once de cette essence unique qui sert aux rois de Perse; tel est ce salon, mince flacon d'or et de cristal; il contient la substance d'une végétation humaine. Pour le remplir, il a fallu d'abord qu'une grande aristocratie, transplantée en serre chaude et désormais stérile de fruits, ne portât plus que des fleurs, ensuite que, dans l'alambic royal, toute sa sève épurée se concentrât en quelques gouttes d'arome. Le prix est excessif, mais c'est à ce prix qu'on fabrique les très délicats parfums.

IV

Une opération semblable engage celui qui la fait comme ceux qui la subissent. Ce n'est point impunément qu'on transforme une noblesse d'utilité en une noblesse d'ornement[1]; on tombe soi-même dans la

1. Exemple du désœuvrement imposé à la noblesse, dîner de la reine Marie Leczinska à Fontainebleau. « J'arrive dans une « salle superbe où je vois une douzaine de courtisans qui se pro- « menaient, et une table d'au moins douze couverts, qui pourtant « n'était préparée que pour une seule personne.... La reine s'as- « sit et aussitôt les douze courtisans se placèrent en demi-cercle « à dix pas de la table; je me tins auprès d'eux, imitant leur « respectueux silence. Sa Majesté commence à manger fort vite, « sans regarder personne, tenant les yeux baissés sur son « assiette. Ayant trouvé à son goût un mets qu'on lui avait servi, « elle y revint, et alors elle parcourut des yeux le cercle devant « elle.... et dit : « M. de Lowendal? » — « A ce nom, je vois un « superbe homme, qui s'avance en inclinant la tête, et dit : « Madame? » — « Je crois que ce ragoût est une fricassée de « poulet. » — « Je suis de cet avis, Madame. » — Après cette « réponse faite du ton le plus sérieux, le maréchal reprend sa « place à reculons; la reine acheva de dîner sans dire un mot de

parade qu'on a substituée à l'action. Le roi a une cour, il faut qu'il la tienne. Tant pis si elle absorbe son temps, son esprit, son âme, tout le meilleur de sa force active et de la force de l'État. Ce n'est pas une petite besogne que d'être maître de maison, surtout quand, à l'ordinaire, on reçoit cinq cents personnes; on est obligé de passer sa vie en public et en spectacle. A parler exactement, c'est le métier d'un acteur qui toute la journée serait en scène. Pour soutenir ce fardeau et travailler d'ailleurs, il a fallu le tempérament de Louis XIV, la vigueur de son corps, la résistance extraordinaire de ses nerfs, la puissance de son estomac, la régularité de ses habitudes; après lui, sous la même charge, ses successeurs se lassent ou défaillent. Mais ils ne peuvent s'y soustraire; la représentation incessante et journalière est inséparable de leur place et s'impose à eux comme un habit de cérémonie lourd et doré. Le roi est tenu d'occuper toute une aristocratie, par conséquent de se montrer et de payer de sa personne à toute heure, même aux heures les plus intimes, même en sortant du lit, même au lit. Le matin, à l'heure qu'il a marquée d'avance[1], le premier valet de chambre l'éveille : cinq séries de personnes entrent tour à tour pour lui rendre leurs devoirs, et « quoique

« plus, et rentra dans son appartement comme elle était venue. » (Casanova, *Mémoires.*)

1. « Sous Louis XVI, qui quittait son lit à sept ou huit heures « du matin, le lever était à onze heures et demie, à moins que « des chasses ou des cérémonies n'en avançassent l'instant. » — Même cérémonial à onze heures du soir pour le coucher, et dans la journée pour le débotté. (Comte d'Hézecques, 161.)

« très vastes, il y a des jours où les salons d'attente « peuvent à peine contenir la foule des courtisans ». — D'abord on introduit « l'entrée familière », enfants de France, princes et princesses du sang, outre cela le premier médecin, le premier chirurgien et autres personnages utiles[1]. — Puis on fait passer la « grande entrée »; elle comprend le grand chambellan, le grand maître et le maître de la garde-robe, les premiers gentilshommes de la chambre, les ducs d'Orléans et de Penthièvre, quelques autres seigneurs très favorisés, les dames d'honneur et d'atour de la reine, de Mesdames et des autres princesses, sans compter les barbiers, tailleurs et valets de plusieurs sortes. Cependant on verse au roi de l'esprit-de-vin sur les mains dans une assiette de vermeil, puis on lui présente le bénitier; il fait le signe de croix et dit une prière. Alors, devant tout ce monde, il sort de son lit, chausse ses mules. Le grand chambellan et le premier gentilhomme lui présentent sa robe de chambre; il l'endosse et vient s'asseoir sur le fauteuil où il doit s'habiller. — A cet instant, la porte se rouvre; un troisième flot pénètre, c'est « l'entrée des brevets »; les seigneurs qui la composent ont en outre le privilège précieux d'assister au petit coucher, et du même coup arrive une escouade de gens de service, médecins et chirurgiens ordinaires, intendants des menus-plaisirs, lecteurs et autres, parmi ceux-ci le porte-chaise d'affaires : la publicité de la vie

1. Waroquier, I, 94. Comparez le détail correspondant sous Louis XIV, dans Saint-Simon, XIII, 88.

royale est telle, que nulle de ses fonctions ne s'accomplit sans témoins. — Au moment où les officiers de la garde-robe s'approchent du roi pour l'habiller, le premier gentilhomme, averti par l'huissier, vient dire au roi les noms des grands qui attendent à la porte : c'est la quatrième entrée, dite « de la chambre », plus grosse que les précédentes; car, sans parler des porte-manteaux, porte-arquebuse, tapissiers et autres valets, elle comprend la plupart des grands officiers, le grand aumônier, les aumôniers de quartier, le maître de chapelle, le maître de l'oratoire, le capitaine et le major des gardes du corps, le colonel général et le major des gardes françaises, le colonel du régiment du roi, le capitaine des Cent-Suisses, le grand veneur, le grand louvetier, le grand prévôt, le grand maître et le maître des cérémonies, le premier maître d'hôtel, le grand panetier, les ambassadeurs étrangers, les ministres et secrétaires d'État, les maréchaux de France, la plupart des seigneurs de marque et des prélats. Des huissiers font ranger la foule et au besoin faire silence. Cependant le roi se lave les mains et commence à se dévêtir. Deux pages lui ôtent ses pantoufles; le grand maître de la garde-robe lui tire sa camisole de nuit par la manche droite, le premier valet de garde-robe par la manche gauche, et tous deux la remettent à un officier de garde-robe, pendant qu'un valet de garde-robe apporte la chemise dans un surtout de taffetas blanc. — C'est ici l'instant solennel, le point culminant de la cérémonie; la cinquième entrée a été introduite, et, dans quelques minutes, quand le roi aura pris la chemise, tout le demeurant des gens connus et des officiers de la maison qui attendent dans la galerie apportera le dernier flot. Il y a tout un règlement pour cette chemise. L'honneur de la présenter est réservé aux fils et aux petits-fils de France, à leur défaut aux princes du sang ou légitimés, au défaut de ceux-ci au grand chambellan ou au premier gentilhomme; notez que ce dernier cas est rare, les princes étant obligés d'assister au lever du roi, comme les princesses à celui de la reine[1]. Enfin voilà la chemise présentée; un valet de garde-robe emporte l'ancienne; le premier valet de garde-robe et le premier valet de chambre tiennent la nouvelle, l'un par la manche gauche, l'autre par la manche droite[2], et, pendant l'opération, deux autres valets de chambre tendent devant lui sa robe de chambre déployée, en guise de paravent. La chemise est endossée, et la toilette finale va commencer. Un valet de chambre tient devant le roi un miroir, et deux autres, sur les deux côtés, éclairent, si besoin est, avec des flambeaux. Des valets de garde-robe apportent le reste de l'habillement; le grand maître de garde-robe passe au roi la veste et le justaucorps, lui attache le cordon bleu, lui agrafe l'épée; puis un valet préposé aux cravates en apporte plusieurs dans une corbeille, et le maître de garde-robe met au roi celle que le roi choisit. Ensuite un valet préposé aux

1. *Marie-Antoinette*, par Arneth et Geffroy, II, 217.
2 Dans tous les changements d'habit, le côté gauche du roi est dévolu à la garde-robe, et le côté droit à la chambre.

mouchoirs en apporte trois dans une soucoupe, et le grand maître de garde-robe offre la soucoupe au roi, qui choisit. Enfin le maître de garde-robe présente au roi son chapeau, ses gants et sa canne. Le roi vient alors à la ruelle de son lit, s'agenouille sur un carreau et fait sa prière, pendant qu'un aumônier à voix basse prononce l'oraison *Quæsumus, Deus omnipotens*. Cela fait, le roi prescrit l'ordre de la journée, et passe avec les premiers de sa cour dans son cabinet, où parfois il donne des audiences. Cependant tout le reste attend dans la galerie, afin de l'accompagner à la messe quand il sortira.

Tel est le lever, une pièce en cinq actes. — Sans doute on ne peut mieux imaginer pour occuper à vide une aristocratie : une centaine de seigneurs considérables ont employé deux heures à venir, à attendre, à entrer, à défiler, à se ranger, à se tenir sur leurs pieds, à conserver sur leur visage l'air aisé et respectueux qui convient à des figurants de haut étage, et tout à l'heure les plus qualifiés vont recommencer chez la reine[1]. Mais par contre-coup le roi a subi la gêne et le désœu-

1. La reine déjeune dans son lit, et « il y a dix ou douze per« sonnes à cette première entrée... ». Les grandes entrées faisaient leur cour à l'heure de la toilette. « Cette entrée compre« nait les princes du sang, les capitaines des gardes, et la plupart « des grandes charges. » — En tout trois entrées le matin chez la reine. — Même cérémonial que pour le roi au sujet de la chemise. Un jour d'hiver, Mme Campan présentait la chemise à la reine; la dame d'honneur entre, ôte ses gants, prend la chemise. On gratte à la porte, c'est la duchesse d'Orléans; elle ôte ses gants, reçoit la chemise. On gratte encore, c'est la comtesse d'Artois qui, par privilège, prend la chemise. Cependant la reine grelottait, les bras croisés sur sa poitrine, et murmurait : « C'est

vrement qu'il imposait. Lui aussi, il a joué un rôle; tous ses pas et tous ses gestes ont été réglés d'avance; il a dû compasser sa physionomie et sa voix, ne jamais quitter l'air digne et affable, distribuer avec réserve ses regards et ses signes de tête, ne rien dire ou ne parler que de chasse, éteindre sa propre pensée s'il en a une. On ne peut pas rêver, méditer, être distrait quand on est en scène; il faut être à son rôle. D'ailleurs, dans un salon, on n'a que des conversations de salon, et l'attention du maître, au lieu de se ramasser en un courant utile, s'éparpille en eau bénite de cour. Or toutes les heures de sa journée sont semblables, sauf trois ou quatre dans la matinée pendant lesquelles il est au conseil ou à son bureau : encore faut-il observer que, les lendemains de chasse, quand il revient de Rambouillet à trois heures du matin, il doit dormir pendant ce peu d'heures libres. Pourtant l'ambassadeur Mercy[1], homme fort appliqué, semble trouver que cela est suffisant; du moins il juge que Louis XVI « a beaucoup « d'ordre, qu'il ne perd pas de temps aux choses inu- « tiles »; en effet son prédécesseur travaillait beaucoup moins, à peine une heure par jour. — Ainsi les trois quarts de son temps sont livrés à la parade. — Le même cortège est autour de lui, au botté, au débotté, quand il s'habille de nouveau pour monter à cheval, quand il rentre pour prendre l'habit de soirée, quand il

odieux! quelle importunité! » (Mme Campan, II, 217; III, 309-316).

1. *Marie-Antoinette*, par Arneth et Geffroy, II, 223 (15 août 1774).

revient dans sa chambre pour se mettre au lit.. « Tous « les soirs pendant six ans, dit un page[1], moi ou mes « camarades nous avons vu Louis XVI se coucher en « public », avec le cérémonial décrit tout à l'heure. « Je ne l'ai pas vu suspendre dix fois, et alors c'était « toujours par accident ou pour cause d'indisposition. » L'assistance est plus nombreuse encore quand il dîne et soupe; car, outre les hommes, il y a les femmes, les duchesses sur des pliants, les autres debout autour de la table. Je n'ai pas besoin de dire que le soir, à son jeu, à son bal, à son concert, la foule afflue et s'entasse. Lorsqu'il chasse, outre les dames à cheval et en calèche, outre les officiers de vénerie, les officiers des gardes, l'écuyer, le porte-manteau, le porte-arquebuse, le chirurgien, le renoueur, le coureur de vin, et je ne sais combien d'autres, il a pour invités à demeure tous les gentilshommes présentés. Et ne croyez pas que cette suite soit mince[2] : le jour où M. de Chateaubriand est présenté, il y en a quatre nouveaux, et « très exactement » tous les jeunes gens de grande famille viennent deux ou trois fois par semaine se joindre au cortège du roi. — Non seulement les huit ou dix scènes qui composent chacune de ses journées, mais encore les courts intervalles qui séparent une scène de l'autre, sont assiégés et accaparés. On l'attend, on l'accompagne et

1. Comte d'Hézecques, *ibid.*, 7.

2. Duc de Lauzun, *Mémoires*, 51. — Mme de Genlis, *Mémoires*, ch. XII : « Tous nos maris allaient régulièrement coucher ce jour-« là (le samedi) à Versailles pour chasser le lendemain avec le « roi. »

on lui parle au passage, entre son cabinet et la chapelle, entre la chapelle et son cabinet, entre sa chambre et son carrosse, entre son carrosse et sa chambre, entre son cabinet et son couvert. — Bien mieux, les coulisses de sa vie appartiennent au public. S'il est indisposé et qu'on lui apporte un bouillon, s'il est malade et qu'on lui présente une médecine, « un garçon de chambre appelle tout de suite la grande entrée ». Véritablement le roi ressemble à un chêne étouffé par les innombrables lierres qui, depuis la base jusqu'à la cime, se sont collés autour de son tronc. — Sous un pareil régime, l'air manque; il faut trouver une échappée : Louis XV avait ses petits soupers et la chasse; Louis XVI a la chasse et la serrurerie. Et je n'ai pas décrit le détail infini de l'étiquette, le cérémonial prodigieux des grands repas, les quinze, vingt et trente personnes occupées autour du verre et de l'assiette du roi, les paroles sacramentelles du service, la marche du cortège, l'arrivée de « la nef », « l'essai des plats »; on dirait d'une cour byzantine ou chinoise[1]. Le dimanche tout le public, même ordinaire, est introduit, et cela s'appelle le « grand couvert », aussi solennel et aussi compliqué qu'une grand'messe. Aussi bien, pour un descendant de Louis XIV, manger, boire, se lever, se coucher, c'est

1. Le grand couvert a lieu tous les dimanches. La *nef* est une pièce d'orfèvrerie placée au centre de la table et contenant, entre des coussins de senteur, les serviettes à l'usage du roi. — L'*essai* est l'épreuve que les gentilshommes servants et les officiers de bouche font de chaque plat avant que le roi en mange. De même pour la boisson. — Il faut quatre personnes pour servir au roi un verre d'eau et de vin.

officier[1]. Frédéric II, s'étant fait expliquer cette étiquette, disait que, s'il était roi de France, son premier édit serait pour faire un autre roi qui tiendrait la cour à sa place; en effet, à ces désœuvrés qui saluent, il faut un désœuvré qu'ils saluent. Il n'y aurait qu'un moyen de dégager le monarque : ce serait de refondre la noblesse française et de la transformer, d'après le modèle prussien, en un régiment laborieux de fonctionnaires utiles. Mais, tant que la cour reste ce qu'elle est, je veux dire une escorte d'apparat et une parure de salon, le roi est tenu d'être comme elle un décor éclatant qui sert peu ou qui ne sert pas.

V

En effet, quelle est l'occupation d'un maître de maison qui sait vivre? Il s'amuse et amuse ses hôtes; chez lui, c'est tous les jours une nouvelle partie de plaisir. Comptez celles d'une semaine. « Hier dimanche, dit le « duc de Luynes, je trouvai en chemin le roi qui allait « tirer dans la plaine Saint-Denis, et qui a été coucher à « la Muette, où il compte continuer à tirer aujourd'hui « et demain, et revenir ici mardi ou mercredi matin « pour courre le cerf ce même jour mercredi[2]. » Deux

1. Quand les dames de la cour et surtout les princesses passent devant le lit du roi, elles doivent faire la révérence. Quand les officiers du palais passent devant la nef, ils doivent faire le salut. — De même le prêtre ou le sacristain qui passe devant l'autel.

2. Duc de Luynes, IX, 75, 79, 105 (août 1748, octobre 1748).

mois plus tard, « le roi, dit encore M. de Luynes, a été « tous les jours de la semaine dernière et de celle-ci « à la chasse, hors aujourd'hui et les dimanches, et « tué, depuis le commencement des perdreaux, trois « mille cinq cents pièces ». Il est toujours en route et en chasse, passant d'une résidence à l'autre, de Versailles à Fontainebleau, à Choisy, à Marly, à la Muette, à Compiègne, à Trianon, à Saint-Hubert, à Bellevue, à Rambouillet, et, le plus souvent, avec toute sa cour[1]. A Choisy, notamment, et à Fontainebleau, tout ce monde est en liesse. A Fontainebleau, « dimanche et vendredi, « jeu; lundi et mercredi, concert chez la reine; mardi « et jeudi, les comédiens français ; samedi, ce sont les « Italiens » : il y en a pour tous les jours de la semaine. A Choisy, écrit la Dauphine[2], « depuis une heure « où l'on dîne, on est jusqu'à une heure du matin sans « rentrer chez soi.... Après le dîner, l'on joue jusqu'à « six heures, que l'on va au spectacle qui dure jusqu'à « neuf heures et demie, et ensuite le souper; de là « encore jeu jusqu'à une heure et même la demie quel- « quefois ». A Versailles, où l'on est plus modéré, il n'y a que deux spectacles et un bal par semaine; mais

1. Le roi étant à Marly, liste des voyages qu'il fera avant d'aller à Compiègne (duc de Luynes, XIV, 163, mai 1755) : « Le diman- « che 1er juin, à Choisy jusqu'au lundi soir. — Le mardi 3, à Tria- « non jusqu'au mercredi. — Le jeudi 5, retourne à Trianon, où « il restera jusqu'à samedi après souper. — Le lundi 9, à Crécy « jusqu'au vendredi 13. — Retourne à Crécy le 16 jusqu'au 21. — « Le 1er juillet, à la Muette; le 2, à Compiègne. »

2. *Marie-Antoinette*, par Arneth et Geffroy, I, 19 (12 juillet 1770); I, 265 (janvier 1772); I, 111 (18 octobre 1770).

tous les soirs il y a appartement et jeu chez le roi, chez ses filles, chez sa maîtresse, chez sa bru, outre les chasses et trois petits voyages par semaine. On a compté que telle année Louis XV ne coucha que cinquante-deux nuits à Versailles, et l'ambassadeur d'Autriche dit très bien que « son genre de vie ne lui laisse pas une heure « dans la journée à s'occuper des affaires sérieuses ». — Quant à Louis XVI, on a vu qu'il dégage quelques heures dans la matinée; mais la machine est montée et l'entraîne. Comment se dérober à ses hôtes, et comment ne pas faire les honneurs de chez soi? Les convenances et l'usage sont aussi des despotes; ajoutez-en un troisième, plus absolu encore, la vivacité impérieuse et folâtre d'une jeune reine qui ne peut supporter une heure de lecture. A Versailles, trois spectacles et deux bals par semaine, deux grands soupers, le mardi et le jeudi; et, de temps en temps, l'Opéra à Paris[1]. A Fontainebleau, trois spectacles par semaine, les autres jours jeu et souper. L'hiver suivant, la reine donne chaque semaine bal masqué, où la « composition des « habillements, les contredanses figurées en ballets et « les répétitions journalières prennent tant de temps « que toute la semaine y passe ». Pendant le carnaval de 1777, la reine, outre ses propres fêtes, a les bals du Palais-Royal et les bals masqués de l'Opéra; un peu plus tard, chez la comtesse Diane de Polignac, j'en trouve un

1. *Ib.*, II, 270 (18 octobre 1774); II, 395 (15 novembre 1775); II, 295 (20 février 1775); III, 25 (11 février 1777); III, 119 (17 octobre 1777); III, 409 (18 mars 1780)

autre où elle assiste avec toute la famille royale, sauf Mesdames, et qui dure depuis onze heures et demie du soir jusqu'à onze heures du matin. Cependant, les jours ordinaires, le pharaon fait rage; dans son salon, « le jeu n'a plus de bornes ».; en une soirée, le duc de Chartres y perd huit mille louis. Véritablement cela ressemble au carnaval italien; rien n'y manque, ni les masques, ni la comédie de société : on joue, on rit, on danse, on dîne, on écoute de la musique, on se costume, on fait des parties champêtres, on dit des galanteries et des médisances. « La chanson nouvelle[1], dit « une femme de chambre instruite et sérieuse, le bon « mot du jour, les petites anecdotes scandaleuses formaient les seuls entretiens du cercle intime de la « reine. » — Pour le roi, qui est un peu lourd et qui a besoin d'exercice corporel, la chasse est sa grande affaire. De 1775 à 1789[2], récapitulant lui-même ce qu'il a fait, il trouve « cent quatre chasses au sanglier, cent « trente-quatre au cerf, deux cent soixante-six au chevreuil, trente-trois hourailleries, mille vingt-cinq « tirés », en tout quinze cent soixante-deux jours de chasse, c'est-à-dire une chasse au moins tous les trois jours; outre cela, cent quarante-neuf voyages sans chasse, et deux cent vingt-trois promenades à cheval ou en voiture. « Pendant quatre mois de l'année[3], il va à « Rambouillet deux fois par semaine et n'en revient

1 Mme Campan, I, 147.
2. Nicolardot, *Journal de Louis XVI*, 129.
3. Comte d'Hézecques, *ib.*, 253. — Arthur Young, I, 215.

« qu'après avoir soupé, c'est-à-dire à trois heures du « matin ». — Cette habitude invétérée finit par se tourner en manie et même en quelque chose de pis. « Il « n'y a pas d'exemple, écrit Arthur Young, le 26 juin « 1789, d'une nonchalance et d'une stupidité pareilles « à celles de la cour; le moment demanderait la plus « grande décision, et hier, pendant qu'on discutait « s'il serait doge de Venise ou roi de France, le roi était « à la chasse. » Son journal semble celui d'un piqueur. Lisez-le aux dates les plus importantes, et vous serez stupéfait de ce qu'il y note. Il écrit *rien* aux jours où il n'a pas chassé; c'est que pour lui ces jours-là sont vides. « 11 juillet 1789, *rien*, départ de M. Necker. « 12, vêpres et salut, départ de MM. de Montmorin, de « Saint-Priest et de la Luzerne. 13, *rien*; 14 *juillet*, « *rien*; 29 juillet, *rien*, retour de M. Necker.... *4 août*, « chasse au cerf à la forêt de Marly, pris un, aller et « revenir à cheval.... 13 août, audience des États dans « la galerie, *Te Deum* pendant la messe en bas; l'équi- « page a pris un cerf à Marly.... 26 août, audience de « compliment des États, grand'messe avec les cordons « rouges, serment de M. Bailly, vêpres et salut, grand « couvert.... 5 *octobre*, tiré à la porte de Châtillon, tué « quatre-vingt-une pièces, interrompu par les événe- « ments; aller et retour à cheval. 6 *octobre*, départ « pour Paris à midi et demi, visite à l'hôtel de ville, « soupé et couché aux Tuileries. 7 octobre, *rien*, mes « tantes sont venues dîner. 8, *rien*.... 12, *rien*, le cerf « chassait à Port-Royal. » — Enfermé à Paris, captif de a multitude, son cœur suit toujours sa meute. Vingt fois, en 1790, on lit sur son journal que tel jour le cerf chasse à tel endroit; il souffre de n'y pas être. Nulle privation plus intolérable; on retrouve la trace de son chagrin jusque dans la protestation qu'il rédigera avant de partir pour Varennes : transporté dans Paris, sédentaire aux Tuileries, « où, loin de trouver les commo- « dités auxquelles il était accoutumé, il n'a pas même « rencontré les agréments que se procurent les per- « sonnes aisées », il lui semblera que sa couronne a perdu son plus beau fleuron.

VI

Tel général, tel état-major; les grands imitent le monarque. Comme une colossale effigie de marbre précieux érigée au centre de la France, et dont les copies réduites se répandent par milliers d'exemplaires dans toutes les provinces, ainsi la vie royale se répète, en proportions moindres, jusque dans la gentilhommière la plus reculée. On représente et on reçoit; on fait figure et on passe son temps en compagnie. Je vois d'abord, autour de la cour, une douzaine de cours princières; chaque prince ou princesse du sang a, comme le roi, sa maison montée, payée en tout ou en partie sur le Trésor, distribuée en services distincts, avec gentilshommes, pages, dames pour accompagner, bref cinquante, cent, deux cents et jusqu'à cinq cents charges.

Il y a une maison de ce genre pour la reine, une pour Madame Victoire, une pour Madame Adélaïde, une pour Madame Élisabeth, une pour Monsieur, une pour Madame, une pour le comte d'Artois, une pour la comtesse d'Artois; il y en aura une pour Madame Royale, une pour le petit Dauphin, une pour le duc de Normandie, tous les trois enfants du roi; une pour le duc d'Angoulême, une pour le duc de Berry, tous les deux fils du comte d'Artois : dès six ou sept ans, les enfants représentent et reçoivent. Si je prends une date précise, en 1771[1], j'en trouve encore une pour le duc d'Orléans, une pour le duc de Bourbon, une pour la duchesse de Bourbon, une pour le prince de Condé, une pour le comte de Clermont, une pour la princesse douairière de Conti, une pour le prince de Conti, une pour le comte de la Marche, une pour le duc de Penthièvre. — Chacun de ces personnages, outre son appartement chez le roi, a son château et son palais où il tient cercle, la reine à Trianon et à Saint-Cloud, Mesdames à Bellevue, Monsieur au Luxembourg et à Brunoy, le comte d'Artois à Meudon et à Bagatelle, le duc d'Orléans au Palais-Royal, à Monceau, au Raincy, à Villers-Cotterets, le prince de Conti au Temple et à l'Isle-Adam, les Condés au Palais-Bourbon et à Chantilly, le duc de Penthièvre à Sceaux, Anet et

1. État des pensions payées aux personnes de la famille royale en 1771. Duc d'Orléans, 150 000; Prince de Condé, 100 000; Comte de Clermont, 70 000; Duc de Bourbon, 60 000; Prince de Conti, 60 000; Comte de la Marche, 60 000; Douairière de Conti, 60 000; Duc de Penthièvre, 50 000; Princesse de Lamballe, 50 000; Duchesse de Bourbon, 50 000. (*Archives nationales*, O[1], 710 *bis*.)

Châteauvilain; j'omets la moitié de ces résidences. Au Palais-Royal, toutes les personnes présentées peuvent venir souper les jours d'opéra. A Châteauvillain, tous ceux qui viennent faire leur cour sont invités à dîner, les nobles à la table du duc, les autres à la table de son premier gentilhomme. Au Temple, les soupers du lundi rassemblent cent cinquante convives. Quarante ou cinquante personnes, disait la duchesse du Maine, sont « le particulier d'une princesse[1] ». Le train des princes est si inséparable de leur personne, qu'il les suit jusque dans les camps. « M. le prince de Condé, dit M. de « Luynes, part demain pour l'armée avec une grande « suite : il a deux cent vingt-cinq chevaux, et M. le « comte de la Marche cent. M. le duc d'Orléans part « lundi; il a trois cent cinquante chevaux pour lui et sa « suite[2]. » — Au-dessous des parents du roi, tous les grands qui figurent à la cour figurent aussi chez eux, dans leur hôtel de Paris ou de Versailles, et dans leur château à quelques lieues de Paris. De tous côtés, dans les Mémoires, on aperçoit en raccourci quelqu'une de ces vies seigneuriales. Telle est celle du duc de Gesvres, premier gentilhomme de la chambre, gouverneur de Paris et de l'Ile-de-France, ayant en outre les gouver-

1. Beugnot, I, 77. — Mme de Genlis, *Mémoires*, ch. XVII. — E. et J. de Goncourt, *la Femme au dix-huitième siècle*, 52. — Chamfort, *Caractères et anecdotes*.

2. Duc de Luynes, XVI, 57 (mai 1757). — A l'armée de Westphalie, le général en chef, comte d'Estrées, avait vingt-sept secrétaires et Grimm fut le vingt-huitième. — Quand le duc de Richelieu partit pour son gouvernement de Guyenne, il lui fallut sur toute la route des relais de cent chevaux.

nements particuliers de Laon, de Soissons, de Noyon, de Crépy en Valois, la capitainerie de Mousseaux et vingt mille livres de pension, véritable homme de cour, sorte d'exemplaire en haut relief des gens de sa classe, et qui, par ses charges, sa faveur, son luxe, ses dettes, sa considération, ses goûts, ses occupations et son tour d'esprit, nous représente en abrégé tout le beau monde[1]. Sa mémoire est étonnante pour les parentés et les généalogies; il possède à fond la science précieuse de l'étiquette; à ces deux titres, il est un oracle et très consulté. « Il a beaucoup augmenté la beauté de sa « maison et de ses jardins à Saint-Ouen. » — « Au mo« ment de mourir, dit M. de Luynes, il venait d'y ajouter « vingt-cinq arpents qu'il avait commencé à faire enfer« mer dans une terrasse revêtue.... Il avait une maison « considérable en gentilshommes, pages, domestiques « de toute espèce, et faisait une dépense prodigieuse.... « Il avait tous les jours un grand dîner.... Il donnait « presque tous les jours des audiences particulières. Il « n'y avait personne à la cour ni à la ville qui ne lui « rendît des devoirs. Les ministres, les princes du sang « eux-mêmes lui en rendaient. Il recevait du monde « pendant qu'il était encore dans son lit. Il écrivait, « dictait au milieu d'une compagnie nombreuse.... Sa « maison à Paris et son appartement à Versailles ne « désemplissaient point depuis qu'il était éveillé jusqu'à « ce qu'il se couchât. » — Deux ou trois cents maisons

1 Duc de Luynes, XVI, 186 (octobre 1757).

à Paris, à Versailles et aux environs présentent un spectacle semblable. Jamais de solitude; c'est l'usage en France, dit Horace Walpole, « de brûler jusqu'au lumi« gnon sa chandelle en public ». L'hôtel de la duchesse de Gramont est assiégé dès le matin par les plus grands seigneurs et les plus grandes dames. Cinq fois par semaine, chez le duc de Choiseul, à dix heures du soir, le maître d'hôtel vient jeter un coup d'œil dans les salons, dans l'immense galerie pleine, et, au juger, fait mettre cinquante, soixante, quatre-vingts couverts[1]; bientôt, sur cet exemple, toutes les riches maisons se font gloire de tenir table ouverte à tous venants. — Naturellement, les parvenus, les financiers qui achètent ou se donnent un nom de terre, tous ces traitants et fils de traitants qui, depuis Law, frayent avec la noblesse, copient ses façons. Et je ne parle pas ici des Bouret, des Beaujon, des Saint-James, et autres bourreaux d'argent dont l'attirail efface celui des princes. Considérez un simple associé des fermes, M. d'Épinay, dont la femme modeste et fine se refuse à tant d'étalage[2]. Il vient de « compléter son domestique », et aurait voulu qu'elle prît une seconde femme de chambre; mais elle a tenu bon; pourtant, dans cette maison écourtée, « les offi« ciers, les femmes et les valets se montent au nombre « de seize.... Lorsque M. d'Épinay est levé, son valet se « met en devoir de l'accommoder. Deux laquais sont « debout à attendre ses ordres. Le premier secrétaire

1. E. et J. de Goncourt, *ibid.*, 73, 75.
2. Mme d'Épinay, *Mémoires*, éd. Boiteau, I, 306 (1751).

« vient avec l'intention de rendre compte des lettres « qu'il a reçues et qu'il est chargé d'ouvrir; mais il est « interrompu deux cents fois dans cette opération par « toutes sortes d'espèces imaginables. C'est un maqui-« gnon qui a des chevaux uniques à vendre.... Ensuite « c'est un polisson qui vient brailler un air et à qui on « accorde sa protection pour le faire entrer à l'Opéra, « après lui avoir donné quelques leçons de bon goût et « lui avoir appris ce que c'est que la propreté du chant « français. C'est une demoiselle qu'on fait attendre pour « savoir si je suis encore là.... Je me lève et je m'en « vais. Les deux laquais ouvrent les deux battants pour « me laisser sortir, moi qui passerais alors par le trou « d'une aiguille, et les deux estafiers crient dans l'anti-« chambre : « Madame, Messieurs, voilà Madame! » — « Tout le monde se range en haie, et ces messieurs sont « des marchands d'étoffes, des marchands d'instruments, « des bijoutiers, des colporteurs, des laquais, des dé-« crotteurs, des créanciers, enfin tout ce que vous « pouvez imaginer de plus ridicule et de plus affligeant. « Midi ou une heure sonne avant que cette toilette soit « achevée, et le secrétaire, qui sans doute sait par expé-« rience l'impossibilité de rendre un compte détaillé « des affaires, a un petit bordereau qu'il remet entre les « mains de son maître pour l'instruire de ce qu'il doit « dire à l'assemblée des fermiers. » — Oisiveté, désordre, dettes, cérémonial, ton et façons de protecteur, tout cela semble une parodie du vrai monde; c'est que nous sommes au dernier étage de l'aristocratie. Et cependant la cour de M. d'Épinay ressemble en petit à celle du roi.

A plus forte raison faut-il que les ministres, ambassadeurs, officiers généraux, qui tiennent la place du roi, représentent d'une façon grandiose. Aucune circonstance n'a rendu l'ancien régime aussi éclatant et plus onéreux; en ceci, comme dans tout le reste, Louis XIV est le principal auteur du mal comme du bien. La politique qui avait établi la cour prescrivait le faste. « C'était lui « plaire, que de s'y jeter en habits, en tables, en équi- « pages, en bâtiments, en jeu; c'étaient là des occasions « pour qu'il parlât aux gens[1]. De la cour, la contagion « avait passé dans la province et aux armées, où les « gens en quelque place n'étaient comptés qu'à propor- « tion de leur table et de leur magnificence. » Pendant l'année que le maréchal de Belle-Isle passa à Francfort pour l'élection de Charles VI, il dépensa 750 000 livres en voyages, transports, fêtes, dîners, construction d'une salle à manger et d'une cuisine, outre cela 150 000 livres en boites, montres et autres présents; par l'ordre du cardinal Fleury, si économe, il avait

1. Saint-Simon, XII, 457, et Dangeau, VI, 408. Chez le maréchal de Boufflers, au camp de Compiègne (septembre 1698), il y avait tous les soirs et tous les matins deux tables de 20 à 25 couverts, outre les tables supplémentaires, 72 cuisiniers, 340 domestiques, 400 douzaines de serviettes, 80 douzaines d'assiettes d'argent, 6 douzaines d'assiettes de vermeil. 14 chevaux en relais apportaient tous les jours de Paris les liqueurs et les fruits; chaque jour des exprès apportaient poisson, volaille et gibier de Gand, Bruxelles. Dunkerque, Dieppe et Calais. Dans les jours ordinaires on buvait 50 douzaines de bouteilles, et 80 douzaines pendant la visite du roi et des princes.

101 officiers dans ses cuisines[1]. A Vienne, en 1772, l'ambassadeur prince de Rohan avait deux carrosses coûtant ensemble 40 000 livres, 40 chevaux, 7 pages nobles, 6 gentilshommes, 5 secrétaires, 10 musiciens, 12 valets de pied, 4 coureurs dont les habits chamarrés avaient coûté chacun 4000 livres, et le reste à proportion[2]. On sait le luxe, le bon goût, les dîners exquis, l'admirable représentation du cardinal de Bernis à Rome. « On « l'appelait le roi de Rome, et il l'était en effet par sa « magnificence et par la considération dont il jouissait.... « Sa table donnait l'idée des possibles.... Dans les fêtes, « les cérémonies, les illuminations, il était toujours au-« dessus de toute comparaison. » Il disait lui-même en souriant : « Je tiens l'auberge de France dans un « carrefour de l'Europe[3] ». — Aussi bien leurs traitements et indemnités sont-ils deux ou trois fois plus amples qu'aujourd'hui. « Le roi donne 50 000 écus pour « les grandes ambassades. M. le duc de Duras a eu « jusqu'à 200 000 livres par an pour celle de Madrid, « outre cela 100 000 écus de gratification, 50 000 livres « pour affaires secrètes, et on lui a prêté 400 000 ou « 500 000 livres de meubles ou effets dont il a gardé la « moitié[4]. » — Les dépenses et les traitements des mi-

1. Duc de Luynes, XIV, 149.

2. L'abbé Georgel, *Mémoires*, 216.

3. Sainte-Beuve, *Causeries du lundi*, VIII, 63, textes de deux témoins, Mme de Genlis et Roland.

4. Duc de Luynes, XV, 455 et XVI, 219 (1757). « Le maréchal de Belle-Isle avait 1 200 000 livres de dettes contractées, un quart pour ses bâtisses de plaisir, le reste pour le service du roi. Le roi, pour le dédommager, lui donne 400 000 livres sur le produit des

nistres sont pareils. En 1789, le chancelier a 120 000 livres d'appointements, le garde des sceaux 135 000; « M. de Villedeuil, comme secrétaire d'État, devait avoir « 180 670 livres, mais il a représenté que cette somme « ne couvrait pas ses dépenses, et son traitement a été « porté à 226 000 livres tout compris[1] ». D'ailleurs la règle est que, lorsqu'ils se retirent, le roi leur fait une pension de 20 000 livres et donne 200 000 francs de dot à leur fille. — Ce n'est pas trop pour leur train. « Ils « sont obligés de tenir un si grand état de maison, « qu'ils ne peuvent guère s'enrichir dans leur place; ils « ont tous table ouverte à Paris au moins trois fois par « semaine, et à Versailles, à Fontainebleau, table ouverte « tous les jours[2]. » M. de Lamoignon étant nommé chancelier avec 100 000 livres d'appointements, on juge tout de suite qu'il se ruinera[3]; « car il a pris tous les offi« ciers de cuisine de M. d'Aguesseau, dont la table seule « allait à 80 000 livres. Le repas qu'il a donné à Ver« sailles au premier conseil qu'il a tenu a coûté 6000 li« vres, et il lui faut toujours à Versailles et à Paris une « table d'environ vingt couverts ». — A Chambord[4], le maréchal de Saxe a tous les jours deux tables, l'une de 60, l'autre de 80 couverts, 400 chevaux dans ses écuries,

salines, et 80 000 livres de rente sur la compagnie qui a le privilège d'affiner les métaux précieux. »

1. *Compte général* des revenus et dépenses fixes au 1er mai 1789, 633. — Notez qu'il faut doubler tous ces chiffres pour avoir leur équivalent actuel.

2. Mme de Genlis, *Dictionnaire des Étiquettes*, I, 349.

3. Barbier, *Journal*, III, 211 (déc. 1750.)

4. Aubertin, *l'Esprit public au dix-huitième siècle*, 255.

une liste civile de plus de 100 000 écus, un régiment de hulans pour sa garde, un théâtre qui a coûté plus de 600 000 livres, et la vie qu'il mène ou qu'on mène autour de lui ressemble à une bacchanale de Rubens. — Quant aux gouverneurs généraux ou particuliers en province, on a vu que, lorsqu'ils y résident, ils n'ont d'autre emploi que de recevoir; à côté d'eux, l'intendant qui fait seul les affaires, reçoit aussi et magnifiquement, surtout dans les pays d'États. Commandants, lieutenants généraux, partout les envoyés du centre sont conduits de même, par les mœurs, par les convenances et par leur propre désœuvrement, à tenir salon; ils apportent avec eux les élégances et l'hospitalité de Versailles. Si leur femme les a suivis, elle s'ennuie et « végète au milieu « de cinquante personnes, ne disant que des lieux com- « muns, faisant des nœuds ou jouant au loto, et passant « trois heures à table ». Mais « tous les militaires, tous « les gentilshommes des environs, toutes les dames de « la ville », s'empressent à ses bals et célèbrent à l'envi « sa grâce, sa politesse, son égalité[1] ». Jusque dans les grades secondaires, on retrouve ces habitudes somptueuses. En vertu de l'usage établi, les colonels et même les capitaines traitent leurs officiers et dépensent ainsi « beaucoup au delà de leurs appointements[2] ». C'est

1. Mme de Genlis, *Adèle et Théodore*, III, 54.

2. Duc de Lévis, 68. De même, avant la dernière réforme, les grades dans l'armée anglaise. — Cf. Voltaire, *Entretiens entre A, B, C*, 15e Entretien. « Un régiment n'est point le prix des services, « c'est le prix de la somme que les parents d'un jeune homme « ont déposée pour qu'il aille, trois mois de l'année, tenir table « ouverte dans une ville de province. »

même là une des raisons qui font réserver les régiments aux fils de bonne maison, et les compagnies aux gentilshommes riches. — Du grand arbre royal opulemment épanoui à Versailles, partent des rejets qui s'étendent par milliers sur toute la France, pour s'y épanouir, comme à Versailles, en bouquets de gala et d'appartement.

VII

Sur ce modèle, et par l'effet même de la température, on voit, jusque dans les provinces reculées, toutes les tiges aristocratiques aboutir à une floraison mondaine. Faute d'un autre emploi, les nobles se visitent, et le principal office d'un seigneur notable est de faire dignement les honneurs de sa maison; je parle ici des ecclésiastiques aussi bien que des laïques. — Les cent trente et un évêques et archevêques, les sept cents abbés commendataires sont gens du monde; ils ont de bonnes façons, ils sont riches, ils ne sont pas austères, et leur palais épiscopal ou leur abbaye est pour eux une maison de campagne qu'ils restaurent ou embellissent en vue de la résidence qu'ils y font et de la compagnie qu'ils y accueillent. A Clairvaux[1], Dom Rocourt, très poli envers les hommes, et encore plus galant envers les femmes, ne marche qu'en voiture à quatre chevaux avec un piqueur en avant; il se fait donner du Monseigneur par ses moines et tient une vraie cour. La chartreuse du Val-Saint-Pierre est un somptueux palais au milieu d'un

1. Beugnot, I, 79.

immense domaine, et le père procureur Dom Effinger passe ses journées à recevoir les hôtes[1]. Au couvent d'Origny, près de Saint-Quentin[2], « l'abbesse a des do« mestiques, une voiture, des chevaux, reçoit en visite « et à dîner les hommes dans son appartement ». — La princesse Christine, abbesse de Remiremont, et ses dames chanoinesses sont presque toujours en route; et pourtant « on s'amuse à l'abbaye », on y reçoit quantité de monde « dans les appartements particuliers de la princesse et dans les appartements des étrangers[3] ». Les vingt-cinq chapitres nobles de femmes et les dix-neuf chapitres nobles d'hommes sont autant de salons permanents et de rendez-vous incessants de belle compagnie qu'une mince barrière ecclésiastique sépare à peine du grand monde où ils sont recrutés. Au chapitre d'Alix, près de Lyon, les chanoinesses vont au chœur en paniers, « habillées comme dans le monde », sauf que leur robe est de soie noire et que leur manteau est doublé d'hermine[4]. Au chapitre d'Ottmarsheim en Alsace, « nos « huit jours, dit une visiteuse, se passèrent à nous pro« mener, à visiter le tracé des voies romaines, à rire « beaucoup, à danser même, car il venait beaucoup « de monde à l'abbaye, et surtout à parler de chif« fons ». Près de Sarrelouis, les chanoinesses de Loutre dînent avec les officiers et ne sont rien moins que

1. Merlin de Thionville, *Vie et correspondance*. — Récit de sa visite à la chartreuse de Val-Saint-Pierre en Thiérache.
2. Mme de Genlis, *Mémoires*, ch. 7.
3. Mme d'Oberkirch, I, 15.
4. Mme de Genlis, ch. 1. — Mme d'Oberkirch, I, 62.

prudes[1]. Quantité de couvents sont des asiles agréables et décents pour des dames veuves, pour de jeunes femmes dont les maris sont à l'armée, pour des filles de condition, et la supérieure, qui le plus souvent est demoiselle, tient avec aisance et dextérité le sceptre de ce joli monde féminin. — Mais nulle part la pompe, l'hospitalité, la foule ne sont plus grandes que dans les palais épiscopaux. J'ai décrit la situation des évêques : si opulents, possesseurs de pareils droits féodaux, héritiers et successeurs des anciens souverains de la contrée, outre cela, gens à la mode et habitués de Versailles, comment n'auraient-ils pas une cour? Un Cicé, archevêque de Bordeaux, un Dillon, archevêque de Narbonne, un Brienne, archevêque de Toulouse, un Castellane, évêque de Mende et seigneur suzerain de tout le Gévaudan, un archevêque de Cambray, duc de Cambray, seigneur suzerain de tout le Cambrésis et président-né des États provinciaux, la plupart sont des princes; ne faut-il pas qu'ils représentent en princes? C'est pourquoi ils chassent, ils bâtissent, ils ont des clients, des hôtes, un lever, une antichambre, des huissiers, des officiers, une table ouverte, une maison montée, des équipages, et le plus souvent des dettes, dernier point qui achève le grand seigneur. Dans le palais presque royal que les Rohans, évêques héréditaires de Strasbourg et cardinaux d'oncle en neveu, se sont bâti à Saverne[2], il y a

1. Duc de Lauzun, *Mémoires*, 257.
2. Marquis de Valfons, *Souvenirs*, 60. — Duc de Lévis, 156. — Mme d'Oberkirch, I, 127; II, 360.

700 lits, 180 chevaux, 14 maîtres d'hôtel, 25 valets de chambre. « Toute la province s'y rassemble »; le cardinal a logé à la fois jusqu'à deux cents invités, sans les valets; en tout temps on trouve chez lui « de vingt à « trente femmes des plus aimables de la province, et « souvent ce nombre est augmenté par celles de la cour « et de Paris ». — « Le soir à neuf heures tout le monde « soupait ensemble, ce qui avait toujours l'air d'une « fête », et le cardinal lui-même en était le plus bel ornement. Superbement vêtu, beau, galant, d'une politesse exquise, le moindre de ses sourires était une grâce. « Son « visage toujours riant inspirait la confiance; il avait la « vraie physionomie de l'homme destiné à représenter. »

Telle est aussi l'attitude et l'occupation des principaux seigneurs laïques, chez eux, en été, lorsque le goût de la chasse et l'attrait de la belle saison les ramènent sur leurs terres. Par exemple, Harcourt en Normandie et Brienne en Champagne sont deux des châteaux les mieux habités. « Il y vient de Paris des personnes considéra-« bles, des hommes de lettres distingués, et la noblesse « du canton y fait une cour assidue[1]. » Il n'y a pas de résidence où des volées de beau monde ne viennent s'abattre à demeure pour dîner, danser, chasser, causer, parfiler, jouer la comédie. On peut suivre à la trace ces brillants oiseaux, de volière en volière; ils restent une semaine, un mois, trois mois, étalant leur ramage et leur plumage. De Paris à l'Isle-Adam, à Villers-Cotterets,

1. Beugnot, I, 71. — Hippeau, *le Gouvernement de Normandie*, passim.

au Frétoy, à la Planchette, à Soissons, à Reims, à Grisolles, à Sillery, à Braine, à Balincourt, au Vaudreuil, le comte et la comtesse de Genlis promènent ainsi leur loisir, leur esprit, leur gaieté, chez des amis qu'à leur tour ils reçoivent à Genlis. — Un coup d'œil jeté sur les dehors de ces maisons suffirait pour montrer que le premier devoir en ce temps-là est d'être hospitalier, comme le premier besoin est d'être en compagnie[1]. En effet leur luxe diffère du nôtre. Sauf en quelques maisons princières, il n'est pas grand en meubles de campagne : on laisse cet étalage aux financiers. « Mais il « est prodigieux en toutes les choses qui peuvent donner « des jouissances à autrui, en chevaux, en voitures, en « tables ouvertes, en logements donnés à des gens qui « ne sont point attachés à la maison, en loges aux spec- « tacles qu'on prête à ses amis, enfin en domestiques « beaucoup plus nombreux qu'aujourd'hui. » — Par ce frottement mutuel et continu, les nobles les plus rustiques perdent la rouille qui encroûte encore leurs pareils d'Allemagne ou d'Angleterre. On ne trouve guère en France de squires Western et de barons de ThundertenTrunck ; une dame d'Alsace, qui voit à Francfort les hobereaux grotesques de la Westphalie, est frappée du contraste[2]. Ceux de France, même dans les provinces éloignées, ont fréquenté les salons du

1. Mme de Genlis, *Mémoires*, passim. — *Dictionnaire des Étiquettes*, I, 348.

2. Mme d'Oberkirch, I, 395. — Le baron et la baronne de Sotenville, dans Molière, sont des gens bien élevés, quoique provinciaux et pédants.

commandant ou de l'intendant, et rencontré en visite quelques dames de Versailles; c'est pourquoi « ils ont « toujours quelque habitude des grandes manières, et « sont à peu près instruits des vicissitudes de la mode « et du costume ». Le plus sauvage descend, le chapeau à la main, jusqu'au bas de son perron pour reconduire ses hôtes en les remerciant de la grâce qu'ils lui ont faite. Le plus rustre, auprès d'une femme, retrouve au fond de sa mémoire quelques débris de la galanterie chevaleresque. Le plus pauvre et le plus retiré ménage son habit bleu-de-roi et sa croix de Saint-Louis pour pouvoir, à l'occasion, présenter ses devoirs au grand seigneur son voisin ou au prince qui est de passage. — Ainsi l'état-major féodal s'est transformé tout entier, depuis ses premiers jusqu'à ses derniers grades. Si l'on pouvait embrasser du regard ses trente ou quarante mille palais, hôtels, manoirs, abbayes, quel décor avenant et brillant que celui de la France! Elle est un salon et je n'y vois que des gens de salon. Partout les chefs rudes ayant autorité sont devenus des maîtres de maison ayant des grâces. Ils appartiennent à cette société où, avant d'admirer tout à fait un grand général, on demandait « s'il était aimable ». Sans doute ils portent encore l'épée, ils sont braves par amour-propre et tradition, ils sauront se faire tuer, surtout en duel et dans les formes. Mais le caractère mondain a recouvert l'ancien fond militaire; à la fin du dix-huitième siècle, leur grand talent est le savoir-vivre, et leur véritable emploi consiste à recevoir ou à être reçus.

CHAPITRE II

La vie de salon. — I. Elle n'est parfaite qu'en France. — Raisons tirées du caractère français. — Raisons tirées du ton de la cour en France. — Cette vie devient de plus en plus agréable et absorbante. — II. Subordination des autres intérêts et devoirs. — Indifférence aux affaires publiques. — Elles ne sont qu'une matière à bons mots. — Négligence dans les affaires privées. — Désordre du ménage et abus de l'argent. — III. Divorce moral des époux. — La galanterie. — Séparation des parents et des enfants. — L'éducation, ses lacunes et son objet. — Ton des domestiques et des fournisseurs. — L'empreinte mondaine est universelle. — IV. Attrait de cette vie. — Le savoir-vivre au dix-huitième siècle. — Sa perfection et ses ressources. — Autorité des femmes pour l'enseigner et le prescrire. — V. Le bonheur au dix-huitième siècle. — Agrément du décor et de l'entourage. — Oisiveté, passe-temps, badinage. — VI. La gaieté au dix-huitième siècle. — Ses causes et ses effets. — Tolérance et licence. — Bals, fêtes, chasses, festins, plaisirs. — Libertés des magistrats et des prélats. — VII. Principal divertissement, la comédie de société. — Parades et excès.

I

D'autres aristocraties en Europe ont été conduites par des circonstances à peu près pareilles vers des mœurs à peu près semblables. Là aussi la monarchie a produit la cour, qui a produit la société polie; mais la jolie plante ne s'est développée qu'à demi. Le sol était défavorable, et les graines n'étaient pas de la bonne espèce. En Espagne, le roi demeure enfermé dans l'étiquette comme une momie dans sa gaine, et l'orgueil trop raide, incapable de se détendre jusqu'aux aménités de la vie mondaine, n'aboutit qu'à l'ennui morne et au faste insensé[1]. En Italie, sous de petits princes despotes et la plupart étrangers, le danger continu et la défiance héréditaire, après avoir lié les langues, tournent les cœurs vers les jouissances intimes de l'amour ou vers les jouissances muettes des beaux-arts. En Allemagne et en Angleterre, le tempérament froid, lourd et rebelle à la culture retient l'homme, jusqu'à la fin du dernier siècle, dans les habitudes germaniques de solitude, d'ivrognerie et de brutalité. Au contraire en France, tout concourt à faire fleurir l'esprit de société; en cela le génie national est d'accord avec le régime politique, et il semble que d'avance on ait choisi la plante pour le terrain.

Par instinct, le Français aime à se trouver en compagnie, et la raison en est qu'il fait bien et sans peine toutes les actions que comporte la société. Il n'a pas la mauvaise honte qui gêne ses voisins du Nord, ni les passions fortes qui absorbent ses voisins du Midi. Il n'a

1. L. de Loménie, *Beaumarchais et son temps*, I, 403. Lettre de Beaumarchais (24 décembre 1764). — *Voyage* de Mme d'Aulnoy, et *Lettres* de Mme de Villars. — Pour l'Italie, voir Stendhal (*Rome, Naples et Florence*). — Pour l'Allemagne, voir les *Mémoires* de la margrave de Bareith et du chevalier Lang. — Pour l'Angleterre, on trouvera les textes dans les tomes III et IV de mon *Histoire de la littérature anglaise*.

pas d'effort à faire pour causer, point de timidité naturelle à contraindre, point de préoccupation habituelle à surmonter. Il cause donc, à l'aise et dispos, et il éprouve du plaisir à causer. Car ce qu'il lui faut, c'est un bonheur d'espèce particulière, fin, léger, rapide, incessamment renouvelé et varié, où son intelligence, son amour-propre, toutes ses vives et sympathiques facultés trouvent leur pâture; et cette qualité de bonheur, il n'y a que le monde et la conversation pour la fournir. Sensible comme il est, les égards, les ménagements, les empressements, la délicate flatterie sont l'air natal hors duquel il respire avec peine. Il souffrirait d'être impoli presque autant que de rencontrer l'impolitesse. Pour ses instincts de bienveillance et de vanité, il y a de charmantes douceurs dans l'habitude d'être aimable, d'autant plus qu'elle est contagieuse. Quand nous plaisons, on veut nous plaire, et ce que nous donnons en prévenances, on nous le rend en attentions. En pareille compagnie, on peut causer; car causer, c'est amuser autrui en s'amusant soi-même, et il n'y a pas de plus vif plaisir pour un Français[1]. Agile et sinueuse, la conversation est pour lui comme le vol pour un oiseau : d'idées en idées, il voyage, alerte, excité par l'élan des autres, avec des bonds, des circuits, des retours imprévus, au plus bas, au plus haut, à rase terre ou sur les cimes, sans s'enfoncer dans les trous, ni s'empêtrer

1. Volney, *Tableau du climat et du sol des États-Unis d'Amérique*. — Selon lui, le trait caractéristique du colon français comparé à ceux des autres nations, c'est le besoin de voisiner et de causer.

dans les broussailles, ni demander aux mille objets qu'il effleure autre chose que la diversité et la gaieté de leurs aspects.

Ainsi doué et disposé, il était fait pour un régime qui, dix heures par jour, mettait les hommes ensemble : le naturel inné s'est trouvé d'accord avec l'ordre social pour rendre les salons parfaits. En tête de tous, le roi donnait l'exemple. Louis XIV avait eu toutes les qualités d'un maître de maison, le goût de la représentation et de l'hospitalité, la condescendance et la dignité, l'art de ménager l'amour-propre des autres et l'art de garder sa place, la galanterie noble, le tact et jusqu'à l'agrément de l'esprit et du langage. « Il parlait parfaitement bien[1] ; « s'il fallait badiner, s'il faisait des plaisanteries, s'il « daignait faire un conte, c'était avec des grâces infinies, « un tour noble et fin que je n'ai vu qu'à lui. » — « Ja- « mais homme si naturellement poli[2], ni d'une politesse « si mesurée, si fort par degrés, ni qui distinguât mieux « l'âge, le mérite, le rang, et dans ses réponses et dans « ses manières.... Ses révérences, plus ou moins mar- « quées, mais toujours légères, avaient une grâce et une « majesté incomparables.... Il était admirable à recevoir « différemment les saluts à la tête des lignes de l'armée « et aux revues. Mais surtout pour les femmes, rien « n'était pareil.... Jamais il n'a passé devant la moindre « coiffe sans ôter son chapeau, je dis aux femmes de « chambre et qu'il connaissait pour telles.... Jamais il

1. Mme de Caylus; *Souvenirs*, 108.
2. Saint-Simon, XII, 461.

« ne lui arriva de dire rien de désobligeant à personne.... « Jamais devant le monde rien de déplacé ni de hasardé, « mais jusqu'au moindre geste, son marcher, son port, « toute sa contenance, tout mesuré, tout décent, noble, « grand, majestueux et toutefois très naturel. » — Voilà le modèle, et, de près ou de loin, jusqu'à la fin de l'ancien régime, il est suivi. S'il change un peu, ce n'est que pour devenir plus sociable. Au dix-huitième siècle, sauf dans les jours de grand apparat, on le voit, degré à degré, descendre de son piédestal. Il ne se fait plus autour de lui de « ces silences à entendre marcher une « fourmi ». — « Sire, disait à Louis XVI le maréchal de « Richelieu, témoin des trois règnes, sous Louis XIV, on « n'osait dire mot; sous Louis XV, on parlait tout bas; « sous Votre Majesté, on parle tout haut. » — Si l'autorité y perd, la société y gagne; l'étiquette, insensiblement relâchée, laisse entrer l'aisance et l'agrément. Désormais les grands, ayant moins souci d'imposer que de plaire, se dépouillent de la morgue comme d'un costume gênant et « ridicule, et recherchent moins les « respects que les applaudissements. Il ne suffit même « plus d'être affable, il faut à tout prix paraître aimable « à ses inférieurs comme à ses égaux[1] ». — « Les princes « français, dit encore une dame contemporaine, meurent « de peur de manquer de grâces[2]. » Jusques autour du

1. Duc de Lévis, 321.

2. Mme de Genlis, *Souvenirs de Félicie*, 160. — Il faut noter pourtant, sous Louis XV et même sous Louis XVI, le maintien de l'ancienne attitude royale. « Quoique je fusse prévenu, dit Alfieri, « que le roi ne parlait pas aux étrangers ordinaires, je ne pus

trône, « le ton est libre, enjoué », et, sous le sourire de la jeune reine, la cour sérieuse et disciplinée de Louis XVI se trouve à la fin du siècle le plus engageant et le plus gai des salons. Par cette détente universelle, la vie mondaine est devenue parfaite. « Qui n'a pas vécu avant « 1789, disait plus tard M. de Talleyrand, ne connaît « pas la douceur de vivre. » — Elle était trop grande, on n'en goûtait plus d'autre, elle prenait tout l'homme. Quand le monde a tant d'attraits, on ne vit que pour lui.

II

On n'a point de loisir ni de goût pour autre chose, même pour les choses qui touchent l'homme de plus près, les affaires publiques, le ménage, la famille. — J'ai déjà dit que, sur le premier article, ils s'abstiennent et sont indifférents; locale ou générale, l'administration est hors de leurs mains et ne les intéresse plus. Quand on en parle, c'est pour plaisanter; les plus graves événements ne sont que des matières à bons mots. Après l'édit de l'abbé Terray qui fait une banqueroute de moitié sur la rente, un spectateur trop serré au théâtre s'écrie : « Ah! quel malheur que notre bon abbé Terray

« digérer le regard de Jupiter Olympien avec lequel Louis XV toi-« sait de la tête aux pieds l'homme présenté, d'un air impassible « tandis que si l'on présentait une fourmi à un géant, le géant, « l'ayant regardée, sourirait ou dirait peut-être : Oh, quel petit « animalcule! Du moins, s'il se taisait, son visage dirait cela pour « lui. » (Alfieri, *Memorie*, I, 138. — 1768.) Voir dans les *Mémoires* de Mme d'Oberkirch (II, 349) la leçon donnée par Madame Royale, âgée de sept ans et demi, à une dame présentée.

« ne soit pas ici pour nous réduire de moitié! » Et l'on rit, l'on applaudit; le lendemain tout Paris, en répétant la phrase, se console de la ruine publique. — Alliances, batailles, impôts, traités, ministères, coups d'État, on a toute l'histoire du siècle en épigrammes et en chansons. Un jour[1], dans une assemblée de jeunes gens de la cour, comme on répétait le mot de la journée, l'un d'eux, ravi de plaisir, dit en levant les mains : « Comment « ne serait-on pas charmé des grands événements, des « bouleversements même qui font dire de si jolis mots! » Là-dessus, on repasse les mots, les chansons faites sur tous les désastres de la France. La chanson sur la bataille d'Hochstædt fut trouvée mauvaise, et quelques-uns dirent à ce sujet : « Je suis fâché de la perte de « cette bataille; la chanson ne vaut rien[2] ». — Même en défalquant de ce trait ce que l'entraînement de la verve et la licence du paradoxe y ont mis d'énorme, il reste la marque d'un siècle où l'État n'était presque rien et la société presque tout. Sur ce principe, on peut deviner le genre de talent que le monde demande aux ministres. M. Necker, ayant donné un souper splendide avec opéra sérieux et opéra bouffon, « il se trouve que cette fête « lui a valu plus de crédit, de faveur et de stabilité « que toutes ses opérations financières.... On n'a parlé

1. Chamfort, 26, 55. — Bachaumont, I, 136 (7 sept. 1762). Un mois après l'arrêt du Parlement contre les jésuites, paraissent de petits jésuites en cire ayant pour base un escargot. « A l'aide « d'une ficelle on fait sortir et rentrer le jésuite dans la coquille. « C'est une fureur, il n'y a pas de maison qui n'ait son jésuite. »

2. En revanche, la chanson sur la bataille de Rosbach est charmante.

« qu'un jour de sa dernière disposition concernant le « vingtième, tandis qu'on parle encore en ce moment « de la fête qu'il a donnée, et qu'à Paris comme à Ver- « sailles on en détaille tous les agréments, et que l'on « dit tout haut : Ce sont des gens admirables que M. et « Mme Necker, ils sont délicieux pour la société[1] ». La bonne compagnie qui s'amuse impose aux gens en place l'obligation de l'amuser. Elle dirait presque d'un ton demi-sérieux, demi-badin, avec Voltaire, « que les dieux « n'ont établi les rois que pour donner tous les jours « des fêtes, pourvu qu'elles soient diversifiées; que la « vie est trop courte pour en user autrement; que les « procès, les intrigues, la guerre, les disputes des « prêtres, qui consument la vie humaine, sont des « choses absurdes et horribles, que l'homme n'est né « que pour la joie », et que, parmi les choses nécessaires, il faut mettre au premier rang « le superflu ».

A ce compte, on peut prévoir qu'ils seront aussi insouciants dans leurs affaires privées que dans les affaires publiques. Ménage, administration des biens, économie domestique, à leurs yeux tout cela est bourgeois, et de plus insipide, affaire d'intendant et de maître d'hôtel. A quoi bon des gens, si l'on doit prendre ce soin? La vie n'est plus une fête dès qu'on est obligé d'en surveiller les apprêts. Il faut que la commodité, le luxe, l'agrément coulent de source et viennent d'eux-mêmes se placer à portée des lèvres. Il faut que, natu-

1. *Correspondance secrète*, par Métra, Imbert, etc. V, 277 (17 novembre 1777). — Voltaire, *la Princesse de Babylone*.

rellement et sans qu'il s'en mêle, un homme de ce monde trouve de l'or dans ses poches, un habit galant sur sa toilette, des valets poudrés dans son antichambre, un carrosse doré à sa porte, un dîner délicat sur sa table, et qu'il puisse réserver toute son attention pour la dépenser en grâces avec les hôtes de son salon. Un pareil train ne va pas sans gaspillage, et les domestiques, livrés à eux-mêmes, font leur main. Qu'importe, s'ils font leur service? D'ailleurs, il faut bien que tout le monde vive, et il est agréable d'avoir autour de soi des visages obséquieux et contents. — C'est pourquoi les premières maisons du royaume sont au pillage. Un jour à la chasse[1], Louis XV, ayant avec lui le duc de Choiseul, lui demanda combien il croyait que coûtait le carrosse où ils étaient assis. M. de Choiseul répondit qu'il se ferait bien fort d'en avoir un pareil pour 5000 ou 6000 livres, mais « que Sa Majesté, payant en roi « et ne payant pas toujours comptant, devait le payer « 8000. — Vous êtes loin de compte, répartit le roi, car « cette voiture, telle que vous la voyez, me revient à « 30 000 francs.... Les voleries dans ma maison sont « énormes, mais il est impossible de les faire cesser ». — En effet, les grands tirent à eux comme les petits, soit en argent, soit en nature, soit en services. Il y a chez le roi cinquante-quatre chevaux pour le grand écuyer; il y en a trente-huit pour Mme de Brionne qui gère une charge d'écurie pendant la minorité de son fils; il y a

1. Baron de Besenval, *Mémoires*, II, 206. Anecdote racontée par le duc de Choiseul.

deux cent quinze palefreniers d'attribution et à peu près autant de chevaux entretenus aux frais du roi pour diverses autres personnes toutes étrangères au département[1]. Sur cette seule branche de l'arbre royal, quelle nichée de parasites! — Ailleurs je vois que Madame Élisabeth, si sobre, consomme par an pour 30 000 francs de poisson, pour 70 000 francs de viande et gibier, pour 60 000 francs de bougies; que Mesdames brûlent pour 215 068 francs de bougie blanche et jaune; que le luminaire chez la reine revient à 157 109 francs. On montre encore à Versailles la rue, jadis tapissée d'échoppes, où les valets du roi venaient, moyennant argent, nourrir Versailles de sa desserte. — Il n'y a point d'article sur lequel les insectes domestiques ne trouvent moyen de gratter et grappiller. Le roi est censé boire chaque année pour 2190 francs d'orgeat et de limonade; « le grand « bouillon du jour et de nuit », que boit quelquefois Madame Royale âgée de deux ans, coûte par an 5201 livres. Vers la fin du règne précédent[2], les femmes de chambre comptent en dépense à la Dauphine « quatre « paires de souliers par semaine, trois aunes de ruban « par jour pour nouer son peignoir, deux aunes de taffetas « par jour pour couvrir la corbeille où l'on dépose les « gants et l'éventail ». — Quelques années plus tôt, en café, limonade, chocolat, orgeat, eaux glacées, le roi payait par an 200 000 francs; plusieurs personnes étaient

1. *Archives nationales.* Rapport de M. Teissier (1780). Rapport de M. Mesnard de Chouzy (O¹, 738).

2. *Marie-Antoinette*, par Arneth et Geffroy, I, 277 (29 fév. 1772).

inscrites sur l'état pour dix ou douze tasses par jour, et l'on calculait que le café au lait avec un petit pain tous les matins coûtait pour chaque dame d'atour 2000 francs par an[1]. On devine qu'en des maisons ainsi gouvernées les fournisseurs attendent. Ils attendent si bien que parfois, sous Louis XV, ils refusent de fournir et « se cachent ». Même le retard est si régulier, qu'à la fin on est obligé de leur payer à 5 pour 100 l'intérêt de leurs avances; à ce taux, en 1778, après toutes les économies de Turgot, le roi doit encore près de 800 000 livres à son marchand de vin, près de trois millions et demi à son pourvoyeur[2]. Même désordre dans les maisons qui entourent le trône. « Mme de Guémené doit 60 000 livres à son cordonnier, « 16 000 à son colleur de papiers, et le reste à propor« tion. » Une autre, à qui le marquis de Mirabeau voit des chevaux de remise, répond en voyant son air étonné : « Ce n'est pas qu'il n'y en ait 70 dans nos écuries; mais « il n'y en a point qui ait pu aller aujourd'hui[3] ». Mme de Montmorin, voyant que son mari a plus de dettes que de biens, croit pouvoir sauver sa dot de 200 000 francs; mais on lui apprend qu'elle a consenti à répondre pour un compte de tailleur, et ce compte[4], « chose incroyable et

1. Duc de Luynes, XVII, 37 (août 1758). — Marquis d'Argenson. 11 février 1753.

2. *Archives nationales*, O[1], 738. Les intérêts payés sont de 12 969 francs pour le boulanger, de 39 631 francs pour le marchand de vins, de 173 899 francs pour le pourvoyeur.

3. Marquis de Mirabeau, *Traité de la population*, 60. — *Le Gouvernement de Normandie*, par Hippeau, II, 204 (30 sept. 1780).

4. Mme de la Rochejaquelein, *Mémoires*, 30. — Mme d'Oberkirch, II, 66.

« ridicule à dire, s'élève au chiffre de 180 000 livres ». — « Une des manies les plus tranchées de ce temps-ci, dit « Mme d'Oberkirch, est de se ruiner en tout et sur tout. » — « Les deux frères Villemur bâtissent des guinguettes « de 500 000 à 600 000 livres; l'un d'eux a 40 chevaux « pour monter quelquefois à cheval au bois de Boulo- « gne[1]. » En une nuit, M. de Chenonceaux, fils de M. et de Mme Dupin, perd au jeu 700 000 livres. « M. de Chenon- « ceaux et M. de Francueil ont mangé 7 ou 8 millions « d'alors[2]. » — « Le duc de Lauzun, à l'âge de 26 ans, « après avoir mangé le fonds de 100 000 écus de rente, « est poursuivi par ses créanciers pour près de 2 mil- « lions de dettes[3]. » — « M. le prince de Conti manque de « pain et de bois, quoiqu'il ait 600 000 livres de rente » : c'est qu'il « achète et fait bâtir follement de tous « côtés[4] ». Où serait l'agrément, si l'on était raisonnable? Qu'est-ce qu'un seigneur qui regarde au prix des choses? Et comment atteindre à l'exquis, si l'on plaint l'argent? — Il faut donc que l'argent coule, et coule à s'épuiser, d'abord par les innombrables saignées secrètes ou tolérées de tous les abus domestiques, puis en larges ruisseaux par les prodigalités du maître en bâtisses, en meubles, en toilettes, en hospitalité, en galanteries, en plaisirs. Le comte d'Artois, pour donner une fête à la reine, fait démolir, rebâtir, arranger et meubler Bagatelle de fond en comble par neuf cents ouvriers

1. Marquis d'Argenson, 26 janvier 1753.
2. George Sand, *Histoire de ma vie*, I, 78.
3. *Marie-Antoinette*, par Arneth et Geffroy, I, 61 (18 mars 1777).
4. Marquis d'Argenson, 26 janvier 1753.

employés jour et nuit; et, comme le temps manque pour aller chercher au loin la chaux, le plâtre et la pierre de taille, il envoie sur les grands chemins des patrouilles de la garde suisse qui saisissent, payent et amènent sur-le-champ les chariots ainsi chargés[1]. Le maréchal de Soubise, recevant un jour le roi à dîner et à coucher dans sa maison de campagne, dépense à cela 200 000 livres[2]. Mme de Matignon fait un marché de 24 000 livres par an pour qu'on lui fournisse tous les jours une coiffure nouvelle. Le cardinal de Rohan a une aube brodée en point à l'aiguille qu'on estime à plus de 100 000 livres, et sa batterie de cuisine est en argent massif[3]. — Rien de plus naturel avec l'idée qu'on se faisait alors de l'argent; épargné, entassé, au lieu d'un fleuve, c'était une mare inutile et qui sentait mauvais. La reine, ayant donné au Dauphin une voiture dont les encadrements en vermeil étaient ornés de rubis et de saphirs, disait naïvement : « Le roi n'a-t-il pas augmenté ma cassette de 200 000 livres? ce n'est pas pour que je les garde[4] ». On les jetterait plutôt par la fenêtre. Ainsi fit

1. *Marie-Antoinette*, III, 135 (19 nov 1777).

2. Barbier, IV, 155. — Le maréchal de Soubise avait un rendez-vous de chasse où le roi venait de temps en temps manger une omelette d'œufs de faisans, coûtant 157 livres 10 sous. (Mercier, XII, 192, d'après le cuisinier qui préparait l'omelette.)

3. Mme d'Oberkirch, I, 129; II, 257.

4. Mme de Genlis, *Souvenirs de Félicie*, 80; et *Théâtre d'Éducation*, II, 367. Une jeune femme honnête fait, en 10 mois, 70 000 francs de dettes : « Pour une petite table 10 louis, pour une chiffonnière 15 louis, pour un bureau 800 fr., pour une petite écritoire 200 fr., pour une grande écritoire 300 fr. Bagues de cheveux, montre de cheveux, chaîne de cheveux, bracelets de

le maréchal de Richelieu d'une bourse qu'il avait donnée à son petit-fils et que le jeune garçon, n'ayant su la dépenser, rapportait pleine. Du moins l'argent, cette fois, servit au balayeur qui passait et le ramassa. Mais, faute d'un passant pour le ramasser, on l'eût jeté dans la rivière. Un jour, devant le prince de Conti, Mme de B. laissa soupçonner qu'elle voudrait avoir la miniature de son serin dans une bague. Le prince s'offrit; on accepta, mais à condition que la miniature serait très simple et sans brillants. En effet, ce ne fut qu'un petit cercle d'or; mais, pour recouvrir la peinture, un gros diamant aminci servait de glace. Mme de B. ayant renvoyé le diamant, « M. le prince de Conti le fit broyer, réduire en poudre « et s'en servit pour sécher l'encre du billet qu'il écrivit « à ce sujet à Mme de B. ». La pincée de poudre coûtait quatre ou cinq mille livres, mais on devine le tour et le ton du billet. Il faut l'extrême profusion à la suprême galanterie, et l'on est d'autant plus un homme du monde que l'on est moins un homme d'argent.

III

Dans un salon, la femme dont un homme s'occupe le moins, c'est la sienne, et à charge de retour; c'est pourquoi, en un temps où l'on ne vit que pour le monde et dans le monde, il n'y a pas place pour l'intimité conjugale. — D'ailleurs, quand les époux sont haut

cheveux, cachet de cheveux, collier de cheveux, boîte de cheveux, 9 000 fr., etc. ».

placés, l'usage et les bienséances les séparent. Chacun a sa maison, ou tout au moins son appartement, ses gens, son équipage, ses réceptions, sa société distincte, et, comme la représentation entraîne la cérémonie, ils sont entre eux, par respect pour leur rang, sur le pied d'étrangers polis. Ils se font annoncer l'un chez l'autre; ils se disent « Madame, Monsieur », non seulement en public, mais en particulier; ils lèvent les épaules quand à soixante lieues de Paris, dans un vieux château, ils rencontrent une provinciale assez mal apprise pour appeler son mari « mon ami » devant tout le monde[1]. — Déjà divisées au foyer, les deux vies divergent au delà par un écart toujours croissant. Le mari a son gouvernement, son commandement, son régiment, sa charge à la cour, qui le retiennent hors du logis; c'est seulement dans les dernières années que sa femme consent à le suivre en garnison ou en province[2]. D'autant plus qu'elle est elle-même occupée, et aussi gravement que lui, souvent par une charge auprès d'une princesse, toujours par un salon important qu'elle doit tenir. En ce temps-là, la femme est aussi active que l'homme[3], dans

1 Mme de Genlis, *Adèle et Théodore*, III, 14.

2. Mme d'Avaray donna la première cet exemple, et fut d'abord très blâmée.

3. « Lorsque j'arrivai en France, le règne de M. de Choiseul « venait seulement de finir. La femme qui pouvait lui paraître « aimable, ou seulement plaire à la duchesse de Gramont, sa « sœur, était sûre de faire tous les colonels et tous les lieute- « nants généraux qu'elle voulait. Les femmes avaient de l'impor- « tance, même aux yeux de la vieillesse et du clergé; elles étaient « familiarisées d'une manière étonnante avec la marche des « affaires; elles savaient par cœur le caractère et les habitudes

la même carrière, et avec les mêmes armes, qui sont la parole flexible, la grâce engageante, les insinuations, le tact, le sentiment juste du moment opportun, l'art de plaire, de demander et d'obtenir; il n'y a point de dame de la cour qui ne donne des régiments et des bénéfices. A ce titre, la femme a son cortège personnel de solliciteurs et de protégés, et, comme son mari, ses amis, ses ennemis, ses ambitions, ses mécomptes et ses rancunes propres; rien de plus efficace pour disjoindre un ménage que cette ressemblance des occupations et cette distinction des intérêts. — Ainsi relâché, le lien finit par se rompre sous l'ascendant de l'opinion. « Il est de « bon air de ne pas vivre ensemble », de s'accorder mutuellement toute tolérance, d'être tout entier au monde. En effet, c'est le monde qui fait alors l'opinion, et, par elle, il pousse aux mœurs dont il a besoin.

Vers le milieu du siècle, le mari et la femme logeaient dans le même hôtel; mais c'était tout. « Jamais ils ne se « voyaient, jamais on ne les rencontrait dans la même « voiture, jamais on ne les trouvait dans la même mai- « son, ni, à plus forte raison, réunis dans un lieu pu- « blic. » Un sentiment profond eût semblé bizarre et

« des ministres et des amis du roi. Un d'eux qui revenait de « Versailles dans son château parlait à sa femme de tout ce qui « l'avait occupé; chez nous, il lui dit un mot sur ses dessins à « l'aquarelle, ou reste silencieux, pensif, à rêver à ce qu'il vient « d'entendre au parlement. Nos pauvres ladies sont abandonnées « à la société de ces hommes frivoles qui, par leur peu d'esprit, « se sont trouvés au-dessous de toute ambition et, par là, de tout « emploi (les dandies). » (Stendhal, *Rome, Naples et Florence*, 377. Récit du colonel Forsyth.)

même « ridicule », en tout cas inconvenant : il eût choqué comme un *a parte* sérieux dans le courant général de la conversation légère. On se devait à tous, et c'était s'isoler à deux; en compagnie, on n'a pas droit au tête-à-tête[1]. A peine si, pour quelques jours, il était permis à deux amants[2]. Encore était-il mal vu : on les trouvait trop occupés l'un de l'autre. Leur préoccupation répandait autour d'eux « la contrainte et l'ennui; il fal- « lait s'observer, se retenir en leur présence » On les « craignait ». Le monde avait les exigences d'un roi absolu et ne souffrait pas de partage. « Si les mœurs y « perdaient, dit un contemporain, M. de Besenval, la « société y gagnait infiniment; débarrassée de la gêne et « du froid qu'y jette toujours la présence des maris, la « liberté y était extrême; la coquetterie des hommes et « des femmes en soutenait la vivacité et fournissait « journellement des aventures piquantes. » Point de jalousie, même dans l'amour. « On se plaît, on se « prend; s'ennuie-t-on l'un avec l'autre, on se quitte « avec aussi peu de peine qu'on s'est pris. Revient-on à « se plaire, on se reprend avec autant de vivacité que si « c'était la première fois qu'on s'engageât ensemble. On « se quitte encore, et jamais on ne se brouille. Comme « on s'est pris sans s'aimer, on se sépare sans se haïr,

1. Besenval, 49, 60. — « Sur vingt seigneurs de la cour, il y « en a quinze qui ne vivent point avec leurs femmes et qui ont « des maîtresses. Rien même n'est si commun à Paris entre parti- « culiers. » (Barbier, IV, 496.)

2. Ne soyez point époux, ne soyez point amant,
Soyez l'homme du jour et vous serez charmant.

« et l'on retire au moins du faible goût qu'on s'est ins-
« piré l'avantage d'être toujours prêts à s'obliger[1]. » — D'ailleurs les apparences sont gardées; un étranger non averti n'y démêlerait rien de suspect. « Il faut, dit « Horace Walpole[2], une curiosité extrême ou une très « grande habitude pour découvrir ici la moindre liaison « entre les deux sexes. Aucune familiarité n'est permise, « sauf sous le voile de l'amitié, et le vocabulaire de « l'amour est aussi prohibé que ses rites au premier « aspect semblent l'être. » — Même chez Crébillon fils, même chez Laclos, même aux moments les plus vifs, les personnages ne parlent qu'en termes mesurés, irréprochables. L'indécence qui est dans les choses n'est jamais dans les mots, et le langage des convenances s'impose, non seulement aux éclats de la passion, mais encore aux grossièretés de l'instinct. — Ainsi les sentiments les plus naturellement âpres ont perdu leurs pointes et leurs épines; de leurs restes ornés et polis, on a fait des jouets de salon que des mains blanches lancent, se renvoient et laissent tomber comme un joli volant. Il faut entendre à ce sujet les héros de l'époque : leur ton leste, dégagé, est inimitable, et les peint aussi bien que leurs actions. « J'étais, dit le duc de Lauzun, d'une ma-
« nière fort honnête et même recherchée avec Mme de « Lauzun; j'avais très publiquement Mme de Cambis,

1. Crébillon fils, *la Nuit et le Moment*, IX, 14.

2. Horace Walpole, *Letters* (25 janvier 1766). — Le duc de Brissac, à Louveciennes, amant de Mme du Barry, et passionnément épris, n'avait devant elle que l'attitude d'un étranger poli. (Mme Vigée-Lebrun, *Souvenirs*, I, 165.)

« dont je me souciais fort peu; j'entretenais la petite « Eugénie, que j'aimais beaucoup; je jouais gros jeu, je « faisais ma cour au roi, et je chassais très exactement « avec lui[1]. » Du reste, il avait pour autrui l'indulgence dont il avait besoin lui-même. « On lui demandait ce « qu'il répondrait à sa femme (qu'il n'avait pas vue de- « puis dix ans), si elle lui écrivait : Je viens de décou- « vrir que je suis grosse. Il réfléchit et répondit : Je lui « écrirais : Je suis charmé que le ciel ait enfin béni « notre union; soignez votre santé, j'irai vous faire ma « cour ce soir. » — Il y a vingt réponses semblables, et j'ose dire qu'avant de les avoir lues on n'imagine pas à quel point l'art social peut dompter l'instinct naturel.

« Ici, à Paris, écrit Mme d'Oberkirch, je ne m'appar- « tiens plus, j'ai à peine le temps de causer avec mon « mari et de suivre mes correspondances. Je ne sais « comment font les femmes dont c'est la vie habituelle; « elles n'ont donc ni famille à entretenir, ni enfants à « élever? » — Du moins elles font comme si elles n'en avaient pas, et les hommes de même. Des époux qui ne

1. Duc de Lauzun, 51. — Chamfort, 39. — « Le duc de..., dont « la femme venait de faire un scandale, s'est plaint à sa belle- « mère; celle-ci lui a répondu avec le plus grand sang-froid : Eh! « Monsieur, vous faites bien du bruit pour peu de chose. Votre « père était de bien meilleure compagnie. » (Mme d'Oberkirch, II, 135, 241.) — « Un mari disait à sa femme : Je vous permets tout, « hors les princes et les laquais. Il était dans le vrai, ces deux « extrêmes déshonorent par leur scandale. » (Sénac de Meilhan, *Considérations sur les mœurs*.) — Un mari surprenant sa femme lui dit simplement : « Quelle imprudence, madame! si c'était un « autre que moi! » (E. et J. de Goncourt, *la Femme au dix-huitième siècle*, 201.)

vivent pas ensemble ne vivent guère avec leurs enfants, et les causes qui ont défait le mariage défont aussi la famille. — Il y a d'abord la tradition aristocratique qui, entre les parents et les enfants, met une barrière pour mettre une distance. Quoique affaiblie et en voie de disparaître[1], cette tradition subsiste. Le fils dit « Monsieur » à son père; la fille, respectueusement, vient baiser la main de sa mère à sa toilette. Une caresse est rare et semble une grâce; d'ordinaire, en présence des parents, les enfants sont muets, et le sentiment habituel qui les pénètre est la déférence craintive. Jadis ils étaient des sujets; jusqu'à un certain point, ils le sont encore, et les exigences nouvelles de la vie mondaine achèvent de les mettre ou de les tenir à l'écart. M. de Talleyrand disait qu'il n'avait jamais couché sous le même toit que ses père et mère. S'ils y couchent, ils n'en sont pas moins négligés. « Je fus confié, dit le comte de Tilly, à des « valets et à une espèce de précepteur qui leur ressem- « blait à beaucoup d'égards. » Pendant ce temps son père courait. « Je lui ai connu, ajoute le jeune homme,

1. Voir à ce sujet les types un peu anciens, surtout en province. « Ma mère, ma sœur et moi, transformés en statues par « la présence de mon père, nous ne recouvrions qu'après son « départ les fonctions de la vie. » (Chateaubriand, *Mémoires*, I, 17, 28, 130.) — *Mémoires de Mirabeau*, I, 53. Le marquis disait de son père Antoine : « Je n'ai jamais eu l'honneur de toucher « la joue de cet homme vénérable.... A l'Académie, étant à « 200 lieues de lui, son seul souvenir me faisait craindre toute « partie de jeunesse qui pouvait avoir des suites un peu dangereuses ». — L'autorité paternelle semble presque aussi âpre dans la bourgeoisie et dans le peuple. (*Beaumarchais et son temps*, par L. de Loménie, I, 23. — *Vie de mon père*, par Rétif de la Bretonne, passim.)

« des maîtresses jusqu'à un âge avancé; il les adorait « toujours et les quittait sans cesse. » Le duc de Biron juge embarrassant de trouver un bon gouverneur à son fils : « c'est pourquoi, écrit celui-ci, il en confia l'em-« ploi à un laquais de feu ma mère, qui savait lire et « passablement écrire, et qu'on décora du titre de valet « de chambre pour lui donner plus de considération. « On me donna d'ailleurs les maîtres les plus à la mode; « mais M. Roch (c'était le nom de mon mentor) n'était « pas en état de diriger leurs leçons ni de me mettre en « état d'en profiter. J'étais d'ailleurs comme tous les « enfants de mon âge et de ma sorte : les plus jolis « habits pour sortir, nu et mourant de faim à la mai-« son[1] », non par dureté, mais par oubli, dissipation, désordre du ménage; l'attention est ailleurs. On compterait aisément les pères qui, comme le maréchal de Belle-Isle, surveillent de leurs yeux et conduisent eux-mêmes avec méthode, sévérité et tendresse toute l'éducation de leurs fils. — Quant aux filles, on les met au couvent; délivrés de ce soin, les parents en sont plus libres. Même quand ils en gardent la charge, elle ne leur pèse guère. La petite Félicité de Saint-Aubin[2] ne voit ses parents « qu'un moment à leur réveil et aux « heures des repas »; c'est que leur journée est toujours prise; la mère fait ou reçoit des visites; le père est dans son cabinet de physique ou à la chasse. Jusqu'à sept

1. Sainte-Beuve, *Nouveaux lundis*, XII, 13. — Comte de Tilly, *Mémoires*, I, 12. — Duc de Lauzun, 5. — *Beaumarchais*, par L. de Loménie, II, 289.

2. Mme de Genlis, *Mémoires*, ch. 2 et 3.

ans, l'enfant passe sa vie avec des femmes de chambre qui ne lui apprennent qu'un peu de catéchisme « avec « un nombre infini d'histoires de revenants ». Vers ce temps-là on prend soin d'elle, mais d'une façon qui peint bien l'époque. La marquise sa mère, auteur d'opéras mythologiques et champêtres, a fait bâtir un théâtre dans le château : il y vient de Bourbon-Lancy et de Moulins un monde énorme ; après douze semaines de répétitions, la petite fille, avec un carquois et des ailes bleues, joue le rôle de l'Amour, et le costume lui va si bien qu'on le lui laisse encore pendant neuf mois à l'ordinaire et toute la journée. Pour l'achever, on fait venir un danseur maître d'armes, et, toujours en costume d'Amour, elle prend des leçons de maintien et d'escrime. « Tout l'hiver se passe à jouer la comédie, la tragédie. » Renvoyée après le dîner, on ne la fait revenir que pour jouer du clavecin ou déclamer le monologue d'Alzire, devant une nombreuse assemblée. — Sans doute de tels excès ne sont pas ordinaires ; mais l'esprit de l'éducation est partout le même : je veux dire qu'aux yeux des parents il n'y a qu'une vie intelligible et raisonnable, celle du monde, même pour les enfants, et qu'on ne s'occupe d'eux que pour les y conduire ou pour les y préparer.

Jusqu'aux dernières années de l'ancien régime[1], les petits garçons sont poudrés à blanc, « avec une bourse, « des boucles, des rouleaux pommadés » ; ils portent

1 Mme d'Oberkirch, II, 35. Cette mode ne cesse qu'en 1783. — E. et J. de Goncourt, *la Femme au dix-huitième siècle*, 415. — *Les petits Parrains*, estampe par Moreau. — Berquin, *l'Ami des enfants*, passim. — Mme de Genlis, *Théâtre d'éducation*, passim.

l'épée, ils ont le chapeau sous le bras, un jabot, un habit à parements dorés; ils baisent les mains des jeunes demoiselles avec une grâce de petits-maîtres. Une fillette de six ans est serrée dans un corps de baleine; son vaste panier soutient une robe couverte de guirlandes; elle porte sur la tête un savant échafaudage de faux cheveux, de coussins et de nœuds, rattaché par des épingles, couronné par des plumes, et tellement haut que souvent « le menton est à mi-chemin des pieds »; parfois on lui met du rouge. C'est une dame en miniature; elle le sait, elle est toute à son rôle, sans effort ni gêne, à force d'habitude; l'enseignement unique et perpétuel est celui du maintien; on peut dire avec vérité qu'en ce siècle la cheville ouvrière de l'éducation est le maître à danser[1]. Avec lui, on pouvait se passer de tous les autres; sans lui, tous les autres ne servaient de rien. Car, sans lui, comment faire avec aisance, mesure et légèreté les mille actions les plus ordinaires de la vie courante, marcher, s'asseoir, se tenir debout, offrir le bras, relever l'éventail, écouter, sourire, sous des yeux si exercés et devant un public si délicat? Pour les hommes et les femmes ce sera plus tard la grande affaire; c'est pourquoi c'est déjà la grande affaire pour les enfants. Avec les grâces de l'attitude et du geste, ils ont déjà celles de l'esprit et de la parole. A peine leur langue est-elle déliée, qu'ils parlent le langage poli, celui de leurs parents. Ceux-ci jouent avec eux et en font des poupées charmantes; la

1. Lesage, *Gil Blas*, discours du maître à danser chargé de l'éducation du fils du comte d'Olivarès.

prédication de Rousseau qui, pendant le dernier tiers du siècle, remet les enfants à la mode, n'a guère d'autre effet. On leur fait réciter leur leçon en public, jouer dans des proverbes, figurer dans des pastorales. On encourage leurs saillies. Ils savent tourner un compliment, inventer une répartie ingénieuse ou touchante, être galants, sensibles et même spirituels. Le petit duc d'Angoulême reçoit Suffren un livre à la main, et lui dit : « Je lisais « Plutarque et ses hommes illustres, vous ne pouviez « arriver plus à propos[1] ». Les enfants de M. de Sabran, fille et garçon, âgés de huit et neuf ans, ayant reçu des leçons des comédiens Sainval et Larive, viennent à Versailles jouer devant la reine et le roi l'*Oreste* de Voltaire, et le petit garçon qu'on interroge sur ses auteurs classiques « répond à une dame mère de trois charmantes « demoiselles : Madame, je ne puis me souvenir ici que « d'Anacréon ». Un autre, du même âge, réplique à une question du prince Henri de Prusse par un agréable impromptu en vers[2]. Faire germer des bons mots, des fadeurs, de petits vers dans un cerveau de huit ans, quel triomphe de la culture mondaine ! C'est le dernier trait du régime qui, après avoir dérobé l'homme aux affaires

1. *Correspondance*, par Métra, XIV, 212 ; XVI, 109. — Mme d'Oberkirch, II, 302.

2. Comte de Ségur, I, 297 :

Ma naissance n'a rien de neuf,
J'ai suivi la commune règle ;
Mais c'est vous qui sortez d'un œuf,
Car vous êtes un aigle. »

Mme de Genlis, *Mémoires*, chap. IV. Mme de Genlis faisait des vers de ce genre à douze ans.

publiques, à ses affaires propres, au mariage, à la famille, le prend avec tous ses sentiments et toutes ses facultés, pour le donner au monde, lui et tous les siens. — Au-dessous de lui, les belles façons et la politesse obligatoire gagnent jusqu'à ses gens, jusqu'à ses fournisseurs. Un Frontin a la désinvolture galante et tourne le compliment[1]. Une soubrette n'a besoin que d'être entretenue pour devenir une dame. Un cordonnier est un « Monsieur en noir », qui dit à la mère en saluant la fille : « Madame, voilà une charmante demoiselle, et je « sens mieux que jamais le prix de vos bontés » ; sur quoi la jeune fille, qui sort du couvent, le prend pour un épouseur et devient toute rouge. — Sans doute, entre ce louis de similor et un louis d'or pur, des yeux moins novices auraient démêlé la différence. Mais leur ressemblance suffit pour montrer l'action universelle du balancier central qui frappait tout à la même effigie, le métal vulgaire et l'or affiné.

IV

Pour que le monde ait tant d'empire, il faut qu'il ait bien de l'attrait ; en effet, dans aucun pays et dans aucun siècle, un art social si parfait n'a rendu la vie si agréable. Paris est l'école de l'Europe, une école d'urbanité, où, de Russie, d'Allemagne, d'Angleterre, les jeunes

1. Déjà, dans *les Précieuses* de Molière, le marquis de Mascarille et le vicomte de Jodelet. — De même, Marivaux, *l'Épreuve les Jeux de l'amour et du hasard*, etc. — Lesage, *Crispin rival de son maître*. — Laclos, *les Liaisons dangereuses*, 1re lettre.

gens viennent se dégrossir. Lord Chesterfield, dans ses lettres, ne se lasse point de le répéter à son fils, et de le pousser dans ces salons qui lui ôteront « sa rouille de « Cambridge ». Quand on les a connus, on ne les quitte plus, ou, si on est obligé de les quitter, on les regrette toujours. « Rien n'est comparable[1], dit Voltaire, à la « douce vie qu'on y mène au sein des arts et d'une vo« lupté tranquille et délicate ; des étrangers, des rois « ont préféré ce repos si agréablement occupé et si en« chanteur à leur patrie et à leur trône.... Le cœur s'y « amollit et s'y dissout, comme les aromates se fondent « doucement à un feu modéré et s'exhalent en parfums « délicieux. » Gustave III, battu par les Russes, dit qu'il ira passer ses vieux jours à Paris dans un hôtel sur les boulevards ; et ce n'est pas là une simple politesse ; il se fait envoyer des plans et des devis[2]. Pour être d'un souper, d'une soirée, on fait deux cents lieues. Des amis du prince de Ligne « partaient de Bruxelles après leur dé« jeuner, arrivaient à l'Opéra de Paris tout juste pour « voir lever la toile, et, le spectacle fini, retournaient « aussitôt à Bruxelles, courant toute la nuit ». — De ce bonheur tant recherché, nous n'avons plus que des copies informes, et nous en sommes réduits à le reconstruire par raisonnement. Il consiste d'abord dans le plaisir de vivre avec des gens parfaitement polis ; nul plaisir plus pénétrant, plus continu, plus inépuisable. L'amour-propre humain étant infini, des gens d'esprit

1. Voltaire, *Princesse de Babylone*.
2. *Gustave III*, par Geffroy, II, 37. — Mme Vigée-Lebrun, I, 81.

peuvent toujours inventer quelque raffinement d'égards qui le satisfasse. La sensibilité mondaine étant infinie, il n'y a pas de nuance imperceptible qui la laisse indifférente. Après tout, l'homme est encore la plus grande source de bonheur comme de malheur pour l'homme, et, dans ce temps-là, la source toujours coulante, au lieu d'amertumes, n'apportait que des douceurs. Non seulement il fallait ne pas heurter, mais encore il fallait plaire; on était tenu de s'oublier pour les autres, d'être toujours pour eux empressé et dispos, de garder pour soi ses contrariétés et ses chagrins, de leur épargner les idées tristes, de leur fournir des idées gaies. « Est-ce « qu'on était jamais vieux en ce temps-là! C'est la Ré- « volution qui a amené la vieillesse dans le monde. « Votre grand-père[1], ma fille, a été beau, élégant, soigné, « gracieux, parfumé, enjoué, aimable, affectueux et « d'une humeur égale, jusqu'à l'heure de sa mort.... On « savait vivre et mourir alors; on n'avait pas d'infirmi- « tés importunes. Si on avait la goutte, on marchait « quand même, et sans faire la grimace; on se cachait « de souffrir par bonne éducation. On n'avait pas de ces « préoccupations d'affaires qui gâtent l'intérieur et « rendent l'esprit épais. On savait se ruiner sans qu'il y « parût, comme de beaux joueurs qui perdent sans « montrer d'inquiétude et de dépit. On se serait fait « porter demi-mort à une partie de chasse. On trouvait « qu'il valait mieux mourir au bal ou à la comédie que

1. George Sand, I, 58-60. Récit de sa grand'mère qui, à trente ans, avait épousé M. Dupin de Francueil, âgé de soixante-deux ans.

« dans son lit entre quatre cierges et de vilains hommes « noirs. On était philosophe; on ne jouait pas l'austérité, « on l'avait parfois sans en faire montre. Quand on était « sage, c'était par goût et sans faire le pédant ou la « prude. On jouissait de la vie, et, quand l'heure était « venue de la perdre, on ne cherchait pas à dégoûter « les autres de vivre. Le dernier adieu de mon vieux « mari fut de m'engager à lui survivre longtemps et à « me faire une vie heureuse. »

Avec les femmes surtout, c'est peu d'être poli, il faut être galant. Chez le prince de Conti, à l'Isle-Adam, chaque dame invitée « trouve une voiture et des che- « vaux à ses ordres; elle est maîtresse de donner tous « les jours à dîner dans sa chambre à sa société par- « ticulière[1] ». Mme de Civrac étant obligée d'aller aux eaux, ses amis entreprennent de la distraire pendant le le voyage; ils la devancent de quelques postes, et, dans tous les endroits où elle vient coucher, ils lui donnent une petite fête champêtre, déguisés en villageois, en bourgeois, avec bailli, tabellion et autres masques qui chantent et disent des vers. — Une dame, la veille de Longchamps, sachant que le vicomte de V... a deux calèches, lui en fait demander une; il en a disposé, mais il se garde bien de s'excuser, et sur-le-champ il en fait acheter une de la plus grande élégance, pour la prêter trois heures : il est trop heureux qu'on veuille bien lui emprunter quelque chose, et sa prodigalité paraît

1. Mme de Genlis, *Souvenirs de Félicie*, 77. — Mme Campan, III, 74. — Mme de Genlis, *Dictionnaire des Étiquettes*, I, 348.

aimable, mais n'étonne pas. C'est que les femmes alors sont des reines[1]; en effet, dans un salon elles ont le droit de l'être; voilà pourquoi, au dix-huitième siècle, en toutes choses, elles donnent la règle et le ton[2]. Ayant fait le code des usages, il est tout naturel que ce soit à leur profit, et elles tiennent la main à ce que toutes les prescriptions en soient suivies. A cet égard, tel salon « de la très bonne compagnie » est un tribunal supérieur où l'on juge en dernier ressort[3]. La maréchale de Luxembourg est une autorité; point de bienséance qu'elle ne justifie par une raison ingénieuse. Sur un mot, sur un manque d'usage, sur la moindre apparence de prétention ou de fatuité, on encourt sa désapprobation qui est sans appel, et l'on est perdu à tout jamais dans le beau monde. Sur un trait fin, sur un silence, sur un « oh! » dit à propos au lieu d'un « ah! » on reçoit d'elle, comme M. de Talleyrand, le brevet de parfait savoir-vivre qui est le commencement d'une renommée et la promesse d'une fortune. — Sous une telle « institutrice », il est clair que le maintien, le geste, le langage, toute action ou omission de la vie mondaine devient, comme un tableau ou un poème, une œuvre d'art véritable, c'est-à-dire infinie en délicatesses, à la fois

1. Voir sur cette royauté une anecdote dans Mme de Genlis (*Adèle et Théodore*, I, 69). — Mme Vigée-Lebrun, I, 156 : « Les « femmes régnaient alors, la Révolution les a détrônées.... Cette « galanterie dont je vous parle a totalement disparu. »

2. « Les femmes en France dictent en quelque sorte tout ce « qui est à dire et prescrivent tout ce qui est à faire dans le « beau monde. » (*A comparative View*, by John Andrews, 1785.)

3. Mme d'Oberkirch, I, 299. — Mme de Genlis, *Mémoires*, chap. xi.

aisée et savante, si harmonieuse dans tous ses détails que la perfection y cache la difficulté.

Une grande dame « salue dix personnes en se ployant « une seule fois, et en donnant, de la tête et du regard, « à chacun ce qui lui revient[1] », c'est-à-dire la nuance d'égards appropriée à chaque variété d'état, de considération et de naissance. « C'est à des amours-propres « faciles à s'irriter qu'elle a toujours affaire, en sorte « que le plus léger défaut de mesure serait promptement « saisi[2] »; mais jamais elle ne se trompe, ni n'hésite dans ces distinctions subtiles; avec un tact, une dextérité, une flexibilité de ton incomparables, elle met des degrés dans son accueil. Elle en a un « pour les femmes « de condition, un pour les femmes de qualité, un pour « les femmes de la cour, un pour les femmes titrées, un « pour les femmes d'un nom historique, un autre pour « les femmes d'une grande naissance personnelle, mais « unies à un mari au-dessous d'elles, un autre pour les « femmes qui ont changé par leur mariage leur nom « commun en un nom distingué, un autre encore pour « les femmes d'un bon nom dans la robe, un autre enfin « pour celles dont le principal relief est une maison de « dépense et de bons soupers ». Un étranger reste stupéfait en voyant de quelle démarche adroite et sûre elle circule parmi tant de vanités en éveil, sans jamais donner ni recevoir un choc. « Elle sait tout exprimer par le « mode de ses révérences, mode varié qui s'étend par

1. Comte de Tilly, I, 24.
2. Necker, *Œuvres complètes*, XV, 259.

« nuances imperceptibles, depuis l'accompagnement « d'une seule épaule qui est presque une impertinence, « jusqu'à cette révérence noble et respectueuse que si « peu de femmes, même à la cour, savent bien faire, ce « plié lent, les yeux baissés, la taille droite, et une ma-« nière de se relever en regardant alors modestement la « personne et en jetant avec grâce tout le corps en « arrière : tout cela plus fin, plus délicat que la parole, « mais très expressif comme moyen de respect. » — Ce n'est là qu'une action et très ordinaire; il y en a cent autres et d'importance : imaginez, s'il est possible, le degré d'élégance et de perfection auquel le savoir-vivre les avait portées. J'en prends une au hasard, un duel entre deux princes du sang, le comte d'Artois et le duc de Bourbon; celui-ci étant l'offensé, l'autre, son supérieur, était tenu de lui offrir une rencontre[1]. « Dès « que M. le comte d'Artois l'a vu, il a sauté à terre, et, « allant droit à lui, il lui a dit d'un air souriant : « Mon-« sieur, le public prétend que nous nous cherchons. » — « M. le duc de Bourbon a répondu en ôtant son chapeau : « Monsieur, je suis ici pour recevoir vos ordres. » — « Pour exécuter les vôtres, a reparti M. le comte d'Ar-« tois, il faut que vous me permettiez d'aller jusqu'à ma « voiture. » — Il revient avec une épée, le combat commence; au bout d'un temps, on les sépare, les témoins jugent que l'honneur est satisfait. « Ce n'est pas à moi « d'avoir un avis, a repris M. le comte d'Artois; c'est à

1. Récit de M. de Besenval, témoin du duel.

« M. le duc de Bourbon de dire ce qu'il veut; je suis ici « pour recevoir ses ordres. » — « Monsieur », a répliqué M. le duc de Bourbon en adressant la parole à M. le comte d'Artois et en baissant la pointe de son épée, « je « suis pénétré de reconnaissance de vos bontés, et je « n'oublierai jamais l'honneur que vous m'avez fait. » — Se peut-il un plus juste et plus fin sentiment des rangs, des positions, des circonstances, et peut-on entourer un duel de plus de grâces? — Il n'y a pas de situation épineuse qui ne soit sauvée par la politesse. Avec de l'usage et le tour convenable, même en face du roi, on concilie la résistance et le respect. Lorsque Louis XV, ayant exilé le Parlement, fit dire tout haut par Mme du Barry que son parti était pris et qu'il ne changerait jamais : « Ah! « madame, répondit le duc de Nivernais, quand le roi « a dit cela, il vous regardait ». — « Mon cher Fontenelle », lui disait une de ses amies en lui mettant la main sur le cœur, « c'est aussi de la cervelle que vous avez « là. » Fontenelle souriait et ne disait pas non : voilà comment, même à un académicien, on faisait avaler ses vérités, une goutte d'acide dans un bonbon, le tout si bien fondu que la saveur piquante ne faisait que relever la saveur sucrée. Tous les soirs, dans chaque salon, on servait des bonbons de cette espèce, deux ou trois avec la goutte d'acide, tous les autres non moins exquis, mais n'ayant que de la douceur et du parfum. — Tel est l'art du monde, art ingénieux et charmant qui pénètre dans tous les détails de la parole et de l'action pour les transformer en grâces, qui impose à l'homme, non la servilité et le mensonge, mais le respect et le souci des autres, et qui en échange extrait pour lui de la société humaine tout le plaisir qu'elle peut donner.

V

On peut bien comprendre en gros ce genre de plaisir ; mais comment le rendre visible ? Pris en eux-mêmes, les passe-temps du monde ne se laissent pas décrire ; ils sont trop légers ; leur charme leur vient de leurs accompagnements. Le récit qu'on en ferait serait un résidu insipide ; est-ce que le libretto d'un opéra donne l'idée de cet opéra ? — Si vous voulez retrouver ce monde évanoui, cherchez-le dans les œuvres qui en ont conservé les dehors ou l'accent, d'abord dans les tableaux et dans les estampes, chez Watteau, Fragonard et les Saint-Aubin, puis dans les romans et dans les comédies, chez Voltaire et Marivaux, même chez Collé et chez Crébillon fils[1] ; alors seulement on revoit les figures, on entend les voix. Quelles physionomies fines, engageantes et gaies, toutes brillantes de plaisir et d'envie de plaire !

1. Voir notamment : Saint-Aubin, *le Bal paré, le Concert.* Moreau, *les Élégantes, la Vie d'un seigneur à la mode,* les vignettes de *la Nouvelle Héloïse.* Baudouin *la Toilette, le Coucher de la mariée.* Lawrence, *Qu'en dit l'abbé?* — Watteau, le premier en date et en talent, *transpose* ces mœurs, et les peint d'autant mieux qu'il les rend plus poétiques. — Relire entre autres : *Marianne*, par Marivaux ; *la Vérité dans le vin*, par Collé ; *le Coin du feu, la Nuit et le Moment*, par Crébillon fils, et, dans la *Correspondance inédite* de Mme du Deffand, deux lettres charmantes, l'une de l'abbé Barthélemy, l'autre du chevalier de Boufflers (I, 258, 341).

Que d'aisance dans le port et dans la démarche! Quelle grâce piquante dans la toilette et le sourire, dans la vivacité du babil, dans le manège de la voix flûtée, dans la coquetterie des sous-entendus! Comme on s'attarde involontairement à regarder et à écouter! Le joli est partout, dans les petites têtes spirituelles, dans les mains fluettes, dans l'ajustement chiffonné, dans les minois et dans les mines. Leur moindre geste, un air de tête boudeur, ou mutin, un bras mignon qui sort de son nid de dentelles, une taille ployante qui se penche à demi sur le métier à broder, le froufrou preste d'un éventail qui s'ouvre, tout ici est un régal pour les yeux et pour l'esprit. En effet ici tout est friandise, caresse délicate pour des sens délicats, jusque dans le décor extérieur de la vie, jusque dans les lignes sinueuses, dans la parure galante, dans la commodité raffinée des architectures et des ameublements. Remplissez votre imagination de ces alentours et de ces figures, et vous trouverez alors à leurs amusements l'intérêt qu'ils y prenaient eux-mêmes. En pareil lieu et en pareille compagnie, il suffit d'être ensemble pour être bien. Leur oisiveté ne leur pèse pas, ils jouent avec la vie. — A Chanteloup, où le duc de Choiseul en disgrâce voit affluer tout le beau monde, on ne fait rien, et il n'y a pas dans la journée une heure vide[1]. « La duchesse n'a que deux heures de temps à « elle, et ces deux heures sont pour sa toilette et ses lettres; le calcul en est simple : elle se lève à onze

1. *Correspondance inédite de Mme du Deffand*, publiée par M. de Saint-Aulaire, I, 235, 258, 296, 302, 363.

« heures; à midi, déjeuner suivi d'une conversation qui « dure jusqu'à trois ou quatre heures; le dîner à six, « ensuite le jeu et la lecture des Mémoires de Mme de « Maintenon. » Ordinairement « on reste en compagnie « jusqu'à deux heures du matin ». La liberté d'esprit est parfaite; nul tracas, nul souci; le whist et le trictrac l'après-midi, le pharaon le soir. « On fait aujourd'hui « ce qu'on a fait hier, et ce qu'on fera demain; on s'oc« cupe du dîner-souper comme de l'affaire la plus im« portante de la vie, et l'on ne se plaint de rien au « monde que de son estomac. Le temps nous emporte si « vite, que je crois toujours être arrivé depuis hier au « soir. » Parfois on arrange une petite chasse et les dames veulent bien y assister; « car elles sont toutes fort « lestes et en état de faire tous les jours à pied cinq ou « six fois le tour du salon ». Mais elles aiment mieux l'appartement que le grand air; en ce temps-là le vrai soleil, c'est la clarté des bougies, et le plus beau ciel est un plafond peint; y en a-t-il un moins sujet aux intempéries, plus commode pour causer, badiner? — On cause donc et l'on badine, en paroles avec les amis présents, par lettres avec les amis absents. On sermonne la vieille Mme du Deffand, qui est trop vive et qu'on nomme « la petite fille »; la jeune duchesse, tendre et sensée, est « sa grand'maman ». Quant au « grand-papa », M. de Choiseul, « comme un petit rhume le tient au lit, « il se fait lire des contes de fées toute la journée : c'est « une lecture à laquelle nous nous sommes tous mis; « nous la trouvons aussi vraisemblable que l'histoire

« moderne. Ne pensez pas qu'il soit sans occupations : « il s'est fait dresser dans le salon un métier à tapisse- « rie, auquel il travaillait, je ne puis dire avec la plus « grande adresse, du moins avec la plus grande assi- « duité.... Maintenant, c'est un cerf-volant qui fait notre « bonheur; le grand-papa ne connaissait pas ce spec- « tacle, il en est ravi ». — En lui-même, un passe-temps n'est rien; selon l'occasion ou le goût du moment, on le prend, on le laisse, et bientôt l'abbé écrit : « Je ne vous parle plus de nos chasses parce que nous « ne chassons plus, ni de nos lectures parce qu'on ne « lit plus, ni de nos promenades parce que nous ne « sortons point. Que faisons-nous donc? Les uns jouent « au billard, d'autres aux dominos, d'autres au trou- « madame. Nous défilons, effilons, parfilons. Le temps « nous pousse et nous le lui rendons bien ».

Même spectacle dans les autres compagnies. Toute occupation étant un jeu, il suffit d'un caprice, d'un souffle de la mode pour en mettre une en honneur. A présent, c'est le parfilage, et, à Paris, dans les châteaux, toutes les mains blanches défont les galons, les épaulettes, les vieilles étoffes, pour en retirer les fils d'or et d'argent. Elles trouvent à cela un semblant d'économie, une apparence d'occupation, en tout cas une contenance. A peine un cercle de femmes est-il formé, qu'on pose sur la table un gros sac à parfiler en taffetas vert; c'est celui de la maîtresse du logis; toutes les dames aussitôt demandent leurs sacs « et voilà les laquais en l'air[1] ».

1. Mme de Genlis, *Dictionnaire des Étiquettes*, II, 38. — George

C'est une fureur; on parfile tous les jours et plusieurs heures par jour; telle y gagne cent louis par an. Les hommes sont tenus de fournir les matériaux de l'ouvrage : à cet effet, le duc de Lauzun donne à Mme de V... une harpe de grandeur naturelle recouverte de fils d'or; un énorme mouton d'or apporté en cadeau par le comte de Lowendal a coûté deux ou trois mille francs et rapportera, effiloché, 500 ou 600 livres. Mais on n'y regarde pas de si près : il faut bien un emploi aux doigts oisifs, un débouché manuel à l'activité nerveuse; la pétulance rieuse éclate au milieu du prétendu travail. Un jour, au moment de sortir pour la promenade avec un gentilhomme, Mme de R... remarque que les franges d'or de son habit seraient excellentes à parfiler, et, d'un élan soudain, elle coupe une des franges. A l'instant dix femmes entourent l'homme aux franges, lui arrachent son habit et mettent toutes ses franges et ses galons dans leurs sacs; on dirait d'une volée de mésanges hardies qui, bruissant, caquetant, s'abattent à la fois sur un geai pour lui dérober son plumage, et désormais, quand un homme entre dans un cercle de femmes, il court risque d'être plumé vif. — Tout ce joli monde a les mêmes passe-temps, et les hommes aussi bien que les femmes. Il n'est guère d'homme qui n'ait quelque talent de salon, quelque petit moyen d'occuper son esprit ou ses mains, de remplir les heures vides : presque tous riment et sont acteurs de société; beau-

Sand, *Histoire de ma vie*, I, 228. — Mme de Genlis, *Adèle et Théodore*, I, 312; II, 350. — E. et J. de Goncourt, 111.

coup sont musiciens, peintres de nature morte; tout à l'heure M. de Choiseul faisait de la tapisserie; d'autres brodent ou font des nœuds. M. de Francueil est bon violon et fabrique ses violons lui-même, outre cela « horloger, architecte, tourneur, peintre, serrurier, « décorateur, poète, compositeur de musique et brodant « à merveille »[1]. Dans cette oisiveté générale, il faut bien « savoir s'occuper d'une manière agréable pour les « autres autant que pour soi-même ». Mme de Pompadour est musicienne, actrice, peintre et graveur; Madame Adélaïde apprend l'horlogerie et joue de tous les instruments, depuis le cor jusqu'à la guimbarde, pas très bien, à la vérité, à peu près comme la reine, dont la jolie voix n'est qu'à demi juste. Mais on n'y met pas de prétentions; il s'agit de s'amuser, rien de plus; l'entrain, l'aménité couvrent tout. Lisez plutôt ce haut fait de Mme de Lauzun à Chanteloup : « Savez-vous, écrit « l'abbé, que personne ne possède à un plus haut degré « une qualité que vous ne lui connaissez pas, celle de « faire les œufs brouillés ? C'était un talent enfoui ; elle « ne se souvient pas du temps où elle l'a reçu; je crois « que c'est en naissant. Le hasard l'a fait connaître, « aussitôt on l'a mis à l'épreuve. Hier matin, époque à « jamais mémorable dans l'histoire des œufs, on apporte « tous les instruments nécessaires à cette grande opé- « ration, un réchaud, du bouillon, du sel, du poivre, « des œufs; et voilà Mme de Lauzun qui d'abord « tremble et rougit, et qui ensuite, avec un courage

1. George Sand, I, 59.

« intrépide, casse les œufs, les écrase dans la casse-« role, les tourne à droite, à gauche, dessus, dessous, « avec une précision et un succès dont il n'y a pas « d'exemple; on n'a jamais rien mangé de si excellent. » Que de rires aimables et légers autour de cette seule petite scène! Et, plus tard, que de madrigaux et d'allusions! La gaieté ressemble alors à un rayon dansant de lumière; elle voltige au-dessus de toute chose et pose sa grâce sur le moindre objet.

VI

« Être toujours gai, dit un voyageur anglais en 1785[1], « voilà le propre du Français », et il remarque que cela est d'obligation, parce qu'en France tel est le ton du monde et la seule façon de plaire aux dames, souveraines de la société et arbitres du bon goût. Ajoutez l'absence des causes qui font la tristesse moderne et mettent au-dessus de nos têtes un pesant ciel de plomb. Point de travail âpre et précoce en ce temps-là; point de concurrence acharnée; point de carrières indéfinies ni de perspectives infinies. Les rangs sont marqués, les ambitions sont bornées, l'envie est moindre. L'homme n'est pas habituellement mécontent, aigri, préoccupé comme aujourd'hui. On souffre peu des passe-droits là où il n'y a pas de droits; nous ne songeons qu'à avancer, ils ne songent qu'à s'amuser. Au lieu de maugréer sur l'Annuaire, un officier invente un travestissement de bal

1. *A comparative View*, etc., by John Andrews (1785).

masqué; au lieu de compter les condamnations qu'il a obtenues, un magistrat donne un beau souper. A Paris, dans l'allée de gauche du Palais-Royal, toutes les après-midi, « la bonne compagnie en fort grande parure se « réunit sous les grands arbres »; le soir, « au sortir « de l'Opéra, à huit heures et demie, on y revient, et « l'on y reste souvent jusqu'à deux heures du matin ». On y fait de la musique en plein air, au clair de lune, Garat chante et le chevalier de Saint-Georges joue du violon[1]. A Morfontaine, « le comte de Vaudreuil, Lebrun « le poète, le chevalier de Coigny, si aimable et si gai, « Brongniart, Robert, font toutes les nuits des charades « et se réveillent pour se les dire ». A Maupertuis chez M. de Montesquiou, à Saint-Ouen chez le duc de Nivernais, à Saint-Germain chez le maréchal de Noailles, à Gennevilliers chez le comte de Vaudreuil, au Raincy chez le duc d'Orléans, à Chantilly chez le prince de Condé, ce ne sont que fêtes. On ne peut lire une biographie, un document de province, un inventaire du temps, sans entendre tinter les grelots de l'universel carnaval. A Monchoix[2], chez le comte de Bédée, oncle de Chateaubriand, « on faisait de la musique, on dansait, on chas-« sait, on était en liesse du matin jusqu'au soir, on man-« geait son fonds et son revenu ». A Aix et Marseille, dans tout le beau monde, chez le comte de Valbelle, je ne vois que concerts, divertissements, bals, galanteries,

1. Mme Vigée-Lebrun, I, 15, 154.
2. Chateaubriand, I, 34. — *Mémoires de Mirabeau*, passim. — George Sand, I, 59, 76.

théâtres de société avec la comtesse de Mirabeau pour première actrice. A Châteauroux, M. Dupin de Francueil entretient « une troupe de musiciens, de laquais, de cui« siniers, de parasites, de chevaux et de chiens, donnant « tout à pleines mains, au plaisir et à la bienfaisance, « voulant être heureux et que tout le monde le soit au« tour de lui », sans vouloir compter et jusqu'à se ruiner le plus aimablement du monde. Rien n'étouffe cette gaieté, ni l'âge, ni l'exil, ni le malheur; en 1793, elle durait encore dans les prisons de la République. — Un homme en place n'est point alors gêné par son habit, raidi par son emploi, obligé de garder l'air important et digne, astreint à cette gravité de commande que l'envie démocratique nous impose comme une rançon. En 1753[1], les parlementaires, qu'on vient d'exiler à Bourges, arrangent trois théâtres de société, jouent la comédie, et l'un d'eux, M. Dupré de Saint-Maur, trop galant, se bat à l'épée contre un rival. En 1787[2], quand tout le Parlement est relégué à Troyes, l'évêque, M. de Barral, revient exprès de son château de Saint-Lye pour le recevoir et préside tous les soirs à un dîner de quarante couverts. « C'étaient, dans toute la ville, des fêtes et des « repas sans fin; les présidents tenaient table ouverte »; la consommation des traiteurs en fut triplée, et l'on brûla tant de bois dans les cuisines, que la ville fut sur le point d'en manquer. En temps ordinaire, la bom-

1. *Comptes rendus de la Société du Berry* (1863-1864).
2. *Histoire de Troyes pendant la Révolution*, par Albert Babeau, I, 46.

bance et la joie ne sont guère moindres. Un parlementaire, comme un seigneur, doit se faire honneur de sa fortune; voyez dans les lettres du président de Brosses la société de Dijon; elle fait penser à l'abbaye de Thélème; puis mettez en regard la même ville aujourd'hui[1]. En 1744, à propos de la guérison du roi, M. de Montigny, frère du président de Bourbonne, invite à souper tous les ouvriers, marchands et artisans qu'il emploie, au nombre de quatre-vingts, avec une seconde table pour ses commis, secrétaires, médecins, chirurgiens, procureurs et notaires; le cortège s'assemble autour d'un char de triomphe couvert de bergères, de bergers et de divinités champêtres en costume d'opéra; des fontaines laissent couler le vin « comme s'il était de l'eau », et, après le souper, on jette toutes les confitures par les fenêtres. — Autour de celui-ci, chaque parlementaire « a son petit « Versailles, un grand hôtel entre cour et jardin ». La ville, silencieuse aujourd'hui, retentit toute la journée du bruit des beaux équipages. La prodigalité des tables est étonnante, « non pas seulement aux jours de gala, « mais dans les soupers de chaque semaine, j'ai presque « dit de chaque jour ». — Au milieu de tous ces donneurs de fêtes, le plus illustre de tous, le président

1. Foisset, *Le président de Brosses*, 65, 69, 70, 346. — *Lettres du président de Brosses* (Éd. Coulomb), passim. — Piron étant inquiété pour son *Ode à Priape*, le président Bouhier, « homme « de haute et fine érudition et le moins gourmé des doctes », fit venir le jeune homme et lui dit : « Vous êtes un imprudent; si « l'on vous presse trop fort pour savoir l'auteur du délit, vous « direz que c'est moi ». (Sainte-Beuve, *Nouveaux lundis*, VII, 414.)

de Brosses, si grave sur les fleurs de lys, si intrépide dans ses remontrances, si laborieux[1], si érudit, est un boute-en-train merveilleux, un vrai Gaulois, d'une verve étincelante, intarissable en plaisanteries salées : devant ses amis, il ôte sa perruque, sa robe et même quelque chose de plus. Nul ne songe à s'en scandaliser : personne n'imagine qu'un habit doive être un éteignoir, et cela est vrai de tous les habits, en premier lieu de la robe. « Quand je suis entré dans le monde, en 1785, écrit un « parlementaire[2], je me suis vu présenter en quelque sorte « parallèlement chez les femmes et chez les maîtresses « des amis de ma famille, passant la soirée du lundi « chez l'une, celle du mardi chez l'autre. Et je n'avais « pas dix-huit ans! Et j'étais d'une famille magistrale! » A Basville, chez M. de Lamoignon, pendant les vacances de la Pentecôte et de l'automne, il y a chaque jour trente personnes à table; on chasse trois et quatre fois par semaine, et les plus illustres magistrats, M. de Lamoignon, M. Pasquier, M. de Rosambo, M. et Mme d'Aguesseau, jouent *le Barbier de Séville* sur le théâtre du château.

Quant à la soutane, elle a les mêmes libertés que la robe. A Saverne, à Clairvaux, au Mans et ailleurs, les prélats la portent aussi gaillardement qu'un habit de cour. Pour la leur coller au corps, il a fallu la tourmente révolutionnaire, puis la surveillance hostile d'un parti organisé et la menace d'un danger continu. Jusqu'en

1. Foisset, *ibid.*, 185. Six audiences par semaine, et souvent deux par jour, outre ses travaux d'antiquaire, d'historien, de linguiste, de géographe, d'éditeur et d'académicien.

2. *Souvenirs manuscrits*, par le chancelier Pasquier.

1789, le ciel est trop beau, l'air est trop tiède, pour qu'on se résigne à se boutonner jusqu'au cou. « Liberté, facilité, « monsieur l'abbé, disait le cardinal de Rohan à son secré- « taire; sans cela nous ferions de ceci un désert[1]. » C'est de quoi le bon cardinal s'était bien gardé; tout au contraire il avait fait de Saverne un monde enchanté d'après Watteau, presque « un embarquement pour Cythère ». Six cents paysans et les gardes rangés en file forment le matin une chaîne longue d'une lieue et battent la campagne environnante; cependant les chasseurs, hommes et femmes, sont postés. « De crainte que les dames n'eus- « sent peur seules, on leur laissait toujours l'homme « qu'elles haïssaient le moins, pour les rassurer », et, comme il était défendu de quitter son poste avant le signal, « il devenait impossible d'être surpris ». — Vers une heure après midi, « la compagnie se rassemblait sous « une belle tente, au bord d'un ruisseau ou dans quelque « endroit délicieux; on servait un dîner exquis, et, « comme il fallait que tout le monde fût heureux, cha- « que paysan recevait une livre de viande, deux de pain, « une demi-bouteille de vin, et ne demandait qu'à recom- « mencer, ainsi que les dames ». Certainement, aux gens scrupuleux l'obligeant prélat eût répondu avec Voltaire « qu'il n'est jamais de mal en bonne compagnie ». De fait, il le disait, et en propres termes. Un jour, une dame accompagnée d'un jeune officier étant venue en visite, comme il les retenait à coucher, son valet de chambre « vient l'avertir tout bas qu'il n'a plus de place. — « Est-

1. Marquis de Valfons, *Souvenirs*, 60.

« ce que l'appartement des bains est plein? — Non, Mon-« seigneur. — N'y a-t-il pas deux lits? — Oui, Monsei-« gneur, mais ils sont dans la même chambre, et cet « officier.... — Eh bien! ne sont-ils pas venus ensem-« ble? Les gens bornés comme vous voient toujours en « mal. Vous verrez qu'ils s'accommoderont très bien; il « n'y a pas la plus petite réflexion à faire. » Effectivement il paraît que personne n'en fit, ni l'officier ni la dame. — A Granselve[1], dans le Gard, les bernardins sont encore plus hospitaliers; on y vient de quinze ou vingt lieues, pour la fête de saint Bernard qui dure deux semaines; pendant tout le temps, on danse, on chasse, on joue la comédie, « les tables sont servies à toute heure ». Le quartier des dames est pourvu de tout ce qu'il faut pour la toilette; rien ne leur manque, et l'on dit même qu'aucune d'elles n'a besoin d'amener son officier. — Je citerais vingt prélats non moins galants, le second cardinal de Rohan, héros du collier, M. de Jarente, évêque d'Orléans, qui tient la feuille des bénéfices, le jeune M. de Grimaldi, évêque du Mans, M. de Breteuil, évêque de Montauban, M. de Cicé, archevêque de Bordeaux, le cardinal de Montmorency, grand aumônier, M. de Talleyrand, évêque d'Autun, M. de Conzié, évêque d'Arras[2], au premier rang

1. Montgaillard (témoin oculaire), *Histoire de France*, II, 246.

2. M. de Conzié est surpris à quatre heures du matin par son rival, officier aux gardes : « Point de bruit, lui dit-il, on va « m'apporter un habit pareil au vôtre, je me ferai faire une queue « et nous serons de niveau ». Un valet de chambre lui apporte son équipage de guerre et de bonne fortune. Il descend dans le jardin de l'hôtel, se bat avec l'officier et le désarme. (*Correspondance*, par Métra, XIV, 20 mai 1783.) — *Le comte de Clermont*,

l'abbé de Saint-Germain des Prés, comte de Clermont, prince du sang, qui, ayant trois cent soixante-dix mille livres de rente, trouve moyen de se ruiner deux fois, joue la comédie chez lui à la ville et à la campagne, écrit à Collé en style de parade, et, dans sa maison abbatiale de Berny, installe une danseuse, Mlle Leduc, pour faire les honneurs de sa table. — Nulle hypocrisie : chez M. Trudaine, quatre évêques assistent à une pièce de Collé, intitulée *les Accidents ou les Abbés*, et dont le fond, dit Collé lui-même, est si libre qu'il n'a pas osé la faire imprimer avec les autres. Un peu plus tard, Beaumarchais, lisant chez la maréchale de Richelieu son *Mariage de Figaro*, non expurgé, bien plus vert et bien plus cru qu'aujourd'hui, a pour auditeurs des évêques et des archevêques, et ceux-ci, dit-il, « après s'en être infiniment amusés, « m'ont fait l'honneur de m'assurer qu'ils publieraient « qu'il n'y avait pas un seul mot dont les bonnes mœurs « pussent être blessées[1] » : c'est ainsi que la pièce passa, contre la raison d'État, contre la volonté du roi, par la complicité de tous, même des plus intéressés à la supprimer. « Il y a quelque chose de plus fou que ma pièce, « disait l'auteur lui-même, c'est son succès. » L'attrait était trop fort ; des gens de plaisir ne pouvaient renoncer à la comédie la plus gaie du siècle ; ils vinrent applaudir leur propre satire ; bien mieux, ils la jouèrent eux-mêmes. — Quand un goût est régnant, il aboutit, comme

par Jules Cousin, passim. — *Journal de Collé*, III, 232 (juillet 1769).

1. L. de Loménie, *Beaumarchais et son temps*, II, 304.

une grande passion, à des extrémités qui sont des folies; à tout prix, il lui faut la jouissance offerte. Devant la satisfaction du moment, il est comme un enfant devant un fruit, et rien ne l'arrête, ni le danger puisqu'il l'oublie, ni les convenances puisqu'il les fait.

VII

Se divertir, c'est se détourner de soi, s'en déprendre, en sortir; et, pour en bien sortir, il faut se transporter dans autrui, se mettre à la place d'un autre, prendre son masque, jouer son rôle. Voilà pourquoi le plus vif des divertissements est la comédie où l'on est acteur. C'est celui des enfants qui, tout le long du jour, auteurs, acteurs, spectateurs, improvisent et représentent de petites scènes. C'est celui des peuples que leur régime politique exclut des soucis virils et qui jouent avec la vie à la façon des enfants. A Venise, au dix-huitième siècle, le carnaval dure six mois; en France, sous une autre forme, il dure toute l'année. Moins familier et moins pittoresque, plus raffiné et plus élégant, il a quitté la place publique où le soleil lui manque, pour s'enfermer dans les salons où les lustres lui conviennent mieux. De la grande mascarade populaire, il ne garde qu'un lambeau, le bal de l'Opéra, magnifique d'ailleurs et fréquenté par les princes, par les princesses, par la reine. Mais ce lambeau, si brillant qu'il soit, ne lui suffit point, et, dans tous les châteaux, dans tous les hôtels, à Paris, en province, il installe les travestissements de société et la comédie à domicile. — Pour accueillir un grand personnage, pour célébrer la fête du maître ou de la maîtresse de la maison, ses hôtes ou ses invités lui jouent une opérette improvisée, quelque pastorale ingénieuse et louangeuse, tantôt habillés en Dieux, en Vertus, en abstractions mythologiques, en Turcs, en Lapons, en Polonais d'opéra, et pareils aux figures qui ornent alors le frontispice des livres; tantôt en costumes de paysans, de magisters, de marchands forains, de laitières, de rosières, et semblables aux villageois bien appris dont le goût du temps peuple alors le théâtre. Ils chantent, ils dansent, et viennent tour à tour débiter de petits vers de circonstance qui sont des compliments bien tournés[1]. — A Chantilly, « la jeune « et charmante duchesse de Bourbon, parée en volup- « tueuse Naïade, conduit le comte du Nord, dans une « gondole dorée, à travers le grand canal, jusqu'à l'île « d'Amour » ; de son côté, le prince de Conti sert de pilote à la grande-duchesse; les autres seigneurs et les dames, « chacun sous des vêtements allégoriques », font l'équipage[2], et, sur ces belles eaux, dans ce nouveau jardin d'Alcine, le riant et galant cortège semble une féerie du Tasse. — Au Vaudreuil, les dames, averties qu'on veut les enlever pour le sérail, s'habillent en vestales, et le grand prêtre, avec de jolis couplets, les reçoit dans son

1. Duc de Luynes, XVI, 161 (septembre 1757). Fête villageoise donnée au roi Stanislas par Mme de Mauconseil, à Bagatelle. — Bachaumont, III, 247 (7 septembre 1767). Fête donnée par le prince de Condé.

2. *Correspondance*, par Métra, XIII, 97 (15 juin 1782), et V, 232 (24 et 25 juin 1777). — Mme de Genlis, *Mémoires*, chap. XIV.

temple au milieu du parc ; cependant plus de trois cents Turcs arrivent, forcent l'enceinte au son de la musique, et emportent les dames sur des palanquins le long des jardins illuminés. — Au Petit Trianon, le parc représente une foire, les dames de la cour y sont les marchandes, « la reine tient un café comme limonadière », çà et là sont des parades et des théâtres ; la fête coûte, dit-on, quatre cent mille livres, et l'on va recommencer à Choisy sur plus grands frais.

A côté de ces déguisements qui s'arrêtent au costume et ne prennent qu'une heure, il est une distraction plus forte, la comédie de société qui transforme l'homme tout entier, et qui, pendant six semaines, pendant trois mois, l'occupe tout entier aux répétitions. Vers 1770[1], « c'est « une fureur incroyable ; il n'est pas de procureur dans sa « bastide qui ne veuille avoir des tréteaux et une troupe ». Un bernardin, qui vit en Bresse au milieu des bois, écrit à Collé qu'il va jouer avec ses confrères *la Partie de chasse de Henri IV*, et faire construire un petit théâtre « à l'insu « des cagots et des petits esprits ». Des réformateurs, des moralistes font entrer l'art théâtral dans l'éducation des enfants ; Mme de Genlis compose des comédies à leur usage et juge que cet exercice est excellent pour donner une bonne prononciation, l'assurance convenable et les grâces du maintien. En effet le théâtre alors prépare l'homme au monde, comme le monde prépare l'homme au

1. Bachaumont, 17 novembre 1770. — *Journal de Collé*, III, 136 (20 avril 1767). — Comte de Montlosier, *Mémoires*, I, 43. « Chez M. le Commandant (à Clermont) on voulut bien m'enrôler « pour les comédies de société. »

théâtre; dans l'un et dans l'autre, on est en spectacle, on compose son attitude et son ton de voix, on joue un rôle; la scène et le salon sont de plain-pied. — Vers la fin du siècle, tout le monde devient acteur; c'est que tout le monde l'était déjà[1]. « On n'entend parler que de petits « théâtres montés dans la campagne autour de Paris. » Depuis longtemps, les plus grands donnaient l'exemple. Sous le roi Louis XV, les ducs d'Orléans, de Nivernais, d'Ayen, de Coigny, les marquis de Courtenvaux et d'Entraigues, le comte de Maillebois, la duchesse de Brancas, la comtesse d'Estrades forment avec Mme de Pompadour la troupe « des petits cabinets »; le duc de la Vallière en est le directeur: quand la pièce renferme un ballet, le marquis de Courtenvaux, le duc de Beuvron, les comtes de Melfort et de Langeron sont les danseurs en titre[2]. « Ceux qui sont dans l'usage de ces spectacles, écrit le « sage et pieux duc de Luynes, conviennent qu'il serait « difficile que des comédiens de profession jouassent « mieux et avec plus d'intelligence. » — A la fin l'entraînement gagne encore plus haut et jusqu'à la famille royale. A Trianon, d'abord devant quarante personnes, puis devant un public fort étendu, la reine joue Colette dans *le Devin de village*, Gotte dans *la Gageure imprévue*, Rosine dans *le Barbier de Séville*, Pierrette dans *le Chasseur et la Laitière*[3]; et les autres comédiens sont les prin-

1. *Correspondance*, par Métra, II, 245 (18 novembre 1775).
2. Julien, *Histoire du théâtre de Mme de Pompadour*. Ces représentations durent sept ans et coûtent, pendant le seul hiver de 1749, 300 000 livres. — Duc de Luynes, X, 45. — Mme du Hausset, 230.
3. Mme Campan, I, 130. Cf. avec précaution les *Mémoires* très

cipaux de la cour, le comte d'Artois, les comtes d'Adhémar et de Vaudreuil, la comtesse de Laguiche, la chanoinesse de Polignac. On trouve un théâtre chez Monsieur; il y en a deux chez le comte d'Artois, deux chez le duc d'Orléans, deux chez le comte de Clermont, un chez le prince de Condé. Le comte de Clermont tient les rôles « à manteaux sérieux; » le duc d'Orléans représente avec rondeur et naturel les paysans et les financiers; M. de Miromesnil, garde des sceaux, est le Scapin le plus fin et le plus délié; M. de Vaudreuil semble un rival de Molé; le comte de Pons joue *le Misanthrope* avec une perfection rare[1]. « Plus « de dix de nos femmes du grand monde, écrit le prince « de Ligne, jouent et chantent mieux que tout ce que j'ai « vu de mieux sur tous nos théâtres. » — Par leur talent, jugez de leurs études, de leur assiduité et de leur zèle; il est évident que, pour beaucoup d'entre eux, cette occupation était la principale. Il y avait tel château, celui de Saint-Aubin, où la dame du logis, pour avoir une troupe suffisante, enrôlait ses quatre femmes de chambre, faisait jouer *Zaïre* à sa fille âgée de dix ans, et, pendant plus de vingt mois, ne faisait pas relâche. Après sa banqueroute et dans son exil, le premier soin de la princesse de Guéméné fut de mander les tapissiers pour leur faire dresser un théâtre. Bref, de même qu'à Venise on ne sortait plus qu'en masque, de même ici l'on ne comprenait plus la vie qu'avec les travestissements, les mé-

arrangés et très suspects de Fleury. — E. et J. de Goncourt, 114.

1. Jules Cousin, *Le comte de Clermont*, 21. — Mme de Genlis, *Mémoires*, chap. 3 et 11. — E. et J. de Goncourt, 114.

tamorphoses, les exhibitions et les succès de l'histrion.

Dernier trait, plus significatif encore, je veux parler de la petite pièce. Véritablement, pour ce beau monde, la vie est un carnaval aussi libre et presque aussi débraillé qu'à Venise. D'ordinaire le spectacle finit par une parade empruntée aux contes de La Fontaine ou aux farces des bouffons italiens, non seulement vive, mais plus que leste, et parfois si crue, « qu'on ne peut la jouer que devant de « grands princes ou des filles[1] » ; en effet, un palais blasé se dégoûte de l'orgeat et demande du rogomme. Le duc d'Orléans chante sur la scène les chansons les plus épicées, joue Bartholin dans *Nicaise* et Blaise dans *Joconde*, *le Mariage sans curé*, *Léandre grosse*, *l'Amant poussif*, *Léandre étalon*, voilà des titres de parades « composées par « Collé pour les plaisirs de Son Altesse et de la cour ». Contre une qui a du sel, il y en a dix bourrées de gros poivre. À Brunoy, chez Monsieur, elles sont si grivoises[2] que le roi se repent d'y être venu ; « on n'avait pas l'idée « d'une telle licence; deux femmes qui étaient dans la « salle sont obligées de se sauver, et, chose énorme, on « avait osé inviter la reine ». La gaieté est une sorte d'ivresse qui puise jusqu'au dernier fond du tonneau, et,

1. Bachaumont, III, 343 (23 février 1768) et III, 232; IV, 174. — *Journal de Collé*, passim. — Collé, Laujon, Poinsinet sont les principaux fournisseurs de ces parades; la seule bonne est *la Vérité dans le vin*. Dans cette dernière pièce, au lieu de « Mylord » il y avait d'abord « l'évêque d'Avranches », et la pièce fut jouée ainsi à Villers-Cotterets, chez le duc d'Orléans.

2. Mme d'Oberkirch, II, 82. — Sur le ton des meilleures sociétés, voir *Correspondance*, par Métra, I, 20; III, 68, — et Besenval (Ed. Barrière), 387 à 394.

après le vin, boit la lie. Non seulement dans leurs petits soupers et avec des filles, mais dans le beau monde et avec des dames, ils font des folies de guinguette. Tranchons le mot, ce sont des polissons, et ils ne reculent pas plus devant le mot que devant la chose. « Depuis cinq ou « six mois, écrit une dame en 1782[1], les soupers sont suivis « d'un colin-maillard ou d'un traîne-ballet et finissent « par *une polissonnerie générale.* » On y invite les gens quinze jours d'avance. « Cette fois, on renversa les ta« bles, les meubles ; on jeta dans la chambre vingt ca« rafes d'eau ; enfin je me retirai à une heure et demie, « excédée de fatigue, assommée de coups de mouchoir, « et laissant Mme de Clarence avec une extinction de « voix, une robe déchirée en mille morceaux, une « écorchure au bras, une contusion à la tête, mais « s'applaudissant d'avoir donné un souper d'une telle « gaieté et se flattant qu'il ferait la nouvelle du len« demain. » — Voilà où conduit le besoin d'amusement. Sous sa pression, comme sous le doigt d'un sculpteur, le masque du siècle se transforme par degrés et perd insensiblement son sérieux : la figure compassée du courtisan devient d'abord la physionomie enjouée du mondain ; puis, sur cette bouche souriante dont les contours s'altèrent, on voit éclater le rire effronté et débridé du gamin[2].

1. Mme de Genlis, *Adèle et Théodore*, II, 362.

2. G. Sand, I, 85. Chez ma grand'mère, « j'ai trouvé des car« tons pleins de couplets, de madrigaux, de satires sanglantes.... « J'en ai brûlé de tellement obscènes que je n'aurais osé les lire « jusqu'au bout, et celles-là écrites de la main d'abbés que j'avais

CHAPITRE III

Inconvénients de la vie de salon. — I. Elle est artificielle et sèche. — Retour à la nature et au sentiment. — II. Trait final qui achève la physionomie du siècle, la sensibilité de salon. — Date de son avènement. — Ses symptômes dans l'art et la littérature. — Son ascendant dans la vie privée. — Ses affectations. — Sa sincérité. — Sa délicatesse. — III. Insuffisance du caractère ainsi formé. — Adapté à une situation, il n'est pas préparé pour la situation contraire. — Lacunes dans l'intelligence. — Lacunes dans la volonté. — Ce caractère est désarmé par le savoir-vivre.

I

A la longue, le simple plaisir cesse de plaire, et, si agréable que soit la vie de salon, elle finit par sembler vide. Quelque chose manque, sans qu'on puisse encore dire clairement ce que c'est; l'âme s'inquiète, et peu à peu, avec l'aide des écrivains et des artistes, elle va démêler la cause de son malaise et l'objet de son secret désir. Artificiel et sec, voilà les deux traits du monde, d'autant plus marqués qu'il est plus parfait, et, dans

« connus dans mon enfance, et sortant du cerveau de marquis de « bonne race. » Entre autres spécimens adoucis, on peut lire dans la *Correspondance*, par Métra, les chansons sur l'Oiseau et sur la Bergère.

celui-ci, poussés à l'extrême, parce qu'il est arrivé au suprême raffinement. — D'abord le naturel en est exclu ; tout y est arrangé, apprêté, le décor, le costume, l'attitude, le son de voix, les paroles, les idées et jusqu'aux sentiments. « La rareté d'un sentiment vrai est « si grande, disait M. de V., que, lorsque je reviens de « Versailles, je m'arrête quelquefois dans les rues à « regarder un chien ronger un os[1]. » L'homme, s'étant livré tout entier au monde, n'avait gardé pour soi aucune portion de sa personne, et les convenances, comme autant de lianes, avaient enlacé toute la substance de son être et tout le détail de son action. Il y avait alors, dit une personne qui a subi cette éducation[2], « une manière de marcher, de s'asseoir, de saluer, de « ramasser son gant, de tenir sa fourchette, de pré- « senter un objet, enfin une mimique complète qu'on « devait enseigner aux enfants de très bonne heure, « afin qu'elle leur devînt par l'habitude une seconde « nature, et cette convention était un article de si haute « importance dans la vie des hommes et des femmes « de l'ancien beau monde que les acteurs ont peine « aujourd'hui, malgré toutes leurs études, à nous en « donner une idée ». — Non seulement le dehors, mais encore le dedans était factice ; il y avait une façon obligée de sentir, de penser, de vivre et de mourir. Impossible de parler à un homme sans se mettre à ses ordres,

1. Chamfort, 110.

2. George Sand, V, 59 : « On me reprenait sur tout, et je ne faisais pas un mouvement qui ne fût critiqué. »

et à une femme sans se mettre à ses pieds. Le bon ton avait réglé d'avance toutes les grandes et petites démarches, la manière de se déclarer à une dame et de rompre avec elle, d'engager et de conduire un duel, de traiter un égal, un subordonné, un supérieur. Si l'on manquait en quoi que ce fût à ce code universel de l'usage, on était « une espèce ». Tel homme de cœur et de talent, d'Argenson, fut surnommé « la bête », parce que son originalité dépassait le cadre convenu. « Cela « n'a pas de nom, cela ne ressemble à rien », tel est le blâme le plus fort. Dans la conduite comme dans la littérature, tout ce qui s'écarte d'un certain modèle est rejeté. Le nombre des actions permises s'est restreint comme le nombre des mots autorisés. Le même goût épuré appauvrit l'initiative en même temps que la langue, et l'on agit comme on écrit, selon des formes apprises, dans un cercle borné. A aucun prix, l'excentrique, l'imprévu, le vif élan spontané ne sont de mise. — Entre vingt exemples qui se pressent, je choisis le moindre, puisqu'il s'agit d'un simple geste : de là on peut conclure aux autres choses. Mlle de ...., par le crédit de sa famille, obtient une pension pour Marcel, célèbre maître à danser, accourt chez lui toute joyeuse, et lui présente le brevet. Marcel le prend et le jette terre : « Est-ce ainsi, Mademoiselle, que je vous ai en« seigné à présenter quelque chose? Ramassez ce pa« pier, et rapportez-le-moi comme vous le devez. » Elle reprend le brevet, et le lui présente avec toutes les grâces voulues. « C'est bien, Mademoiselle, dit

« Marcel, je le reçois, quoique votre coude n'ait pas été « assez arrondi, et vous remercie[1]. » — Tant de grâces finissent par lasser; après n'avoir mangé pendant des années que d'une cuisine savante, on demande du lait et du pain bis.

Entre tous ces assaisonnements mondains, il en est un surtout dont on abuse, et qui, employé sans relâche, communique à tous les mets sa saveur piquante et froide : je veux dire le badinage. Le monde ne souffre pas la passion, et en cela il est dans son droit. On n'est pas en compagnie pour se montrer véhément ou sombre; l'air concentré ou tendu y ferait disparate. La maîtresse de maison a toujours droit de dire à un homme que son émotion contenue réduit au silence : « Monsieur un tel, « vous n'êtes pas aimable aujourd'hui ». Il faut donc être toujours aimable, et, à ce manège, la sensibilité qui se disperse en mille petits canaux ne peut plus faire un grand courant. « On avait cent amis, et sur cent « amis, il y en a chaque jour deux ou trois qui ont un « chagrin vif : mais on ne pouvait longtemps s'attendrir « sur leur compte, car alors on eût manqué d'égards « envers les quatre-vingt-dix-sept autres[2] »; on soupirait un instant avec quelques-uns des quatre-vingt-dix-sept, et puis c'était tout. Mme du Deffand, ayant

1. *Paris, Versailles et les provinces*, I, 162. — « Le roi de « Suède est ici, il a des rosettes à ses culottes, tout est fini, c'est « un homme ridicule et un roi de province. » (*Le Gouvernement de Normandie*, par Hippeau, IV, 237, 4 juillet 1784.)

2. Stendhal, *Rome, Naples, Florence*, 379. Récit d'un seigneur anglais.

perdu son plus ancien ami, le président Hénault, venait le jour même souper en grande compagnie : « Hélas! « disait-elle, il est mort ce soir à six heures; sans cela, « vous ne me verriez pas ici. » Sous ce régime continu de distractions et d'amusements, il n'y a plus de sentiments profonds; on n'en a que d'épiderme; l'amour lui-même se réduit à « l'échange de deux fantaisies ». — Et, comme on tombe toujours du côté où l'on penche, la légèreté devient une élégance et un parti pris[1]. L'indifférence du cœur est à la mode; on aurait honte d'être vraiment ému. On se pique de jouer avec l'amour, de traiter une femme comme une poupée mécanique, de toucher en elle un ressort, puis l'autre, pour en faire sortir à volonté l'attendrissement ou la colère. Quoi qu'elle fasse, on ne se départ jamais avec elle de la politesse la plus insultante, et l'exagération même des respects faux qu'on lui prodigue est une ironie par laquelle on achève de lui montrer son détachement. — On va plus loin, et, dans les âmes foncièrement sèches, la galanterie tourne à la méchanceté. Par ennui et besoin d'excitation, par vanité et pour se prouver sa dextérité, on se plaît à tourmenter, à faire pleurer, à déshonorer, à tuer longuement. A la fin, comme l'amour-propre est un gouffre sans fond, il n'y a pas de « noir-

1. Marivaux, *le Petit-maître corrigé*. — Gresset, *le Méchant*. — Crébillon fils, *la Nuit et le Moment* (notamment la scène de Clitandre avec Lucinde). — Collé, *la Vérité dans le vin* (rôle de l'abbé avec la présidente). — Besenval, 79 (Le comte de Frise et Mme de Blot). — *Vie privée du maréchal de Richelieu* (scènes avec Mme Michelin). — E. et J. de Goncourt, 167 à 174.

ceurs » dont ces bourreaux polis ne soient capables, et les personnages de Laclos ont eu leurs originaux[1]. — Sans doute, ces monstres sont rares; mais l'on n'a pas besoin d'avoir affaire à eux pour démêler ce que la galanterie du monde renferme d'égoïsme. Les femmes qui l'ont érigée en obligation sont les premières à en sentir le mensonge, et à regretter, parmi tant de froids hommages, la chaleur communicative d'un sentiment fort. — Le caractère du siècle reçoit alors son trait final, et « l'homme sensible » apparaît.

II

Ce n'est pas que le fond des mœurs devienne différent; elles restent aussi mondaines, aussi dissipées jusqu'au bout. Mais la mode autorise une affectation nouvelle, des effusions, des rêveries, des attendrissements qu'on n'avait point encore connus. Il s'agit de revenir à la nature, d'admirer la campagne, d'aimer la simplicité des mœurs rustiques, de s'intéresser aux villageois, d'être humain, d'avoir un cœur, de goûter les douceurs et les tendresses des affections naturelles, d'être époux et père, bien plus d'avoir une âme, des vertus, des émotions religieuses, de croire à la providence et à l'immortalité, d'être capable d'enthousiasme. On veut être ainsi, ou du moins on a la velléité d'être ainsi. En

1. Laclos, *les Liaisons dangereuses*. Mme de Merteuil était copiée d'après une marquise de Grenoble. — Notez les différences entre Lovelace et Valmont, l'un qui est conduit par l'orgueil, l'autre qui n'a que de la vanité.

tout cas, si on le veut, c'est à la condition sous-entendue qu'on ne sera pas trop dérangé de son train ordinaire et que les sensations de cette nouvelle vie n'ôteront rien aux jouissances de l'ancienne. Aussi l'exaltation qui commence ne sera guère qu'une ébullition de la cervelle, et l'idylle presque entière se jouera dans les salons. — Voici donc la littérature, le théâtre, la peinture et tous les arts qui entrent dans la voie sentimentale pour fournir à l'imagination échauffée une pâture factice[1]. Rousseau prêche en périodes travaillées le charme de la vie sauvage, et les petits-maîtres, entre deux madrigaux, rêvent au bonheur de coucher nus dans la forêt vierge. Les amoureux de *la Nouvelle Héloïse* échangent, pendant quatre volumes, des morceaux de style, et là-dessus une personne, « non seulement mesurée, mais compassée », la comtesse de Blot, dans un cercle chez la duchesse de Chartres, s'écrie « qu'à « moins d'une vertu supérieure une femme vraiment « sensible ne pourrait rien refuser à la passion de « Rousseau[2] ». On s'étouffe au Salon autour de *l'Accordée de village*, de *la Cruche cassée*, du *Retour de nourrice*, et autres idylles rustiques et domestiques de Greuze; la pointe de volupté, l'arrière-fond de sensua-

1. L'avènement de la sensibilité est marqué par les dates suivantes : Rousseau, *Sur l'influence des lettres et des arts*, 1749; *Sur l'inégalité*, 1753; *Nouvelle Héloïse*, 1759. — Greuze, *le Père de famille lisant la Bible*, 1755; *l'Accordée de village*, 1761. — Diderot, *le Fils naturel*, 1757; *le Père de famille*, 1758.

2. Mme de Genlis, *Mémoires*, chap. XVII. — G. Sand, I, 72. La jeune Mme de Francueil, voyant Rousseau pour la première fois, fond en larmes.

lité provoquante qu'il laisse percer dans la naïveté fragile de ses ingénues est une friandise pour les goûts libertins qui durent sous les aspirations morales[1]. Après eux, Ducis, Thomas, Parny, Colardeau, Roucher, Delille, Bernardin de Saint-Pierre, Marmontel, Florian, tout le troupeau des orateurs, des écrivains et des politiques, le misanthrope Chamfort, le raisonneur Laharpe, le ministre Necker, les faiseurs de petits vers, les imitateurs de Gessner et de Young, les Berquin, les Bitaubé, tous bien peignés, bien attifés, un mouchoir brodé dans la main pour essuyer leurs larmes, vont conduire l'églogue universelle jusqu'au plus fort de la Révolution. En tête du *Mercure* de 1791 et 1792 paraissent des *Contes moraux* de Marmontel[2], et le numéro qui suit les massacres de septembre s'ouvre par des vers « aux mânes de mon serin ».

Par suite, dans tous les détails de la vie privée, la sensibilité étale son emphase. On bâtit dans son parc un petit temple à l'Amitié. On dresse dans son cabinet un petit autel à la Bienfaisance[3]. On porte des robes à

1. Ce point a été développé avec autant de finesse que de justesse par MM. de Goncourt (*l'Art au dix-huitième siècle*, I, 433-438).

2. Numéro d'août 1792 : « les Rivaux d'eux-mêmes ». — Autres pièces insérées vers le même temps dans *le Mercure* : « Pacte fédératif entre l'hymen et l'amour, le Jaloux, Romance pastorale, Ode anacréontique à Mlle S. D., etc. »

3. Mme de Genlis, *Adèle et Théodore*, I, 312; — E. et J. de Goncourt, *la Femme au dix-huitième siècle*, 318; — Mme d'Oberkirch, I, 56. — Description du pouf au sentiment de la duchesse de Chartres (E. et J. de Goncourt, 311) : « Au fond est une femme assise dans un fauteuil et tenant un nourrisson, ce qui représente M. le duc de Valois et sa nourrice; à droite on voit un

la Jean-Jacques Rousseau « analogues aux principes de cet auteur ». On choisit pour coiffure « des poufs au sentiment », dans lesquels on place le portrait de sa fille, de sa mère, de son serin, de son chien, tout cela « garni des cheveux de son père ou d'un ami de cœur ». On a des amies de cœur pour qui « on éprouve quelque « chose de si vif et de si tendre que véritablement c'est « de la passion », et qu'on ne peut se passer de voir trois fois par jour. « Toutes les fois que des amies se « disent des choses *sensibles*, elles doivent subitement « prendre une petite voix claire et traînante, se re- « garder tendrement en penchant la tête, et s'embrasser « souvent », sauf à bâiller tout bas au bout d'un quart d'heure et à s'endormir de concert parce qu'elles n'ont plus rien à se dire. L'enthousiasme est d'obligation. A la reprise du *Père de famille*, l'on compte autant de mouchoirs que de spectateurs, et des femmes s'évanouissent. « Il est d'usage, surtout pour les jeunes « femmes, de s'émouvoir, de pâlir, de s'attendrir, et « même en général de se trouver mal en apercevant « M. de Voltaire; on se précipite dans ses bras, on « balbutie, on pleure, on est dans un trouble qui res- « semble à l'amour le plus passionné[1]. » — Quand un

perroquet becquetant une cerise, à gauche un petit nègre, les deux bêtes d'affection de la duchesse : le tout est entremêlé de mèches de cheveux de tous les parents de Mme de Chartres, cheveux de son mari, cheveux de son père, cheveux de son beau-père. »

1. Mme de Genlis, *les Dangers du monde*, I, scène VII; II, scène IV; — *Adèle et Théodore*, I, 312; — *Souvenirs de Félicie*, 199. — Bachaumont, IV, 320.

auteur de société vient lire sa pièce dans un salon, la mode veut qu'on s'exclame, qu'on sanglote, et qu'il y ait quelque belle évanouie à délacer. Mme de Genlis qui raille ces affectations, n'est pas moins affectée que les autres. Tout d'un coup, au milieu d'une compagnie, on l'entend dire à la jeune orpheline qu'elle exhibe : « Paméla, faites Héloïse! » Et Paméla, défaisant ses cheveux, s'agenouille, les yeux au ciel, d'un air inspiré, aux applaudissements de l'assistance[1]. — La sensibilité devient une institution. La même Mme de Genlis fonde l'ordre de la Persévérance, qui compte bientôt « jusqu'à quatre-vingt-dix chevaliers du plus grand monde ». Pour y être admis, il faut deviner une énigme, répondre à une question morale, faire un discours sur une vertu. Toute dame ou chevalier qui découvre et vient annoncer « trois actions vertueuses bien constatées », reçoit une médaille d'or. Chaque chevalier a son « frère d'armes », chaque dame a son amie, chaque membre a sa devise, et chaque devise, encadrée dans un petit tableau, va figurer dans « le Temple de l'Honneur », sorte de tente très galamment décorée et que M. de Lauzun a fait dresser au milieu d'un jardin[2]. — La parade sentimentale est complète, et, jusque dans cette chevalerie restaurée, on retrouve une mascarade de salon.

Néanmoins la mousse de l'enthousiasme et des grands mots laisse au fond des cœurs un résidu de bonté active, de bienveillance confiante, et même de bonheur,

1. Mme de La Rochejaquelein, *Mémoires*.
2. Mme de Genlis, *Mémoires*, chap. xx. — Duc de Lauzun, 270

à tout le moins d'expansion et de facilité. Pour la première fois, on voit des femmes accompagner leur mari en garnison; des mères veulent nourrir, des pères s'intéressent à l'éducation de leurs enfants. La simplicité rentre dans les manières. On ne met plus de poudre aux petits garçons; nombre de seigneurs quittent les galons, puis les broderies, les talons rouges et l'épée, sauf lorsqu'ils sont en grand habit. On en rencontre dans les rues « vêtus à la Franklin, en gros drap, avec « un bâton noueux et des souliers épais[1] ». Le goût n'est plus aux cascades, aux statues, aux décorations raides et pompeuses; on n'aime que les jardins anglais. La reine s'arrange un village à Trianon, où, « vêtue « d'une robe de percale blanche et d'un fichu de gaze, « coiffée d'un chapeau de paille », elle pêche dans le lac et voit traire ses vaches. L'étiquette tombe par lambeaux, comme un fard qui s'écaille, et laisse reparaître la vive couleur des émotions naturelles. Madame Adélaïde prend un violon et remplace le ménétrier absent pour faire danser des paysannes[2]. La duchesse de Bourbon sort le matin incognito pour faire l'aumône et « chercher des pauvres dans leurs greniers ». La Dauphine se jette à bas de son carrosse pour secourir un postillon blessé, un paysan que le cerf a renversé. Le roi et le comte d'Artois aident un charretier embourbé à dégager

1. Mme d'Oberkirch, II, 35 (1783-1784). — Mme Campan, III. 371. — Mercier, *Tableau de Paris*, passim.

2. *Correspondance*, par Metra, XVII, 55 (1784). — Mme d'Oberkirch, II, 234. — *Marie-Antoinette*, par Arneth et Geffroy, II, 29, 63.

sa charrette. On ne songe plus à se composer et à se contraindre, à garder sa dignité en toute circonstance, à soumettre les faiblesses de la nature aux exigences du rang. A la mort du premier Dauphin[1], pendant que les gens de la chambre se jettent au-devant du roi pour l'empêcher d'entrer, la reine se précipite à genoux contre ses genoux, et il lui crie en pleurant : « Ah ! ma « femme, notre cher enfant est mort puisqu'on ne veut « pas que je le voie ». Et le narrateur ajoute avec admiration : « Il me semble toujours voir un bon culti- « vateur et son excellente compagne en proie au plus « affreux désespoir de la perte de leur fils chéri ». On ne cache plus ses larmes, on tient à honneur d'être homme ; on est humain, on se familiarise avec ses inférieurs. Un prince, passant une revue, dit aux soldats en leur présentant la princesse : « Mes enfants, voici ma femme ». On voudrait rendre les hommes heureux et jouir délicieusement de leur reconnaissance. Être bon, être aimé, voilà l'objet d'un chef d'État, d'un homme en place. — Cela va si loin qu'on se figure Dieu sur ce modèle. On interprète « les harmonies de la Nature » comme des attentions délicates de la Providence ; en instituant l'amour filial, le Créateur a « daigné nous « choisir pour première vertu notre plus doux plaisir[2] ». — A l'idylle qu'on imagine au ciel, correspond l'idylle qu'on pratique sur la terre. Du public aux princes, et

1. *Le Gouvernement de Normandie*, par Hippeau, IV, 387 (Lettres du 4 juin 1789, par un témoin oculaire).
2. Florian, *Ruth*.

des princes au public, en prose, en vers, par les compliments de fête, par les réponses officielles, depuis le style des édits royaux jusqu'aux chansons des dames de la halle, c'est un échange continuel de grâces et de tendresses. Des applaudissements éclatent au théâtre lorsqu'un vers fait allusion à la vertu des princes, et, un instant après, quand une tirade exalte les mérites du peuple, les princes prennent leur revanche de politesse en applaudissant à leur tour[1]. — De toutes parts, au moment où ce monde finit, une complaisance mutuelle, une douceur affectueuse vient, comme un souffle tiède et moite d'automne, fondre ce qu'il y avait encore de dureté dans sa sécheresse, et envelopper dans un parfum de roses mourantes les élégances de ses derniers instants. On rencontre alors des actions, des mots d'une grâce suprême, uniques en leur genre, comme une mignonne et adorable figurine de vieux Sèvres. Un jour

1. Hippeau, IV, 86 (23 juin 1773), représentation du *Siège de Calais* à la Comédie Française : « Au moment où Mlle Vestris a « prononcé ces vers :

Le Français dans son prince aime à trouver un frère,
Qui, né fils de l'Etat, en devienne le père.

« De longs et unanimes applaudissements ont accueilli l'actrice, « qui s'était tournée vers M. le Dauphin. Dans un autre endroit « se trouvaient ces vers :

Quelle leçon pour vous, superbes potentats !
Veillez sur vos sujets dans le rang le plus bas
Tel, loin de vos regards, dans la misère expire,
Qui, quelque jour peut-être, eût sauvé votre empire.

« M. le Dauphin et Mme la Dauphine ont pris leur revanche et « vivement applaudi la tirade. Cette marque de sensibilité de leur « part a été accueillie par de nouveaux transports de tendresse « et de reconnaissance. »

que la comtesse Amélie de Boufflers parlait un peu légèrement de son mari, sa belle-mère lui dit : « Vous « oubliez que vous parlez de mon fils. — Il est vrai, « maman, je croyais ne parler que de votre gendre ». C'est elle encore qui, au jeu du bateau, obligée de choisir entre cette belle-mère bien-aimée et sa mère qu'elle connaissait à peine, répondit : « Je sauverais ma « mère et je me noierais avec ma belle-mère[1] ». La « duchesse de Choiseul, d'autres encore, sont des miniatures aussi exquises. Quand le cœur et l'esprit réunissent leurs délicatesses, ils font des chefs-d'œuvre, et ceux-ci, comme l'art, comme la politesse, comme la société qui les entoure, ont un charme que rien ne surpasse, si ce n'est leur fragilité.

III

C'est que, plus les hommes se sont adaptés à une situation, moins ils sont préparés pour la situation contraire. Les habitudes et les facultés qui leur servaient dans l'état ancien leur nuisent dans l'état nouveau. En acquérant les talents qui conviennent aux temps de calme, ils ont perdu ceux qui conviennent aux temps de trouble, et ils atteignent l'extrême faiblesse en même temps que l'extrême urbanité. Plus une aristocratie se polit, plus elle se désarme, et, quand il ne lui manque plus aucun attrait pour plaire, il ne lui reste plus au-

1. Mme de Genlis, *Souvenirs de Félicie*, 76, 161.

cune force pour lutter. — Et cependant, dans ce monde, on est tenu de lutter si l'on veut vivre. L'empire est à la force dans l'humanité comme dans la nature. Toute créature qui perd l'art et l'énergie de se défendre devient une proie d'autant plus sûre que son éclat, son imprudence et même sa gentillesse la livrent d'avance aux rudes appétits qui rôdent à l'entour. Où trouver la résistance dans un caractère formé par les mœurs qu'on vient de décrire? — Avant tout, pour se défendre, il faut regarder autour de soi, voir et prévoir, se munir contre le danger. Comment le pourraient-ils, vivant comme ils font? Leur cercle est trop étroit et trop soigneusement clos. Enfermés dans leurs châteaux et leurs hôtels, ils n'y voient que les gens de leur monde, ils n'entendent que l'écho de leurs propres idées, ils n'imaginent rien au delà; deux cents personnes leur semblent le public. — D'ailleurs, dans un salon, les vérités désagréables ne sont point admises, surtout quand elles sont personnelles, et une chimère y devient un dogme parce qu'elle y devient une convention. Les voilà donc qui, déjà abusés par l'étroitesse de leur horizon ordinaire, fortifient encore leur illusion par l'illusion de leurs pareils. Ils ne comprennent rien au vaste monde qui enveloppe leur petit monde; ils sont incapables d'entrer dans les sentiments d'un bourgeois, d'un villageois; ils se figurent le paysan, non pas tel qu'il est, mais tel qu'ils voudraient le voir. L'idylle étant à la mode, nul n'ose y contredire; toute autre supposition est fausse parce qu'elle serait pénible, et, les salons ayant décidé que tout ira bien, tout ira bien. — Jamais aveuglement ne fut plus complet et plus volontaire. Le duc d'Orléans offrait de parier cent louis que les États généraux s'en iraient sans avoir rien fait, sans avoir même aboli les lettres de cachet. Quand la démolition sera commencée, bien mieux, quand elle sera faite, ils ne jugeront pas plus juste. Ils n'ont aucune notion de l'architecture sociale; ils n'en connaissent ni les matériaux, ni les proportions, ni l'équilibre; ils n'y ont jamais mis la main, ils n'ont point de pratique. Ils ignorent la structure de la vieille fabrique[1] dont ils occupent le premier étage. Ils n'en savent calculer ni les poussées, ni les résistances[2]. Ils finissent par s'imaginer que le mieux est de laisser l'écroulement s'achever, que l'édifice se reconstruira pour eux de lui-même, qu'ils vont rentrer dans leur salon rebâti exprès et redoré à neuf, pour y recommencer l'aimable causerie qu'un accident, un tumulte de rue vient d'interrompre[3]. Si clairvoyants dans le monde, leurs yeux sont obtus en politique. Ils démêlent tout à la lumière artificielle des bougies; ils se troublent et s'éblouissent à la clarté naturelle du grand jour. C'est que le pli est trop ancien

1. M. de Montlosier, à l'Assemblée constituante, est presque le seul qui sache le droit féodal.

2. « L'homme instruit et impartial qui soumettrait au calcul « les probabilités du succès de la Révolution trouverait qu'il y « avait plus de chances contre elle que contre le quine à la lote- « rie; mais le quine est possible et malheureusement cette fois « il fut gagné. » (Duc de Lévis, *Souvenirs*, 328.)

3. *Corinne*, par Mme de Staël : Caractère du comte d'Erfeuil. — *Mémoires* de Malouet, II, 297. (Exemple mémorable de niaiserie politique.)

et trop fort. L'organe, appliqué si longtemps sur les minces détails de la vie élégante, n'embrasse plus les grandes masses de la vie populaire, et, dans le milieu nouveau où subitement il est plongé, sa finesse fait son aveuglement.

Il faut agir cependant, car le danger est là qui les prend à la gorge. Mais c'est un danger d'espèce ignoble, et, contre ses prises, leur éducation ne leur fournit pas les armes appropriées. Ils ont appris l'escrime, et non la savate. Ils sont toujours les fils de ceux qui, à Fontenoy, au lieu de tirer les premiers, mettaient le chapeau à la main, et, courtoisement, disaient aux Anglais : « Non, Messieurs, tirez vous-mêmes ». Assujettis aux bienséances, ils sont gênés dans leurs mouvements. Nombre d'actions et des plus nécessaires, toutes celles qui sont brusques, fortes et crues, sont contraires aux égards qu'un homme bien élevé doit aux autres, ou du moins aux égards qu'il se doit à lui-même. — Ils ne se les permettent pas ; ils ne songent pas à se les permettre, et, plus ils sont haut placés, plus ils sont bridés par leur rang. Quand la famille royale part pour Varennes, les retards accumulés qui la perdent sont un effet de l'étiquette. Mme de Tourzel a réclamé sa place dans la voiture, et elle y avait droit, comme gouvernante des Enfants de France. Le roi voulait, en arrivant, donner à M. de Bouillé le bâton de maréchal, et, pour avoir un bâton, il a dû, après diverses allées et venues, emprunter celui du duc de Choiseul. La reine ne pouvait se passer d'un nécessaire de voyage, et il a fallu en fabriquer un énorme qui contient tous les meubles imaginables, depuis une bassinoire jusqu'à une écuelle d'argent; outre cela, d'autres caisses et, comme s'il n'y avait pas de chemises à Bruxelles, un trousseau complet pour elle et ses enfants[1]. — La dévotion étroite, l'humanité *quand même*, la frivolité du petit esprit littéraire, l'urbanité gracieuse, l'ignorance foncière[2], la nullité ou la rigidité de l'intelligence et de la volonté sont encore plus grandes chez les princes que chez les nobles. — Contre l'émeute sauvage et grondante, tous sont impuissants. Ils n'ont pas l'ascendant physique qui la maîtrise, le charlatanisme grossier qui la charme, les tours de Scapin qui la dépistent, le front de taureau, les gestes de bateleur, le gosier de stentor, bref les ressources du tempérament énergique et de la ruse animale, seules capables de détourner la fureur de la bête déchaînée. Pour trouver de ces lutteurs, ils font chercher trois ou quatre hommes de race ou d'éducation différente, tous ayant roulé et pâti, un plébéien brutal comme l'abbé Maury, un satyre colossal et fangeux comme Mirabeau, un aventurier audacieux et prompt comme ce Dumouriez qui, à Cherbourg, lorsque la faiblesse du duc de Beuvron a livré les blés et lâché l'émeute, lui-même hué et sur le point d'être mis en pièces, aperçoit tout d'un coup les clés du magasin dans les mains d'un matelot hollandais, crie au peuple

1. Mme Campan, II, 140, 313. — Duc de Choiseul, *Mémoires*.

2. *Journal* de Dumont d'Urville, commandant du navire qui transportait Charles X en 1830. — Voir note 4 à la fin du volume.

qu'on le trahit et qu'un étranger lui a pris ses clés saute à bas du perron, saisit le matelot à la gorge, arrache les clés et les remet à l'officier de garde en disant au peuple : « Je suis votre père, c'est moi qui vous « réponds des magasins[1] ». Se commettre avec des crocheteurs et des harengères, se colleter au club, improviser dans les carrefours, aboyer plus haut que les aboyeurs, travailler de ses poings et de son gourdin, comme plus tard la jeunesse dorée, sur les fous et les brutes qui n'emploient pas d'autres arguments et auxquels il faut répondre par des arguments de même nature, monter la garde autour de l'Assemblée, se faire constable volontaire, n'épargner ni sa peau ni la peau d'autrui, être peuple en face du peuple, voilà des procédés efficaces et simples, mais dont la grossièreté leur semble dégoûtante. Il ne leur vient pas à l'idée d'y avoir recours; ils ne savent ni ne veulent se servir de leurs mains, surtout pour cette besogne[2]. Elles ne sont exercées qu'au duel, et, presque tout de suite, la brutalité de l'opinion va, par des voies de fait, barrer le chemin aux combats polis. Contre le taureau populaire, leurs armes sont des traits de salon, épigrammes, bons mots,

1. Dumouriez, *Mémoires*, III, chap. III (21 juillet 1789).

2. « Toutes ces belles dames et ces beaux messieurs qui sa« vaient si bien marcher sur les tapis et faire la révérence ne « savaient pas faire trois pas sur la terre du bon Dieu sans être « accablés de fatigue. Ils ne savaient pas même ouvrir ou fermer « une porte; ils n'avaient pas la force de soulever une bûche « pour la mettre dans le feu : il leur fallait des domestiques pour « leur avancer un fauteuil; ils ne pouvaient pas entrer et sortir « tout seuls. Qu'auraient-ils fait de leurs grâces, sans leurs valets « pour leur tenir lieu de mains et de jambes? » (G. Sand. V, 61.)

chansons, parodies et autres piqûres d'épingle[1]. Le fonds et la ressource manquent à ce caractère; à force de s'affiner, il s'est étiolé, et la nature, appauvrie par la culture, est incapable des transformations par lesquelles on se renouvelle et on se survit. — L'éducation toute-puissante a réprimé, adouci, exténué l'instinct lui-même. Devant la mort présente, ils n'ont pas le soubresaut de sang et de colère, le redressement universel et subit de toutes les puissances, l'accès meurtrier, le besoin irrésistible et aveugle de frapper qui les frappe. Jamais on ne verra un gentilhomme arrêté chez lui casser la tête du jacobin qui l'arrête[2]. Ils se laisseront prendre, ils iront docilement en prison; faire du tapage serait une marque de mauvais goût, et, avant tout, il s'agit pour eux de rester ce qu'ils sont, gens de bonne compagnie. En prison, hommes et femmes s'habilleront avec soin, se rendront des visites, tiendront salon; ce sera au fond d'un corridor, entre quatre chandelles; mais on y badinera, on y fera des madrigaux, on y dira des chansons, on se piquera d'y être aussi galant, aussi gai, aussi gracieux qu'auparavant : faut-il devenir mo-

1. « Quand Mme de F. a dit joliment une chose bien pensée, « elle croit avoir tout fait. M... disait que, quand elle a dit une « jolie chose sur l'émétique, elle est toute surprise de n'être pas « purgée. » (Chamfort, 107.)

2. Exemple de ce qu'aurait pu faire la résistance armée de chacun chez soi et pour soi. Un gentilhomme de Marseille, retiré dans sa bastide et proscrit, se munit d'un fusil, d'une paire de pistolets et d'un sabre. ne sortit plus sans cet attirail, et déclara qu'on ne l'aurait point vivant. Personne n'osa exécuter le mandat d'arrêt. (Anne Plumptree, *a Residence of three years in France* 1802-1805), II, 115.)

rose et mal appris parce qu'un accident vous loge dans une mauvaise auberge? — Devant les juges, sur la charrette, ils garderont leur dignité et leur sourire; les femmes surtout iront à l'échafaud avec l'aisance et la sérénité qu'elles portaient dans une soirée. Trait suprême du savoir-vivre qui, érigé en devoir unique et devenu pour cette aristocratie une seconde nature, se retrouve dans ses vertus comme dans ses vices, dans ses facultés comme dans ses impuissances, dans sa prospérité comme dans sa chute, et la pare jusque dans la mort où il la conduit.

LIVRE III

L'ESPRIT ET LA DOCTRINE

LIVRE TROISIÈME

L'ESPRIT ET LA DOCTRINE

CHAPITRE I

Composition de l'esprit révolutionnaire. — Premier élément, l'acquis scientifique. — I. Accumulation et progrès des découvertes dans les sciences de la nature. — Elles servent de point de départ aux nouveaux philosophes. — II. Changement du point de vue dans la science de l'homme. — Elle se détache de la théologie et se soude comme un prolongement aux sciences de la nature. — III. Transformation de l'histoire. — Voltaire. — La critique et les vues d'ensemble. — Montesquieu. — Aperçu des lois sociales. — IV. Transformation de la psychologie. — Condillac. — Théorie de la sensation et des signes. — V. Méthode analytique. — Son principe. — Conditions requises pour qu'elle soit fructueuse. — Ces conditions manquent ou sont insuffisantes au dix-huitième siècle. — Vérité et survivance du principe.

Lorsque nous voyons un homme un peu faible de constitution, mais d'apparence saine et d'habitudes paisibles, boire avidement d'une liqueur nouvelle, puis tout d'un coup, tomber à terre, l'écume à la bouche, délirer et se débattre dans les convulsions, nous devinons aisément que dans le breuvage agréable il y avait une substance dangereuse; mais nous avons besoin d'une analyse délicate pour isoler et décomposer le poison. Il y en a un dans la philosophie du dix-huitième siècle, et d'espèce étrange autant que puissante : car, non seulement il est l'œuvre d'une longue élaboration historique, l'extrait définitif et condensé auquel aboutit toute la pensée du siècle; mais encore ses deux principaux ingrédients ont cela de particulier qu'étant séparés ils sont salutaires et qu'étant combinés ils font un composé vénéneux.

Le premier est l'acquis scientifique, celui-ci excellent de tous points et bienfaisant par sa nature; il se compose d'un amas de vérités lentement préparées, puis assemblées tout d'un coup ou coup sur coup. Pour la première fois dans l'histoire, les sciences s'étendent et s'affermissent au point de fournir, non plus comme autrefois, sous Galilée ou Descartes, des fragments de construction ou quelque échafaudage provisoire, mais un système du monde définitif et prouvé : c'est celui de Newton[1]. Autour de cette vérité capitale se rangent comme compléments ou prolongements presque toutes les découvertes du siècle : — Dans les mathématiques pures, le calcul de l'infini inventé en même temps par Leibnitz et Newton, la mécanique ramenée par d'Alembert à un seul théorème, et cet ensemble magnifique de théories qui, élaborées par les Bernoulli, par Euler,

1. *Philosophiæ naturalis principia*, 1687; *Optique*, 1704.

Clairaut, d'Alembert, Taylor, Maclaurin, s'achèvent à la fin du siècle aux mains de Monge, de Lagrange et de Laplace[1]. Dans l'astronomie, la suite des calculs et des observations qui, de Newton à Laplace, transforment la science en un problème de mécanique, expliquent et prédisent tous les mouvements des planètes et de leurs satellites, indiquent l'origine et la formation de notre système solaire, et débordent au delà par les découvertes d'Herschel, jusqu'à nous faire entrevoir la distribution des archipels stellaires et les grandes lignes de l'architecture des cieux. — Dans la physique, la décomposition du rayon lumineux et les principes de l'optique trouvés par Newton, la vitesse du son, la forme de ses ondulations, et, depuis Sauveur jusqu'à Chladni, depuis Newton jusqu'à Bernoulli et Lagrange, les lois expérimentales et les théorèmes principaux de l'acoustique, les premières lois de la chaleur rayonnante par Newton, Kraft et Lambert, la théorie de la chaleur latente par Black, la mesure du calorique par Lavoisier et Laplace, les premières idées vraies sur l'essence du feu et de la chaleur, les expériences, les lois, les machines par lesquelles Dufay, Nollet, Franklin et surtout Coulomb expliquent, manient et utilisent pour la première

1. Voir sur ce développement, Comte, *Philosophie positive*, t. Ier. — Au commencement du dix-neuvième siècle, le perfectionnement de l'instrument mathématique est si grand, qu'on croit pouvoir soumettre à l'analyse tous les phénomènes physiques, lumière, électricité, son, cristallisation, chaleur, élasticité, cohésion et autres effets des forces moléculaires. — Sur les progrès des sciences physiques, voir Whewell, *History of the inductive sciences*, t. II et III.

fois l'électricité. — En chimie, tous les fondements de la science, l'oxygène, l'azote, l'hydrogène isolés, la composition de l'eau, la théorie de la combustion, la nomenclature chimique, l'analyse quantitative, l'indestructibilité de la matière et du poids, bref les découvertes de Scheele, de Priestley, de Cavendish et de Stahl, couronnées par la théorie et la langue définitives de Lavoisier. — En minéralogie, le goniomètre, la fixité des angles et les premières lois de dérivation par Romé de Lisle, puis la découverte des types et la déduction mathématique des formes secondaires par Haüy. — En géologie, les suites et la vérification de la théorie de Newton, la figure exacte de la terre, l'aplatissement des pôles, le renflement de l'équateur[1], la cause et la loi des marées, la fluidité primitive de la planète, la persistance de la chaleur centrale; puis, avec Buffon, Desmarets, Hutton, Werner, l'origine aqueuse ou ignée des roches, la stratification des terrains, la structure fossile des couches, le séjour prolongé et répété de la mer sur les continents, le lent dépôt des débris animaux et végétaux, la prodigieuse antiquité de la vie, les dénudations, les cassures, les transformations graduelles du relief terrestre[2], et à la fin le tableau grandiose où Buffon trace en traits approximatifs l'histoire entière de notre globe, depuis le moment où il n'était qu'une masse de lave ardente jusqu'à l'époque où notre espèce, après tant

1. Voyages de La Condamine au Pérou et de Maupertuis en Laponie.

2. Buffon, *Théorie de la terre*, 1749; *Époques de la nature*, 1788. — *Carte géologique de l'Auvergne*, par Desmarets, 1766.

d'autres espèces détruites ou survivantes, a pu l'habiter. — Sur cette science de la matière brute, on voit en même temps s'élever la science de la matière organisée. Grew, puis Vaillant viennent de démontrer les sexes et de décrire la fécondation des plantes; Linné invente la nomenclature botanique et les premières classifications complètes; les Jussieu découvrent la subordination des caractères et la classification naturelle. La digestion est expliquée par Réaumur et Spallanzani, la respiration par Lavoisier; Prochaska constate le mécanisme des actions réflexes; Haller et Spallanzani expérimentent et décrivent les conditions et les phases de la génération. On pénètre dans le bas-fond du règne animal; Réaumur publie ses admirables mémoires sur les insectes, et Lyonnet emploie vingt ans à figurer la chenille du saule; Spallanzani ressuscite ses rotifères, Trembley découpe son polype d'eau douce, Needham fait apparaître ses infusoires. De toutes ces recherches se dégage la conception expérimentale de la vie. Déjà Buffon et surtout Lamarck, dans leurs ébauches grandioses et incomplètes, esquissent avec une divination pénétrante les principaux traits de la physiologie et de la zoologie modernes. Des molécules organiques partout répandues ou partout naissantes, des sortes de globules en voie de déperdition et de réparation perpétuelles, qui, par un développement aveugle et spontané, se transforment, se multiplient, s'associent, et qui, sans direction étrangère, sans but préconçu, par le seul effet de leur structure et de leurs alentours, s'ordonnent pour composer ces édifices savants que nous appelons des animaux et des plantes; à l'origine, les formes les plus simples, puis l'organisation compliquée et perfectionnée lentement et par degrés; l'organe créé par les habitudes, par le besoin, par le milieu; l'hérédité transmettant les modifications acquises[1] : voilà d'avance, à l'état de conjectures et d'approches, la théorie cellulaire de nos derniers physiologistes[2] et les conclusions de Darwin. Dans le tableau que l'esprit humain fait de la nature, la science du dix-huitième siècle a dessiné le contour général, l'ordre des plans et les principales masses en traits si justes, qu'aujourd'hui encore toutes les grandes lignes demeurent intactes. Sauf des corrections partielles, nous n'avons rien à effacer.

C'est cette vaste provision de vérités certaines ou probables, démontrées ou pressenties, qui a donné à l'esprit du siècle l'aliment, la substance et le ressort. Considérez les chefs de l'opinion publique, les promoteurs de la philosophie nouvelle : à divers degrés, ils sont tous versés dans les sciences physiques et naturelles. Non seulement ils connaissent les théories et les livres, mais encore ils touchent les choses et les faits. Non seulement Voltaire expose, l'un des premiers, l'optique

1. Voir une leçon de M. de La Caze-Duthiers sur Lamarck, *Revue scientifique*, III, 276-311.

2. Buffon, *Histoire naturelle*, II, 340 : « Tous les êtres vivants contiennent une grande quantité de molécules vivantes et actives. La vie du végétal ou de l'animal ne paraît être que le *résultat des actions de toutes les petites vies particulières* de chacune des molécules actives dont la vie est primitive. » — Cf. Diderot, *Rêve de d'Alembert*.

et l'astronomie de Newton[1], mais encore il calcule, il observe et il expérimente lui-même. Il adresse à l'Académie des Sciences des mémoires « sur la mesure de la force motrice », « sur la nature et la propagation de la chaleur ». Il manie le thermomètre de Réaumur, le prisme de Newton, le pyromètre de Muschenbroek. Il a dans son laboratoire de Cirey tous les appareils alors connus de physique et de chimie. Il fait de ses mains des expériences sur la réflexion de la lumière dans le vide, sur l'augmentation du poids dans les métaux calcinés, sur la renaissance des parties coupées dans les animaux, et cela en véritable savant, avec insistance et répétition, jusqu'à couper la tête à quarante escargots et limaces, pour vérifier une assertion de Spallanzani. — Même curiosité et préparation dans tous ceux qui sont imbus du même esprit. Dans l'autre camp, parmi les cartésiens qui vont finir, Fontenelle est un mathématicien excellent, le biographe compétent de tous les savants illustres, le secrétaire autorisé et le véritable représentant de l'Académie des Sciences. — Ailleurs, à l'Académie de Bordeaux, Montesquieu lit des discours sur le mécanisme de l'écho, sur l'usage des glandes rénales; il dissèque des grenouilles, essaye l'effet du chaud et du froid sur les tissus

1. *Philosophie de Newton*, 1738, et *Physique*, par Voltaire. — Cf. Bois-Raymond, *Voltaire physicien* (*Revue des cours scientifiques*, V, 539), et Saigey, *la Physique de Voltaire*. — « Voltaire, « écrit lord Brougham, en continuant de s'occuper de physique « expérimentale, aurait sans doute inscrit son nom parmi ceux « des grands inventeurs de son siècle. »

vivants, publie des observations sur les plantes et sur les insectes. — Rousseau, le moins instruit de tous, suit les cours du chimiste Rouelle, herborise, et s'approprie, pour écrire son *Émile*, tous les éléments des connaissances humaines. — Diderot a enseigné les mathématiques, dévoré toute science, tout art et jusqu'aux procédés techniques des industries. D'Alembert est au premier rang parmi les mathématiciens. Buffon a traduit la théorie des fluxions de Newton, la statique des végétaux par Hales; il devient à la fois ou tour à tour métallurgiste, opticien, géographe, géologue et à la fin anatomiste. Condillac, pour expliquer l'usage des signes et la filiation des idées, écrit des abrégés d'arithmétique, d'algèbre, de mécanique et d'astronomie[1]. Maupertuis, Condorcet et Lalande sont mathématiciens, physiciens, astronomes; d'Holbach, La Mettrie, Cabanis sont chimistes, naturalistes, physiologistes, médecins. — Grands ou petits prophètes, maîtres ou élèves, savants spéciaux ou simples amateurs, ils puisent tous directement ou indirectement à la source vive qui vient de s'ouvrir. C'est de là qu'ils partent pour enseigner à l'homme ce qu'il est, d'où il vient, où il va, ce qu'il peut devenir, ce qu'il doit être. Or un nouveau point de départ mène à un nouveau point de vue; c'est pourquoi l'idée qu'on se fait de l'homme va changer du tout au tout.

1. Voir sa *Langue des calculs* et son *Art de raisonner*.

II

Car supposez un esprit tout pénétré des vérités nouvelles ; mettez-le spectateur sur l'orbite de Saturne et qu'il regarde[1]. Au milieu de ces effroyables espaces et de ces millions d'archipels solaires, quel petit canton que le nôtre et quel grain de sable que la terre! Quelle multitude de mondes au delà de nous, et, si la vie s'y rencontre, que de combinaisons possibles autres que celles dont nous sommes l'effet! Qu'est-ce que la vie, qu'est-ce que la substance organisée, dans ce monstrueux univers, sinon une quantité négligeable, un accident passager, une moisissure de quelques grains de l'épiderme? Et, si telle est la vie, qu'est-ce que l'humanité qui en est un si mince fragment? — Tel est l'homme dans la nature, un atome, un éphémère; n'oublions pas cela dans les systèmes que nous faisons sur son origine, sur son importance, sur sa destinée. Une mite serait grotesque, si elle se considérait comme le centre des choses, et il ne faut pas « qu'un insecte presque infini« ment petit montre un orgueil presque infiniment « grand[2] ». — Sur ce globe lui-même, combien son

1. Pour l'exposition populaire de ces idées, voir Voltaire, passim, surtout *Micromégas* et *les Oreilles du comte de Chesterfield.*

2. Cf. Buffon, *ibid.*, I, 31 : « Ceux qui croient répondre par « les causes finales ne font pas attention qu'ils prennent l'effet « pour la cause. Le rapport que les choses ont avec nous n'in« fluant point du tout sur leur origine, la convenance morale ne « peut jamais être une raison physique. » — Voltaire, *Candide* : « Quand Sa Hautesse envoie un vaisseau en Égypte, s'embarrasse-

éclosion a été tardive! Quelles myriades de siècles entre le premier refroidissement et les commencements de la vie[1]! Qu'est-ce que le tracas de notre fourmilière à côté de cette tragédie minérale à laquelle nous n'avons pas assisté, combats de l'eau et du feu, épaississement de la croûte, formation de l'océan universel, construction et séparation des continents? Avant notre histoire, quelle longue histoire animale et végétale, quelle succession de flores et de faunes, que de générations d'animaux marins pour former les terrains de sédiment, que de générations de plantes pour former les dépôts de houille, quels changements de climat pour chasser du pôle les grands pachydermes! — Enfin voici l'homme, le dernier venu, éclos comme un bourgeon terminal à la cime d'un grand arbre antique, pour y végéter pendant quelques saisons, mais destiné comme l'arbre à périr après quelques saisons, lorsque le refroidissement croissant et prévu qui a permis à l'arbre de vivre forcera l'arbre à mourir. Il n'est pas seul sur la tige : au-dessous de lui, autour de lui, presque à son niveau, sont d'autres bourgeons nés de la même sève; qu'il n'oublie jamais, s'il

« t-elle si les souris qui sont dans le vaisseau sont à leur aise ou « non? »

1. Buffon, *ib.*, *supplément*, II, 513; *Époques de la nature*, IV, 65, 167. D'après ses expériences sur le refroidissement d'un boulet, il établit les périodes suivantes. Depuis la fluidité ardente de la planète jusqu'à la chute des eaux vaporisées, trente-cinq mille ans. Depuis le commencement de la vie jusqu'à l'état actuel quarante mille ans. Depuis l'état actuel jusqu'à la congélation totale et l'extinction de la vie, quatre-vingt-treize mille ans. Au reste, il ne donne ces chiffres que comme des minima. On aujourd'hui qu'ils sont beaucoup trop faibles.

veut comprendre son être, de considérer, en même temps que lui-même, les autres vivants ses voisins, échelonnés jusqu'à lui et issus du même tronc. S'il est hors ligne, il n'est pas hors cadre, il est un animal parmi les animaux[1]; en lui et chez eux, la substance, l'organisation, la naissance, la formation, le renouvellement, les fonctions, les sens, les appétits, sont semblables, et son intelligence supérieure, comme leur intelligence rudimentaire, a pour organe indispensable une matière nerveuse dont la structure est la même chez eux et chez lui. — Ainsi enveloppé, produit, porté par la nature, peut-on supposer qu'il soit dans la nature comme un empire dans un empire? Il y est comme une partie dans un tout, à titre de corps physique, à titre de composé chimique, à titre de vivant, à titre d'animal sociable, parmi d'autres corps, d'autres composés, d'autres animaux sociables, tous analogues à lui, et, à tous ces titres, il est comme eux soumis à des lois. — Car, si nous ignorons le principe de la nature et si nous nous disputons pour savoir ce qu'il est, intérieur ou extérieur, nous constatons avec certitude la manière dont il agit, et il n'agit que selon des lois générales et fixes. Tout événement, quel qu'il soit, a des conditions, et, ces conditions données, il ne manque jamais de suivre. Des deux anneaux qui forment le couple, le premier entraîne toujours après soi le second. Il y a de ces

1. Buffon, *ib.*, I, 12 : « La première vérité qui sort de cet examen sérieux de la nature est une vérité peut-être humiliante pour l'homme, c'est qu'il doit se ranger lui-même dans la classe des animaux. »

lois pour les nombres, les figures et les mouvements, pour la révolution des planètes et la chute des corps, pour la propagation de la lumière et le rayonnement de la chaleur, pour les attractions et les répulsions de l'électricité, pour les combinaisons chimiques, pour la naissance, l'équilibre et la dissolution du corps organisé. Il y en a pour la naissance, le maintien et le développement des sociétés humaines, pour la formation, le conflit et la direction des idées, des passions et des volontés de l'individu humain[1]. En tout ceci l'homme continue la nature; d'où il suit que, pour le connaître, il faut l'observer en elle, après elle, et comme elle, avec la même indépendance, les mêmes précautions et le même esprit. — Par cette seule remarque, la méthode des sciences morales est fixée. En histoire, en psychologie, en morale, en politique, les penseurs du siècle précédent, Pascal, Bossuet, Descartes, Fénelon, Malebranche, La Bruyère, partaient encore du dogme; pour quiconque sait les lire, il est clair que d'avance leur siège était fait. La religion leur fournissait une théorie achevée du monde moral; d'après cette théorie latente ou expresse, ils décrivaient l'homme et accommodaient leurs observations au type préconçu. Les écrivains du dix-huitième siècle renversent ce procédé : c'est de l'homme qu'ils partent, de l'homme observable et de ses alentours; à leurs yeux, les conclusions sur l'âme, sur son origine, sur sa destinée, ne doivent venir

1. Voltaire, *Philosophie, Du principe d'action* : « Que tous les « êtres, sans exception, sont soumis à des lois invariables. »

qu'ensuite, et dépendent tout entières, non de ce que la révélation, mais de ce que l'observation aura fourni. Les sciences morales se détachent de la théologie et se soudent comme un prolongement aux sciences physiques.

III

Par ce déplacement et par cette soudure, elles deviennent des sciences. En histoire, tous les fondements sur lesquels nous contruisons aujourd'hui sont posés. Que l'on compare le *Discours* de Bossuet *sur l'Histoire universelle*, et l'*Essai* de Voltaire *sur les mœurs*, on verra tout de suite combien ces fondements sont nouveaux et profonds. — Du premier coup, la critique a trouvé son principe : considérant que les lois de la nature sont universelles et immuables, elle en conclut que, dans le monde moral, comme dans le monde physique, rien n'y déroge, et que nulle intervention arbitraire et étrangère ne vient déranger le cours régulier des choses, ce qui donne un moyen sûr de discerner le mythe de la vérité[1]. De cette maxime naît l'exégèse biblique, non seulement celle que fait Voltaire, mais encore celle qu'on fera plus tard. En attendant, il court en sceptique à travers les annales de tous les peuples,

1. *Essai sur les mœurs*, chap. CXLVII, résumé. « Un lecteur sage « s'apercevra aisément qu'il ne doit croire que les grands événe- « ments qui ont quelque vraisemblance, et regarder en pitié « toutes les fables dont le fanatisme, l'esprit romanesque, la cré- « dulité ont chargé dans tous les temps la scène du monde. »

tranche et retranche légèrement, trop vite, avec excès, surtout lorsqu'il s'agit des anciens, parce que son expédition historique n'est qu'un voyage de reconnaissance, mais avec un coup d'œil si juste que, de sa carte sommaire, nous pouvons garder presque tous les contours. L'homme primitif ne fut point un être supérieur, éclairé d'en haut, mais un sauvage grossier, nu, misérable, lent dans sa croissance, tardif dans son progrès, le plus dépourvu et le plus nécessiteux de tous les animaux, à cause de cela sociable, né comme l'abeille et le castor avec l'instinct de vivre en troupe, outre cela imitateur comme le singe, mais plus intelligent, capable de passer par degrés du langage des gestes au langage articulé, ayant commencé par un idiome de monosyllabes, qui peu à peu s'est enrichi, précisé et nuancé[1]. Que de siècles pour atteindre à ce premier langage! Combien d'autres siècles ensuite pour l'invention des arts les plus nécessaires, pour l'usage du feu, la fabrication des « haches de silex et de jade », la fonte et l'affinage des métaux, la domestication des animaux, l'élevage et l'amélioration des plantes comestibles, pour l'établissement des premières sociétés policées et durables, pour la découverte de l'écriture, des chiffres, des périodes

1. *Traité de métaphysique*, chap. I. « Descendu sur ce petit « amas de boue et n'ayant pas plus de notion de l'homme que « l'homme n'en a des habitants de Mars et de Jupiter, je débarque sur les côtes de l'océan dans le pays de la Cafrerie, et « d'abord je me mets à chercher un homme. Je vois des singes, « des éléphants et des nègres qui me semblent tous avoir quel- « que lueur d'une raison imparfaite, etc. » — On voit ici très nettement et en exercice la méthode nouvelle.

astronomiques[1]! Alors seulement, après un crépuscule d'une longueur indéfinie et énorme, on voit en Chaldée, en Chine, commencer l'histoire certaine et datée. Il y a cinq ou six de ces grands centres indépendants de civilisation spontanée, la Chine, Babylone, l'ancienne Perse, l'Inde, l'Égypte, la Phénicie, les deux empires d'Amérique. Ramassons leurs débris, lisons ceux de leurs livres qui ont subsisté et que les voyageurs nous rapportent, les cinq Kings des Chinois, les Védas des Hindous, le Zend-Avesta des anciens Perses, et nous y trouverons des religions, des morales, des philosophies, des institutions aussi dignes d'attention que les nôtres. Encore aujourd'hui trois de ces Codes, ceux de l'Inde, de la Chine et des musulmans, gouvernent des contrées aussi vastes que notre Europe et des peuples qui nous valent bien. N'allons pas, comme Bossuet, « oublier l'univers dans une histoire universelle », et subordonner le genre humain à un petit peuple confiné dans un canton pierreux auprès de la mer Morte[2]. L'histoire humaine est chose naturelle comme le reste; sa direction lui vient de ses éléments; il n'y a point de force extérieure qui la mène, mais des forces intérieures qui la font : elle ne va pas vers un but, elle aboutit à un effet. Et cet effet principal est le progrès de l'esprit humain. « Au

1. *Introduction à l'Essai sur les mœurs : Des sauvages.* — Buffon, *Époques de la nature*, septième époque. Sur l'amélioration des espèces utiles, il énonce d'avance les idées de Darwin.

2. *Remarques de l'Essai sur les mœurs* : « On peut parler de « ce peuple en théologie, mais il mérite peu de place en histoire. » — *Entretiens entre A, B, C, 7e entretien.*

» milieu de tant de saccagements et de destruction, nous « voyons un amour de l'ordre qui anime en secret le « genre humain et qui a prévenu sa ruine totale. C'est « un des ressorts de la nature qui reprend toujours sa « force; c'est lui qui a formé le code des nations, c'est « par lui qu'on révère la loi et les ministres de la loi « dans le Tunquin et dans l'île Formose comme à « Rome. » Ainsi il y a dans l'homme « un principe de « raison », c'est-à-dire un « instinct de mécanique » qui lui suggère les idées utiles[1], et un instinct de justice qui lui suggère les idées morales. Ces deux instincts font partie de sa constitution; il les a de naissance, « comme « les oiseaux ont leurs plumes, et comme les ours ont « leur fourrure ». C'est pourquoi il est perfectible par nature et ne fait que se conformer à la nature lorsqu'il améliore son esprit et sa condition. Le sauvage, « le « Brasilien est un animal qui n'a pas encore atteint le « complément de son espèce; c'est une chenille enfermée « dans sa fève et qui ne sera papillon que dans quelques « siècles ». Poussez plus loin cette idée avec Turgot et Condorcet[2], et, à travers des exagérations, vous verrez naître, avant la fin du siècle, notre théorie moderne du progrès, celle qui fonde toutes nos espérances sur l'avancement indéfini des sciences, sur l'accroissement du bien-être que leurs découvertes appliquées apportent incessamment dans la condition humaine, et, sur l'ac-

1. Franklin définissait l'homme : « un animal qui fait des « outils ».

2. Condorcet, *Esquisse d'un tableau historique des progrès de l'esprit humain.*

croissement du bon sens que leurs découvertes vulgarisées déposent lentement dans l'esprit humain.

Reste un second principe à poser pour achever la fondation de l'histoire. Découvert par Montesquieu, aujourd'hui encore il nous sert d'appui pour construire, et, si nous devons reprendre en sous-œuvre l'édifice du maître, c'est seulement parce que l'érudition accrue a mis entre nos mains des matériaux plus solides et plus nombreux. Dans une société humaine, toutes les parties se tiennent; on n'en peut altérer une sans introduire par contre-coup dans les autres une altération proportionnée. Les institutions, les lois, les mœurs n'y sont point juxtaposées comme dans un amas, par hasard ou caprice, mais liées entre elles, par convenance ou nécessité, comme dans un concert[1]. Selon que l'autorité est aux mains de tous, ou de plusieurs, ou d'un seul, selon que le prince admet ou n'admet pas au-dessus de lui des lois fixes et au-dessous de lui des pouvoirs intermédiaires, tout diffère ou tend à différer dans un sens prévu et d'une quantité constante, l'esprit public, l'éducation, la forme des jugements, la nature et le degré des peines, la condition des femmes, l'institution militaire, la nature et la grandeur de l'impôt. Du grand

1. *Esprit des Lois*, préface : « J'ai d'abord examiné les hommes « et j'ai cru que, dans cette infinie diversité de lois et de mœurs, « ils n'étaient pas uniquement conduits par leurs fantaisies. J'ai « posé les principes et j'ai vu les cas particuliers s'y plier comme « d'eux-mêmes, les histoires de toutes les nations n'en être que « les suites, et chaque loi particulière liée à une autre loi ou « dépendre d'une autre plus générale. »

rouage central dépendent une multitude de rouages secondaires. Car, si l'horloge marche, c'est par l'accord de ses diverses pièces, d'où il suit que, si l'accord cesse, l'horloge se détraquera. Mais, outre le ressort principal, il y en a d'autres qui, agissant sur lui ou combinant leur action avec la sienne, impriment à chaque horloge un tour propre et une marche particulière. Tel est d'abord le climat, c'est-à-dire le degré du chaud et du froid, du sec et de l'humide, avec ses conséquences infinies sur le physique et sur le moral de l'homme, par suite sur la servitude ou la liberté politique, civile et domestique. Tel est aussi le terrain, selon sa fertilité, sa position et sa grandeur. Tel est le régime physique, selon que le peuple est chasseur, pasteur ou agriculteur. Telle est la fécondité de la race, par suite la multiplication lente ou rapide de la population, et aussi le nombre excessif tantôt des mâles, tantôt des femelles. Tels sont enfin le caractère national et la religion. — Toutes ces causes ajoutées l'une à l'autre ou limitées l'une par l'autre contribuent ensemble à un effet total, qui est la société. Simple ou compliquée, stable ou changeante, barbare ou civilisée, cette société a en elle-même ses raisons d'être. On peut expliquer sa structure, si bizarre qu'elle soit, ses institutions, si contradictoires qu'elles paraissent. Ni la prospérité, ni la décadence, ni le despotisme, ni la liberté ne sont des coups de dés amenés par les vicissitudes de la chance, ou des coups de théâtre improvisés par l'arbitraire d'un homme. Elles ont des conditions auxquelles nous ne pouvons nous soustraire. En tout cas, il nous est utile de connaître ces conditions, soit pour améliorer notre état, soit pour le prendre en patience, tantôt pour exécuter les réformes opportunes, tantôt pour renoncer aux réformes impraticables, tantôt pour avoir l'habileté qui réussit, tantôt pour acquérir la prudence qui s'abstient.

IV

Nous voici arrivés au centre des sciences morales, il s'agit de l'homme en général. Nous avons à faire l'histoire naturelle de l'âme, et nous la ferons comme toutes les autres, en écartant les préjugés, en ne tenant compte que des faits, en prenant pour guide l'analogie, en commençant par les origines, en suivant pas à pas le développement qui, d'un enfant, d'un sauvage, d'un homme inculte et primitif, fait l'homme raisonnable et cultivé. Considérons les débuts de la vie, l'animal au plus bas degré de l'échelle, l'homme à l'instant qui suit sa naissance. Ce que nous trouvons d'abord en lui, c'est la sensation, de telle ou telle espèce, agréable ou pénible, par suite un besoin, tendance ou désir, par suite enfin, grâce à un mécanisme physiologique, des mouvements volontaires ou involontaires, plus ou moins exactement et plus ou moins vite appropriés et coordonnés. Et ce fait élémentaire n'est pas seulement primitif; il est encore incessant et universel, puisqu'on le rencontre à chaque moment de chaque vie, dans la plus compliquée comme dans la plus simple. Cherchons donc s'il n'est pas le fil dont toute notre trame mentale est tissée, et si le déroulement spontané qui le noue maille à maille n'aboutit pas à fabriquer le réseau entier de nos pensées et de nos passions. — Sur cette idée, un esprit d'une précision et d'une lucidité incomparables, Condillac, donne à presque toutes les grandes questions les réponses que le préjugé théologique renaissant et l'importation de la métaphysique allemande devaient discréditer chez nous au commencement du dix-neuvième siècle, mais que l'observation renouvelée, la pathologie mentale instituée et les vivisections multipliées viennent aujourd'hui ranimer, justifier et compléter[1]. Déjà Locke avait dit que toutes nos idées ont pour source première l'expérience externe ou interne. Condillac montre en outre que toute perception, souvenir, idée, imagination, jugement, raisonnement, connaissance, a pour *éléments actuels* des sensations proprement dites ou des sensations renaissantes; nos plus hautes idées n'ont pas d'autres matériaux; car elles se réduisent à des signes qui sont eux-mêmes des sensations d'un certain genre. Ainsi les sensations sont la substance de l'intelligence humaine comme de l'intelligence animale; mais la première dépasse infiniment la seconde, en ceci que, par

1. Pinel (1791), Esquirol (1838), sur les maladies mentales, — Prochaska, Le Gallois (1812), puis Flourens pour les vivisections. — Hartley et James Mill, à la fin du dix-huitième siècle, suivent en psychologie la même voie que Condillac; aujourd'hui toute la psychologie contemporaine y est rentrée. (Wundt, Helmholtz. Fechner en Allemagne, Bain, Stuart Mill, Herbert Spencer, Carpenter en Angleterre.)

la création des signes, elle parvient à isoler, extraire et noter des fragments de ses sensations, c'est-à-dire à former, combiner et manier des notions générales. — Cela posé, nous pouvons vérifier toutes nos idées; car nous pouvons toutes les refaire, et reconstruire avec réflexion ce que sans réflexion nous avions construit. Au commencement, point de définitions abstraites : l'abstrait est ultérieur et dérivé; ce qu'il faut mettre en tête de chaque science, ce sont des exemples, des expériences, des faits sensibles; c'est de là que nous extrairons notre idée générale. Pareillement, de plusieurs idées générales du même degré, nous en extrairons une autre plus générale, et ainsi de suite, pas à pas, en cheminant toujours selon l'ordre naturel, par une analyse continue, avec des notations expressives, à l'exemple des mathématiques qui passent du calcul par les doigts au calcul par les chiffres, puis de là au calcul par les lettres, et qui, appelant les yeux au secours de la raison, peignent l'analogie intime des quantités par l'analogie extérieure des symboles. De cette façon la science parfaite s'achèvera par une langue bien faite[1]. — Grâce à ce renversement du procédé ordinaire, nous coupons court à toutes les disputes de mots, nous échappons aux illusions de la parole humaine, nous simplifions l'étude, nous refaisons l'enseignement, nous assurons la découverte, nous soumettons toute assertion au contrôle, et nous mettons toute vérité à la portée de tout esprit.

1. Condillac, passim, et notamment dans ses deux derniers ouvrages, la *Logique* et la *Langue des calculs*.

V

C'est ainsi qu'il faut procéder dans toutes les sciences, et notamment dans les sciences morales et politiques. Considérer tour à tour chaque province distincte de l'action humaine, décomposer les notions capitales sous lesquelles nous la concevons, celles de religion, de société et de gouvernement, celles d'utilité, de richesse et d'échange, celles de justice, de droit et de devoir; remonter jusqu'aux faits palpables, aux expériences premières, aux événements simples dans lesquels les éléments de la notion sont inclus; en retirer ces précieux filons sans omission ni mélange; recomposer avec eux la notion, fixer son sens, déterminer sa valeur; remplacer l'idée vague et vulgaire de laquelle on est parti par la définition précise et scientifique à laquelle on aboutit et le métal impur qu'on a reçu par le métal affiné qu'on obtient : voilà la méthode générale que les philosophes enseignent alors sous le nom d'analyse et qui résume tout le progrès du siècle. — Jusqu'ici et non plus loin ils ont raison : la vérité, toute vérité est dans les choses observables et c'est de là uniquement qu'on peut la tirer; il n'y a pas d'autre voie qui conduise aux découvertes. — Sans doute l'opération n'est fructueuse que si la gangue est abondante et si l'on possède les procédés d'extraction; pour avoir une notion juste de l'État, de la religion, du droit, de la richesse, il faut être au préalable historien, jurisconsulte, économiste, avoir recueilli des myriades de faits et posséder, outre une vaste érudition, une finesse très exercée et toute spéciale. Sans doute encore, si ces conditions ne sont qu'à demi remplies, l'opération ne donne que des produits incomplets ou d'aloi douteux, des ébauches de sciences, les rudiments de la pédagogie avec Rousseau, de l'économie politique avec Quesnay, Smith et Turgot, de la linguistique avec le président de Brosses, de l'arithmétique morale et de la législation pénale avec Bentham. Sans doute enfin, si aucune de ces conditions n'est remplie, la même opération, exécutée par des spéculatifs de cabinet, par des amateurs de salon et par des charlatans de place publique, n'aboutit qu'à des composés malfaisants et à des explosions meurtrières. — Mais une bonne règle demeure bonne, même après que l'ignorance et la précipitation en ont fait mauvais usage, et, si aujourd'hui nous reprenons l'œuvre manquée du dix-huitième siècle, c'est dans les cadres qu'il nous a transmis.

CHAPITRE II

Deuxième élément, l'esprit classique. — I. Ses indices, sa durée, sa puissance. — Ses origines et son public. — Son vocabulaire, sa grammaire, son style. — Son procédé, ses mérites, ses défauts. — II. Sa lacune originelle. — Signes de cette lacune au dix-septième siècle. — Elle s'accroît avec le temps et le succès. — Preuves de cet accroissement au dix-huitième siècle. — Poèmes sérieux, théâtre, histoire, romans. — Conception écourtée de l'homme et de la vie humaine. — III. Conformité de la méthode philosophique. — L'idéologie. — Abus du procédé mathématique. — Condillac, Rousseau, Mably, Condorcet, Volney, Siéyès, Cabanis, Tracy. — Excès des simplifications et témérité des constructions.

Ce grand et magnifique édifice de vérités nouvelles ressemble à une tour dont le premier étage, subitement achevé, devient tout d'un coup accessible au public. Le public y monte, et les constructeurs lui disent de regarder, non pas au ciel et dans les espaces, mais devant lui, autour de lui, du côté de la terre, pour connaître enfin le pays qu'il habite. Certainement, le point de vue est bon et le conseil est judicieux. Mais on en conclurait à tort que le public verra juste; car il reste encore à examiner l'état de ses yeux, s'il est presbyte ou myope, si, par habitude ou par nature, sa rétine n'est pas impropre à sentir certaines couleurs. Pareillement il nous reste à considérer les Français du dix-huitième siècle, la structure de leur œil intérieur, je veux dire la forme fixe d'intelligence qu'ils emportent avec eux, sans le savoir et sans le vouloir, sur leur nouvelle tour.

I

Cette forme fixe est l'esprit classique, et c'est elle qui, appliquée à l'acquis scientifique du temps, a produit la philosophie du siècle et les doctrines de la Révolution. On reconnaît sa présence à divers indices, notamment au règne du style oratoire, régulier, correct, tout composé d'expressions générales et d'idées contiguës. Elle dure deux siècles, depuis Malherbe et Balzac jusqu'à Delille et M. de Fontanes; pendant cette période si longue, nulle intelligence, sauf deux ou trois, et encore dans des mémoires secrets comme Saint-Simon, dans des lettres familières comme le marquis et le bailli de Mirabeau, n'ose et ne peut se soustraire à son empire. Bien loin de finir avec l'ancien régime, elle est le moule d'où sortent tous les discours, tous les écrits, jusqu'aux phrases et au vocabulaire de la Révolution. Or, quoi de plus efficace qu'un moule préalable, imposé, accepté, dans lequel, en vertu du naturel, de la tradition et de l'éducation, tout esprit s'enferme pour penser? Celui-ci est donc une force historique et de premier ordre. Pour le bien connaître, voyons-le se former. — Il s'établit en même temps que la monarchie régulière et la conversation polie, et il les accompagne, non par accident, mais par nature. Car il est justement l'œuvre de ce public nouveau que forment alors le nouveau régime et les nouvelles mœurs · je veux dire de l'aristocratie désœuvrée par la monarchie envahissante, des gens bien nés, bien élevés, qui, écartés de l'action, se rejettent vers la conversation et occupent leur loisir à goûter tous les plaisirs sérieux ou délicats de l'esprit[1]. A la fin, ils n'auront plus d'autre emploi ni d'autre intérêt : causer, écouter, s'entretenir avec agrément et avec aisance de tous les sujets, graves ou légers, qui peuvent intéresser des hommes ou même des femmes du monde, voilà leur grande affaire. Au dix-septième siècle, on les appelle « les honnêtes gens », et c'est à eux désormais que s'adresse l'écrivain, même le plus abstrait. « L'honnête homme, dit Descartes, n'a pas « besoin d'avoir lu tous les livres ni d'avoir appris soi« gneusement tout ce qu'on enseigne dans les écoles » ; et il intitule son dernier traité « Recherche de la vérité « selon les lumières naturelles qui, à elles seules et « sans le secours de la religion et de la philosophie, « déterminent les opinions que doit avoir un *honnête* « *homme* sur toutes les choses qui doivent faire l'objet

1. Voltaire, *Dictionnaire philosophique*, article *Langue*. « De « toutes les langues de l'Europe, la française doit être la plus « générale, parce qu'elle est la plus propre à la conversation. Elle « a pris son caractère dans celui du peuple qui la parle. Les « Français ont été, depuis plus de cent cinquante ans, le peuple « qui a le plus connu la société et qui en a le premier écarté « toute gêne.... C'est une monnaie plus courante que les autres, « quand même elle manquerait de poids. »

« de ses pensées[1] ». En effet, d'un bout à l'autre de sa philosophie, pour toute préparation il ne demande à ses lecteurs que « le bon sens naturel », joint à cette provision d'expérience courante que donne la pratique du monde. — Comme ils sont l'auditoire, ils sont les juges. « C'est le goût de la cour qu'il faut étudier, dit « Molière[2]; il n'y a point de lieu où les décisions soient « si justes.... Du simple bon sens naturel et du com- « merce de tout le beau monde, on s'y fait une manière « d'esprit qui, sans comparaison, juge plus finement « les choses que tout le savoir enrouillé des pédants. » — A partir de ce moment, on peut dire que l'arbitre de la vérité et du goût n'est plus, comme auparavant, l'érudit, Scaliger par exemple, mais l'homme du monde, un La Rochefoucauld, un Tréville[3]. Le pédant, et à sa suite le savant, l'homme spécial est écarté.

1. Descartes, éd. Cousin, t. XI, 333. 340; I, 121. Descartes déprime « les simples connaissances qui s'acquièrent sans le secours « du raisonnement, telles que les langues, l'histoire, la géogra- « phie, et en général tout ce qui ne dépend que de l'expérience.... « Il n'est pas plus du devoir d'un honnête homme de savoir le « grec et le latin que le langage suisse et le bas-breton, ni l'his- « toire de l'empire romano-germanique que celle du plus petit « État qui se trouve en Europe ».

2. Molière, *les Femmes savantes* et *la Critique de l'École des femmes*. Rôles de Dorante en face de Lysidas et de Clitandre en face de Trissotin.

3. Le docte Huet (1630-1721), qui en était resté au goût du seizième siècle, décrit ce changement très bien et à son point de vue. « Quand je suis entré dans le monde des lettres, elles étaient « encore florissantes; de grands personnages en soutenaient la « gloire. J'ai vu les lettres décliner et tomber enfin dans une « décadence presque entière. Car je ne connais presque personne « aujourd'hui qu'on puisse véritablement appeler savant. » — Du Cange, quelques bénédictins comme Mabillon, plus tard l'académi-

« Les vrais honnêtes gens, dit Nicole d'après Pascal, « ne veulent point d'enseigne. On ne les devine point, « ils parleront des choses dont on parlait quand ils « sont entrés. Ils ne sont point appelés poètes ni « géomètres, mais ils jugent de tous ceux-là[1]. » — Au dix-huitième siècle, leur autorité est souveraine. Dans la grande foule composée « d'imbéciles » et parsemée de cuistres, il y a, dit Voltaire, « un petit « troupeau séparé qu'on appelle *la bonne compa-« gnie*; ce petit troupeau, étant riche, bien élevé, « instruit, poli, est comme la fleur du genre hu-« main; c'est pour lui que les plus grands hommes « ont travaillé; c'est lui qui donne la réputation[2] ». L'admiration, la faveur, l'importance appartiennent, non à ceux qui en sont dignes, mais à ceux qui s'adressent à lui. « En 1789, disait l'abbé Maury, l'Académie « française était seule considérée en France et donnait « réellement un état. Celle des Sciences ne signifiait « rien dans l'opinion, non plus que celle des Inscrip-« tions.... Les langues sont la science des sots. « D'Alembert avait honte d'être de l'Académie des « Sciences. Un mathématicien, un chimiste, etc., ne « sont entendus que par une poignée de gens; le litté-« rateur, l'orateur s'adressent à l'univers[3]. » — Sous

cien Fréret, Bréquigny, le président Bouhier, à Dijon, bref les vrais érudits, restent sans influence.

1. Nicole, *Œuvres morales*, second traité de la charité et de l'amour-propre, 142.

2. Voltaire, *Dialogues*, *L'intendant des menus et l'abbé Grizel*, 129

3. Maury ajoutait avec sa brutalité habituelle : « A l'Académie

une pression si forte, il faut bien que l'esprit prenne le tour oratoire et littéraire, et s'accommode aux exigences, aux convenances, aux goûts, au degré d'attention et d'instruction de son public. De là le moule classique : il est formé par l'habitude de parler, d'écrire et de penser en vue d'un auditoire de salon.

La chose est visible, et du premier coup d'œil, pour la langue et le style. Entre Amyot, Rabelais, Montaigne d'un côté, et Chateaubriand, Victor Hugo, Honoré de Balzac de l'autre, naît et finit le français classique. Dès l'origine il a son nom : c'est la langue des honnêtes gens; il est fait, non seulement pour eux, mais pas eux[1], et Vaugelas, leur secrétaire, ne s'applique pendant trente ans qu'à enregistrer les décisions « du bon usage ». C'est pourquoi, dans toutes ses parties, vocabulaire et grammaire, la langue se réforme et se reforme sur le modèle de leur esprit, qui est l'esprit régnant. — En premier lieu, le vocabulaire s'allège. On exclut du discours la plupart des mots qui servent à l'érudition spéciale et à l'expérience technique, les expressions trop latines ou trop grecques, les termes propres d'école, de science, de métier, de ménage, tout

« Française, nous regardions les membres de celle des Sciences « comme nos valets ». — Ces valets étaient alors Lavoisier, Fourcroy, Lagrange, Laplace, etc. (Récit du comte Joseph de Maistre cité par Sainte-Beuve, *Causeries du lundi*, IV, 283.)

1. Vaugelas, *Remarques sur la langue française* : « C'est la « façon de parler de la plus saine partie de la cour conformé- « ment à la façon d'écrire de la plus saine partie des auteurs du « temps.... Il vaut mieux consulter les femmes et ceux qui n'ont « point étudié que ceux qui sont bien savants en la langue grec- « que et en la latine. »

ce qui sent de trop près une occupation ou profession particulière et n'est pas de mise dans la conversation générale. On en ôte quantité de mots expressifs et pittoresques, tous ceux qui sont crus, gaulois ou naïfs, tous ceux qui sont locaux et provinciaux ou personnels et forgés, toutes les locutions familières et proverbiales[1], nombre de tours familiers, brusques et francs, toutes les métaphores risquées et poignantes, presque toutes ces façons de parler inventées et primesautières qui, par leur éclair soudain, font jaillir dans l'imagination la forme colorée, exacte et complète des choses, mais dont la trop vive secousse choquerait les bienséances de la conversation polie. « Il ne faut qu'un mauvais mot, « disait Vaugelas, pour faire mépriser une personne « dans une compagnie », et, à la veille de la Révolution, un mauvais mot dénoncé par Mme de Luxembourg rejette encore un homme au rang des « espèces », parce que le bon langage est toujours une partie des bonnes façons. — Par ce grattage incessant la langue se réduit et se décolore : Vaugelas juge déjà qu'on a retranché la moitié des phrases et des mots d'Amyot[2].

1. Une des causes de la chute et de la défaveur du marquis d'Argenson, au dix-huitième siècle, fut l'habitude qu'il avait d'employer ces sortes de locutions.

2. Vaugelas, *ib.* « Bien que nous ayons retranché la moitié de « ses phrases et de ses mots, nous ne laissons pas de trouver « dans l'autre moitié presque toutes les richesses dont nous nous « vantons et dont nous faisons parade. » — Comparez le lexique de deux ou trois écrivains du seizième siècle et de deux ou trois écrivains du dix-septième. J'essaye de donner ici en abrégé les résultats de la comparaison; si on la fait, la plume à la main, sur cent pages de deux textes, on sera étonné de la différence.

Sauf chez La Fontaine, un génie spontané et isolé qui rouvre les sources anciennes, sauf chez La Bruyère, un chercheur hardi qui ouvre une source nouvelle, sauf chez Voltaire, un démon incarné qui, dans ses écrits anonymes ou pseudonymes, lâche la bride aux violences et à la crudité de sa verve[1], les mots propres tombent en désuétude. Un jour, à l'Académie, Gresset, dans un discours, en osa lâcher cinq ou six[2] : il s'agissait, je crois, de voitures et de coiffures; des murmures éclatèrent; pendant sa longue retraite, il était devenu provincial et avait perdu le ton. — Par degrés, on en vient à ne plus composer le discours que « d'expressions générales ». Même, selon le précepte de Buffon, on les emploie pour désigner les choses particulières. Cela est plus conforme à l'urbanité, qui efface, qui atténue, qui évite les accents brusques et familiers, à qui nombre d'idées sembleraient grossières ou triviales, si on ne les enveloppait d'un demi-voile. Cela est plus commode pour l'attention paresseuse; il n'y a que les termes généraux de la conversation pour réveiller à l'instant les idées courantes et communes; tout homme les entend par cela seul qu'il est du salon; au contraire, des termes particuliers demanderaient un effort de mémoire ou d'imagination; si, à propos des sauvages ou des anciens Francs, je dis « la hache de guerre »,

Prendre pour exemple deux écrivains du même genre et de second ordre, Charron et Nicole.

1. Par exemple, l'article *Ignorance* dans le *Dictionnaire philosophique*.

2. Laharpe, *Cours de littérature*, éd Didot, II, 142.

tous comprennent du premier coup; si je dis « le tomahawk », où « la francisque », plusieurs supposeront que je parle teuton ou iroquois[1]. A cet égard, plus le genre est élevé, plus le scrupule est fort; tout mot propre est banni de la poésie; quand on en rencontre un, il faut l'esquiver ou le remplacer par une périphrase. Un poète du dix-huitième siècle n'a guère à sa disposition que le tiers environ du dictionnaire, et la langue poétique à la fin sera si restreinte que, lorsqu'un homme aura quelque chose à dire, il ne pourra plus le dire en vers.

En revanche, plus on élague et plus on éclaircit. Réduit à un vocabulaire de choix, le français dit moins de choses, mais il les dit avec plus de justesse et d'agrément. « Urbanité, exactitude », ces deux mots qui naissent en même temps que l'Académie française sont l'abrégé de la réforme dont elle est l'organe et que les salons, par elle et à côté d'elle, imposent au public. De grands seigneurs retirés, de belles dames oisives s'amusent à démêler les nuances des termes pour en composer des maximes, des définitions et des portraits. Avec un scrupule admirable et une délicatesse de tact infinie, écrivains et gens du monde s'appliquent à peser chaque mot et chaque locution, pour en fixer le sens, pour

1. Pour prendre un exemple au hasard, je trouve dans *l'Optimiste* (1788), de Colin d'Harleville, l'indication suivante : « La scène « représente un bosquet rempli d'arbres odoriférants. » — Il eût été contraire à l'esprit classique de dire quels étaient ces arbres, lilas, tilleuls, aubépines, etc. — De même dans les paysages peints, les arbres ne sont d'aucune espèce connue : ce sont des barres en général.

en mesurer la force et la portée, pour en déterminer les affinités, l'usage et les alliances, et ce travail de précision se poursuit depuis les premiers académiciens, Vaugelas, Chapelain et Conrart, jusqu'à la fin de l'âge classique, par les *Synonymes* de Beauzée et de Girard, par les *Remarques* de Duclos, par le *Commentaire* de Voltaire sur Corneille, par le *Lycée* de Laharpe[1], par l'effort, l'exemple, la pratique et l'autorité des grands et petits écrivains qui sont tous corrects. Jamais architectes, obligés de n'employer pour bâtir que les pavés de la grande route publique, n'ont si bien connu chacune de leurs pierres, ses dimensions, sa coupe, sa résistance, ses attaches possibles, sa place convenable. — Cela fait, il s'agit de construire avec le moins de peine et le plus de solidité qu'il se pourra, et la grammaire se réforme en même temps et dans le même sens que le dictionnaire. Elle ne permet plus aux mots de se suivre selon l'ordre variable des impressions et des émotions; elle les dispose régulièrement et rigoureusement selon l'ordre immuable des idées. L'écrivain perd le droit de mettre en tête et en vedette l'objet ou le trait qui le frappe le plus vivement et d'abord : le cadre est fait, les places sont désignées d'avance. Chaque partie du discours a la sienne: défense d'en omettre ou d'en transposer une seule, comme on faisait au seizième siècle[2];

1. Voir dans le *Lycée* de Laharpe, après l'analyse de chaque pièce, les remarques de détail sur le style.

2. Omission des pronoms *je*, *il*, *nous*, *vous*, *ils*, des articles *le*, *la*, *les*, du verbe et notamment du verbe *est*. — Quant aux transpositions, il suffit de lire une page de Rabelais, Amyot ou Mon-

il les faut toutes et aux endroits marqués, d'abord le sujet avec ses appendices, puis le verbe, puis le régime direct, enfin le complément indirect. De cette façon, la phrase est un échafaudage gradué, où l'esprit place d'abord la substance, puis la qualité, puis les manières d'être de la qualité, comme un bon architecte qui pose en premier lieu le fondement, puis la bâtisse, puis les accessoires, par économie et par prudence, afin de préparer dans chaque morceau de son édifice un support pour le morceau qui suit. Il n'y a pas de phrase qui demande une moindre dépense d'attention, ni où l'on puisse, à chaque pas, constater plus sûrement l'attache ou l'incohérence des parties[1]. — La méthode qui arrange la phrase simple arrange aussi la période, le paragraphe et la série des paragraphes; elle fait le style, comme elle a fait la syntaxe. Dans le grand édifice total, il y a, pour chaque petit édifice partiel, un lieu distinct, et il n'y en a qu'un. A mesure que le discours avance, chaque emplacement doit se remplir à son tour, jamais avant, jamais après, sans que jamais un membre parasite soit introduit, sans que jamais un membre légitime usurpe sur son voisin; et tous ces membres, liés entre eux par leur position même, doivent concourir de toutes leurs forces à un seul objet. Enfin, pour la première fois, voici dans un écrit des groupes naturels et distincts, des ensembles clos et complets, dont aucun n'empiète ni ne

taigne, pour voir combien alors elles étaient nombreuses et variées.

1. Vaugelas, *ib.* « Il n'y a pas de langue qui soit plus ennemie « des équivoques et de toutes sortes d'obscurités. »

subit d'empiètement. Il n'est plus permis d'écrire au hasard et selon le caprice de la verve, de jeter ses idées par paquets, de s'interrompre par des parenthèses, d'enfiler l'enfilade interminable des citations et des énumérations. Un but est donné : il y a quelque vérité à prouver, quelque définition à trouver, quelque persuasion à produire; pour cela, il faut marcher toujours, et toujours droit. Ordonnance, suite, progrès, transitions ménagées, développement continu, tels sont les caractères de ce style. Cela va si loin qu'à l'origine[1] les lettres familières, les romans, les plaisanteries de société, les pièces de galanterie et de badinage sont des morceaux d'éloquence méthodique. A l'hôtel de Rambouillet, la période explicative s'étale avec autant d'ampleur et de raideur que chez Descartes lui-même. Un des mots les plus fréquents chez Mlle de Scudéry est la conjonction *car*. On déduit sa passion en raisonnements bien liés. Des gentillesses de salon s'allongent en phrases aussi concertées qu'une dissertation académique. L'instrument à peine formé manifeste déjà ses aptitudes; on sent qu'il est fait pour expliquer, démontrer, persuader et vulgariser; un siècle plus tard, Condillac aura raison de dire qu'il est par lui-même un procédé systématique de décomposition et de recomposition, une méthode

1. Voir les principaux romans du dix-septième siècle, *le Roman bourgeois* de Furetière, *la Princesse de Clèves* par Mme de la Fayette, la *Clélie* de Mlle de Scudéry, et même *le Roman comique* de Scarron. — Voir les lettres de Balzac, de Voiture et de leurs correspondants, le *Récit des grands jours d'Auvergne* par Fléchier, etc.... Sur le caractère oratoire de ce style, cf. Sainte-Beuve, *Port-Royal*, 2e éd., I, 515.

scientifique analogue à l'arithmétique et à l'algèbre. A tout le moins, il a cet avantage incontesté, qu'en partant de quelques termes usuels il conduit aisément et promptement tout lecteur, par une série de combinaisons simples, jusqu'aux combinaisons les plus hautes[1]. A ce titre, en 1789, la langue française est la première de toutes. L'Académie de Berlin propose en concours l'explication de sa prééminence. On la parle dans toute l'Europe. On ne parle qu'elle dans la diplomatie. Elle est internationale comme autrefois le latin, et il semble qu'elle soit désormais l'organe préféré de la raison.

Elle n'est que l'organe d'une certaine raison, la raison raisonnante, celle qui veut penser avec le moins de préparation et le plus de commodité qu'il se pourra, qui se contente de son acquis, qui ne songe pas à l'accroître ou à le renouveler, qui ne sait pas ou ne veut pas embrasser la plénitude et la complexité des choses réelles. Par son purisme, par son dédain pour les termes propres et les tours vifs, par la régularité minutieuse de ses développements, le style classique est incapable de peindre ou d'enregistrer complètement les détails infinis et accidentés de l'expérience. Il se refuse à exprimer les dehors physiques des choses, la sensation directe du spectateur, les extrémités hautes et basses de la passion, la physionomie prodigieusement composée et absolument personnelle de l'individu vivant, bref cet ensemble

1. Voltaire, *Essai sur le poème épique*. « Notre nation, regardée « comme si légère par les étrangers, est de toutes les nations la « plus sage, la plume à la main La méthode est la qualité domi- « nante de nos écrivains. »

unique de traits innombrables, accordés et mobiles, qui composent, non pas le caractère humain en général, mais tel caractère humain, et qu'un Saint-Simon, un Balzac, un Shakspeare lui-même ne pourraient rendre, si le langage copieux qu'ils manient et que leurs témérités enrichissent encore, ne venait prêter ses nuances aux détails multipliés de leur observation[1]. Avec ce style, on ne peut traduire ni la Bible, ni Homère, ni Dante, ni Shakspeare[2]; lisez le monologue d'Hamlet dans Voltaire, et voyez ce qu'il en reste, une déclamation abstraite, à peu près ce qui reste d'Othello dans son Orosmane. Regardez dans Homère, puis dans Fénelon, l'île de Calypso : l'île rocheuse, sauvage, où nichent « les mouettes et les autres oiseaux de mer aux longues « ailes », devient dans la belle prose française un parc quelconque arrangé « pour le plaisir des yeux ». Au dix-huitième siècle, des romanciers contemporains, et qui sont eux-mêmes de l'âge classique, Fielding, Swift,

1. Les œuvres de Milton contiennent environ 8000 mots. « Shakspeare, chez qui la variété de l'expression est probablement « plus grande que dans tout autre écrivain de quelque langue « que ce soit, a composé toutes ses pièces avec 15 000 mots environ. » (Max Müller, *Lectures on the science of language*, I, 309.) — Il serait curieux d'établir en regard le compte si restreint du vocabulaire de Racine. Celui des romans de Mlle de Scudéry est extrêmement limité. Dans le plus beau roman du dix-septième siècle, *la Princesse de Clèves*, le nombre des mots est réduit au minimum. — Le *Dictionnaire* de l'ancienne Académie française contient 29 712 mots; le *Thesaurus grec* de H. Estienne environ 150 000.

2. Comparez les traductions de la Bible par M. de Sacy et par Luther, celles d'Homère par M. Dacier, Bitaubé, etc., et par Leconte de Lisle, celles d'Hérodote par Larcher et par Courier, les *Contes populaires* de Perrault et ceux de Grimm, etc.

Defoe, Sterne, Richardson, ne sont reçus en France qu'avec des atténuations et après des coupures; ils ont des mots trop francs, des scènes trop fortes; leurs familiarités, leurs crudités, leurs bizarreries feraient tache; le traducteur écourte, adoucit, et parfois, dans sa préface, s'excuse de ce qu'il a laissé. Il n'y a place dans cette langue que pour une portion de la vérité, portion exiguë, et que l'épuration croissante rend tous les jours plus exiguë encore. Considéré en lui-même, le style classique court toujours risque de prendre pour matériaux des *lieux communs* minces et sans substance. Il les étire, il les entrelace, il les tisse; mais, de son engrenage logique, il ne sort qu'un filigrane fragile; on en peut louer l'élégant artifice, mais, dans la pratique, l'œuvre est d'usage petit, nul, ou dangereux.

D'après ces caractères du style, on devine ceux de l'esprit auquel il a servi d'organe. — Deux opérations principales composent le travail de l'intelligence humaine. Placée en face des choses, elle reçoit l'impression plus ou moins exacte, complète et profonde; ensuite, quittant les choses, elle décompose son impression, et classe, distribue, exprime plus ou moins habilement les idées qu'elle en tire. — Dans la seconde de ces opérations, le classique est supérieur. Obligé de s'accommoder à ses auditeurs, c'est-à-dire à des gens du monde qui ne sont point spéciaux et qui sont difficiles, il a dû porter à la perfection l'art de se faire écouter et de se faire entendre, c'est-à-dire l'art de composer et d'écrire. — Avec une industrie délicate et des précautions multipliées, il conduit ses lecteurs par un escalier d'idées doux et rectiligne, de degré en degré, sans omettre une seule marche, en commençant par la plus basse et ainsi de suite jusqu'à la plus haute, de façon qu'ils puissent toujours aller d'un pas égal et suivi, avec la sécurité et l'agrément d'une promenade. Jamais d'interruption ni d'écart possible : des deux côtés, tout le long du chemin, on est maintenu par des balustrades, et chaque idée se continue dans la suivante par une transition si insensible, qu'on avance involontairement, sans s'arrêter ni dévier, jusqu'à la vérité finale où l'on doit s'asseoir. Toute la littérature classique porte l'empreinte de ce talent; il n'y a pas de genre où il ne pénètre et n'introduise les qualités d'un bon discours. — Il domine dans les genres qui, par eux-mêmes, ne sont qu'à demi littéraires, mais qui, grâce à lui, le deviennent, et il transforme en belles œuvres d'art des écrits que leur matière semblait reléguer parmi les livres de science, parmi les instruments d'action, parmi les documents d'histoire, traités philosophiques, exposés de doctrine, sermons, polémique, dissertations et démonstrations, dictionnaires mêmes, depuis Descartes jusqu'à Condillac, depuis Bossuet jusqu'à Buffon et Voltaire, depuis Pascal jusqu'à Rousseau et Beaumarchais, bref la prose presque tout entière, même les dépêches officielles et la correspondance diplomatique, même les correspondances intimes, et, depuis Mme de Sévigné jusqu'à Mme du Deffand, tant de lettres parfaites échappées à la plume de femmes qui n'y songeaient pas. —

Il domine dans les genres qui, par eux-mêmes, sont littéraires, mais qui reçoivent de lui un tour oratoire. Non seulement il impose aux œuvres dramatiques un plan exact, une distribution régulière[1], des proportions calculées, des coupures et des liaisons, une suite et un progrès, comme dans un morceau d'éloquence; mais encore il n'y tolère que des discours parfaits. Point de personnage qui n'y soit un orateur accompli; chez Corneille, Racine et Molière lui-même, un confident, un roi barbare, un jeune cavalier, une coquette de salon, un valet, se montrent passés maîtres dans l'art de la parole. Jamais on n'a vu d'exordes si adroits, de preuves si bien disposées, de raisonnements si justes, de transitions si fines, de péroraisons si concluantes. Jamais le dialogue n'a si fort ressemblé à une joute oratoire. Tous les récits, tous les portraits, tous les exposés d'affaires pourraient être détachés et proposés en modèle dans les écoles, avec les chefs-d'œuvre de la tribune antique. Le penchant est si grand de ce côté, qu'au moment suprême et dans le plus fort de la dernière angoisse, le personnage, seul et sans témoins, trouve moyen de plaider son délire et de mourir éloquemment.

1. Racine, *Discours académique* pour la réception de Thomas Corneille : « Dans ce chaos du poème dramatique, votre illustre frère fit voir sur la scène *la raison*, mais la raison accompagnée de toute la pompe et de tous les ornements dont notre langue est capable. »

II

Cet excès indique une lacune. Des deux opérations qui composent la pensée humaine, le classique fait mieux la seconde que la première. En effet, la seconde nuit à la première, et l'obligation de toujours bien dire l'empêche de dire tout ce qu'il faudrait. Chez lui la forme est plus belle que le fonds n'est riche, et l'impression originale, qui est la source vive, perd, dans les canaux réguliers où on l'enferme, sa force, sa profondeur et ses bouillonnements. La poésie proprement dite, celle qui tient du rêve et de la vision, ne saurait naître. Le poème lyrique avorte, et aussi le poème épique[1]. Rien ne pousse dans ces confins reculés et sublimes par lesquels la parole touche à la musique et à la peinture. Jamais on n'entend le cri involontaire de la sensation vive, la confidence solitaire de l'âme trop pleine[2] qui ne parle que pour se décharger et s'épancher. S'il s'agit, comme dans le poème dramatique, de créer des personnages, le moule classique n'en peut façonner que d'une espèce : ce sont ceux qui, par éducation, nais-

1. Voltaire, *Essai sur le poème épique*, 290. « Il faut avouer « qu'il est plus difficile à un Français qu'à un autre de faire un « poème épique.... Oserai-je l'avouer? C'est que, de toutes les « nations polies, la nôtre est la moins poétique. Les ouvrages en « vers qui sont le plus à la mode en France sont les pièces de « théâtre; ces pièces doivent être écrites dans un style naturel « qui approche de la conversation. »

2. Sauf dans les *Pensées* de Pascal, simples notes griffonnées par un chrétien exalté et malade, et qui certainement ne seraient pas restées les mêmes dans le livre imprimé et complet.

sance ou imitation, parlent toujours bien, en d'autres termes, des gens du monde. Il n'y en a pas d'autres au théâtre ni ailleurs, depuis Corneille et Racine jusqu'à Marivaux et Beaumarchais. Le pli est si fort, qu'il s'impose jusqu'aux animaux de La Fontaine, jusqu'aux servantes et aux valets de Molière, jusqu'aux Persans de Montesquieu, aux Babyloniens, aux Indiens, aux Micromégas de Voltaire. — Encore faut-il ajouter que ces personnages ne sont réels qu'à demi. Dans un caractère vivant, il y a deux sortes de traits : les premiers, peu nombreux, qui lui sont communs avec tous les individus de sa classe et que tout spectateur ou lecteur peut aisément démêler; les seconds, très nombreux, qui n'appartiennent qu'à lui et qu'on ne saisit pas sans quelque effort. L'art classique ne s'occupe que des premiers; de parti pris, il efface, néglige ou subordonne les seconds. Il ne fait pas des individus véritables, mais des caractères généraux, le roi, la reine, le jeune prince, la jeune princesse, le confident, le grand prêtre, le capitaine des gardes, avec quelque passion, habitude ou inclination générale, amour, ambition, fidélité ou perfidie, humeur despotique ou pliante, méchanceté ou bonté native. Quant aux circonstances de temps et de lieu, qui de toutes sont les plus puissantes pour façonner et diversifier l'homme, il les indique à peine; il en fait abstraction. A vrai dire, dans la tragédie, la scène est partout et en tout siècle, et l'on pourrait affirmer aussi justement qu'elle n'est dans aucun siècle ni nulle part. C'est un palais ou un temple quelconque, où, pour effacer toute empreinte historique et personnelle, une convention uniforme importe des façons et des costumes qui ne sont ni français ni étrangers, ni anciens, ni modernes[1]. Dans ce monde abstrait, on se dit toujours « vous », « seigneur » et « madame », et le style noble pose la même draperie sur les caractères les plus opposés. Quand Corneille et Racine, à travers la pompe ou l'élégance de leurs vers, nous font entrevoir des figures contemporaines, c'est à leur insu : ils ne croyaient peindre que l'homme en soi ; et, si aujourd'hui nous reconnaissons chez eux tantôt les cavaliers, les duellistes, les matamores, les politiques et les héroïnes de la Fronde, tantôt les courtisans, les princes, les évêques, les dames d'atour et les menins de la monarchie régulière, c'est que leur pinceau, trempé involontairement dans leur expérience, laissait par mégarde tomber de la couleur dans le contour idéal et nu que seul ils voulaient tracer. Rien qu'un contour, une esquisse générale que la diction correcte remplit de sa grisaille unie. — Même dans la comédie, qui, de parti pris, peint les mœurs environnantes, même chez Molière si franc et si hardi, le modelé est incomplet, la singularité individuelle est supprimée, le visage devient par instants un masque de théâtre, et le personnage, surtout lorsqu'il parle en vers, cesse quelquefois de vivre, pour n'être plus que le porte-voix d'une tirade ou d'une disserta-

1. Voir, au Cabinet des Estampes, les costumes peints des principaux personnages du théâtre au milieu du dix-huitième siècle. — Rien de plus contraire à l'esprit du théâtre classique que de jouer, comme on le fait aujourd'hui, Britannicus, Esther, avec

tion[1]. Parfois on oublie de nous marquer son rang, sa condition, sa fortune, s'il est gentilhomme ou bourgeois, provincial ou parisien[2]. Rarement on nous fait sentir, comme Shakspeare, ses dehors physiques, son tempérament, l'état de ses nerfs, son accent brusque ou traînant, son geste saccadé ou compassé, sa maigreur ou sa graisse[3]. Souvent on ne prend pas la peine de lui trouver un nom propre; il est Chrysale, Orgon, Damis, Dorante, Valère. Son nom ne désigne qu'une qualité pure, celle de père, de jeune homme, de valet, de grondeur, de galant, et, comme un pourpoint banal, s'ajuste indifféremment à toutes les tailles à peu près pareilles en passant de la garde-robe de Molière à celle de Regnard, de Lesage, de Destouches et de Marivaux[4]. Il manque au personnage l'étiquette personnelle, l'appellation authentique et unique qui est la marque première de

des costumes et un décor exact, tirés des dernières fouilles de Pompéi et de Ninive.

1. Les rôles de moraliste et de raisonneur, Cléante (*Tartufe*), Ariste (*Femmes savantes*), Chrysale (*École des femmes*), etc. La discussion entre les deux frères de done Elvire (*Festin de Pierre*, III, 5). Le discours d'Ergaste dans *l'École des maris*. Celui d'Éliante imité de *Lucrèce* dans *le Misanthrope* (II, 5). Les portraits par Dorine, dans le *Tartufe*, I, 1. — Le portrait de l'hypocrite par don Juan (*Festin de Pierre*, V, 2).

2. Rôles d'Harpagon et d'Arnolphe.

3. On le voit pour Tartufe, mais par un mot de Dorine et non directement. Cf. dans Shakspeare les rôles de Coriolan, Hotspur, Falstaff, Othello, Cléopâtre, etc.

4. Balzac passait des journées à lire l'*Almanach des cent mille adresses* et courait en fiacre pendant des après-midi, regardant toutes les enseignes, afin de trouver le nom propre de son personnage. Ce seul petit détail montre la différence des deux conceptions de l'homme.

l'individu. Tous ces détails, toutes ces circonstances, tous ces supports et compléments de l'homme sont en dehors du cadre classique. Pour en insérer quelques-uns, il a fallu le génie de Molière, la plénitude de sa conception, la surabondance de son observation, la liberté extrême de sa plume. Encore est-il vrai que souvent il les omet, et que, dans les autres cas, il n'en introduit qu'un petit nombre, parce qu'il évite de donner à des caractères généraux une richesse et une complexité qui embarrasseraient l'action. Plus le thème est simple, et plus le développement est clair; or, dans toute cette littérature, la première obligation de l'auteur est de développer clairement le thème qu'il s'est choisi.

Il y a donc un défaut originel dans l'esprit classique, défaut qui tient à ses qualités et qui, maintenu d'abord dans une juste mesure, contribue à lui faire produire ses plus purs chefs-d'œuvre, mais qui, selon une règle universelle, va s'aggraver et se tourner en vice par l'effet naturel de l'âge, de l'exercice et du succès. Il était étroit, il va devenir plus étroit. Au dix-huitième siècle, il est impropre à figurer la chose vivante, l'individu réel, tel qu'il existe effectivement dans la nature et dans l'histoire, c'est-à-dire comme un ensemble indéfini, comme un riche réseau, comme un organisme complet de caractères et de particularités superposées, enchevêtrées et coordonnées. La capacité lui manque pour les recevoir et les contenir. Il en écarte le plus qu'il peut, tant qu'enfin il n'en garde qu'un extrait écourté, un résidu évaporé, un nom presque vide, bref ce qu'on appelle une abstraction creuse. Il n'y a de vivant au dix-huitième siècle que les petites esquisses brochées en passant et comme en contrebande par Voltaire, le baron de Thundertentrunck, mylord Whatthen, les figurines de ses contes, et cinq ou six portraits du second plan, Turcaret, Gil Blas, Marianne, Manon Lescaut, le neveu de Rameau, Figaro, deux ou trois pochades de Crébillon fils et de Collé, œuvres où la familiarité a laissé rentrer la sève, que l'on peut comparer à celles des petits-maîtres de la peinture, Watteau, Fragonard, Saint-Aubin, Moreau, Lancret, Pater, Baudouin, et qui, reçues difficilement ou par surprise dans le salon officiel, subsisteront encore, lorsque les grands tableaux sérieux auront moisi sous l'ennui qu'ils exhalaient. Partout ailleurs la sève est tarie, et, au lieu de plantes florissantes, on ne trouve que des fleurs de papier peint. Tant de poèmes sérieux, depuis *la Henriade* de Voltaire jusqu'aux *Mois* de Roucher ou à *l'Imagination* de Delille, que sont-ils sinon des morceaux de rhétorique garnis de rimes? Parcourez les innombrables tragédies et comédies dont Grimm et Collé nous donnent l'extrait mortuaire, même les bonnes pièces de Voltaire et de Crébillon, plus tard celles des auteurs qui ont la vogue, Belloy, Laharpe, Ducis, Marie Chénier. Éloquence, art, situations, beaux vers, tout y est, excepté des hommes; les personnages ne sont que des mannequins bien appris, et le plus souvent des trompettes par lesquels l'auteur lance au public ses déclamations. Grecs, Romains, chevaliers du moyen âge, Turcs, Arabes, Péruviens, Guèbres, Byzantins, ils sont tous la même mécanique à tirades. Et le public ne s'en étonne point; il n'a pas le sentiment historique; il admet que l'homme est partout le même; il fait un succès aux *Incas* de Marmontel, au *Gonzalve* et aux *Nouvelles* de Florian, à tous les paysans, manœuvres, nègres, Brésiliens, Parsis, Malabares, qui viennent lui débiter leurs amplifications. On ne voit dans l'homme qu'une raison raisonnante, la même en tout temps, la même en tout lieu; Bernardin de Saint-Pierre la prête à son Paria, Diderot à ses Otaïtiens. Il est de principe que naturellement tout esprit humain parle et pense comme un livre. — Aussi quelle insuffisance dans l'histoire! A part Charles XII, un contemporain que Voltaire ranime grâce aux récits de témoins oculaires, à part les vifs raccourcis, les lestes croquis d'Anglais, de Français, d'Espagnols, d'Italiens, d'Allemands qu'il sème en courant dans ses contes, ici encore où sont les hommes? Chez Hume, Gibbon, Robertson qui sont de l'école française et tout de suite adoptés en France, dans les recherches de Dubos et de Mably sur notre moyen âge, dans le Louis XI de Duclos, dans l'Anacharsis de Barthélemy, même dans l'*Essai sur les mœurs* et dans le *Siècle de Louis XIV* de Voltaire; même dans la *Grandeur des Romains*, et l'*Esprit des Lois* de Montesquieu, quelle étrange lacune! Érudition, critique, bon sens, exposition presque exacte des dogmes et des institutions, vues philosophiques sur l'enchaînement des faits et sur le cours général des choses, il n'y manque rien, si ce n'est des âmes. Il semble, à les lire, que les climats, les institutions, la civilisation, qui transforment l'esprit humain du tout au tout, soient pour lui de simples dehors, des enveloppes accidentelles qui, bien loin de pénétrer jusqu'à son fond, touchent à peine sa superficie. La différence prodigieuse qui sépare les hommes de deux siècles ou de deux races leur échappe[1]. Le Grec ancien, le chrétien des premiers siècles, le conquérant germain, l'homme féodal, l'Arabe de Mahomet, l'Allemand, l'Anglais de la Renaissance, le puritain apparaissent dans leurs livres à peu près comme dans leurs estampes et leurs frontispices, avec quelques différences de costume, mais avec les mêmes corps, les mêmes visages et la même physionomie, atténués, effacés, décents, accommodés aux bienséances. L'imagination sympathique, par laquelle l'écrivain se transporte dans autrui et reproduit en lui-même un système d'habitudes et de passions contraires aux siennes, est le talent qui manque le plus au dix-huitième siècle. Dans la seconde moitié de son cours, sauf chez Diderot qui l'emploie mal et au hasard, elle tarit tout à fait. Considérez tour à tour, pendant la même période, en France et en Angleterre, le genre où elle a son plus large emploi, le roman, sorte de miroir mobile qu'on peut transporter partout et qui est le plus propre à refléter toutes les faces de la nature

1. « Il n'y a plus aujourd'hui de Français, d'Allemands, d'Espagnols, d'Anglais même, quoique l'on dise ; il n'y a plus que « des Européens. Tous ont les mêmes goûts, les mêmes passions, « les mêmes mœurs, parce qu'aucun n'a reçu de forme nationale « par une institution particulière. » (Rousseau, *Sur le gouvernement de Pologne*, 170.)

et de la vie. Quand j'ai lu la série des romanciers anglais, Defoe, Richardson, Fielding, Smollett, Sterne et Goldsmith, jusqu'à Miss Burney et Miss Austen, je connais l'Angleterre du dix-huitième siècle; j'ai vu des clergymen, des gentilshommes de campagne, des fermiers, des aubergistes, des marins, des gens de toute condition, haute et basse; je sais le détail des fortunes et des carrières, ce qu'on gagne, ce qu'on dépense, comment l'on voyage, ce qu'on mange et ce qu'on boit; j'ai en mains une file de biographies circonstanciées et précises, un tableau complet, à mille scènes, de la société tout entière, le plus ample amas de renseignements pour me guider quand je voudrai faire l'histoire de ce monde évanoui. Si maintenant je lis la file correspondante des romanciers français, Crébillon fils, Rousseau, Marmontel, Laclos, Rétif de la Bretonne, Louvet, Mme de Staël, Mme de Genlis et le reste, y compris Mercier et jusqu'à Mme Cottin, je n'ai presque point de notes à prendre; les petits faits positifs et instructifs sont omis; je vois des politesses, des gentillesses, des galanteries, des polissonneries, des dissertations de société, et puis c'est tout. On se garde bien de me parler d'argent, de me donner des chiffres, de me raconter un mariage, un procès, l'administration d'une terre; j'ignore la situation d'un curé, d'un seigneur rural, d'un prieur résident, d'un régisseur, d'un intendant. Tout ce qui concerne la province et la campagne, la bourgeoisie et la boutique[1], l'armée

1. Avant 1750, on en trouve quelque chose dans *Gil Blas* et dans *Marianne* (Mme Dufour la lingère et sa boutique). — Par

et le soldat, le clergé et les couvents, la justice et la police, le négoce et le ménage, reste vague ou devient faux; pour y démêler quelque chose, il me faut recourir à ce merveilleux Voltaire qui, lorsqu'il a mis bas le grand habit classique, a ses coudées franches et dit tout. Sur les organes les plus vitaux de la société, sur les règles et les pratiques qui vont provoquer une révolution, sur les droits féodaux et la justice seigneuriale, sur le recrutement et l'intérieur des monastères, sur les douanes de province, les corporations et les maîtrises, sur la dîme et la corvée[1], la littérature ne m'apprend presque rien. Il semble que pour elle il n'y ait que des salons et des gens de lettres. Le reste est non avenu; au-dessous de la bonne compagnie qui cause, la France paraît vide. — Quand viendra la Révolution, le retranchement sera plus grand encore. Parcourez les harangues de tribune et de club, les rapports, les motifs de loi, les pamphlets, tant d'écrits inspirés par des événements présents et poignants; nulle idée de la créature humaine telle qu'on l'a sous les yeux, dans les champs et dans la rue; on se la figure toujours comme un automate simple, dont le mécanisme est connu. Chez les écrivains, elle était tout à l'heure une serinette à phrases; pour les politiques, elle est maintenant une serinette à votes, qu'il suffit de

malheur le travestissement espagnol empêche les romans de Lesage d'être aussi instructifs qu'il le faudrait.

1. On rencontre de bons détails dans les petits contes de Diderot, par exemple dans *les Deux Amis de Bourbonne*. Mais ailleurs, notamment dans *la Religieuse*, il est homme de parti et donne une impression fausse.

toucher du doigt à l'endroit convenable pour lui faire rendre la réponse qui convient. Jamais de faits; rien que des abstractions, des enfilades de sentences sur la nature, la raison, le peuple, les tyrans, la liberté sortes de ballons gonflés et entrechoqués inutilement dans les espaces. Si l'on ne savait pas que tout cela aboutit à des effets pratiques et terribles, on croirait à un jeu de logique, à des exercices d'école, à des parades d'académie, à des combinaisons d'idéologie. En effet, c'est l'idéologie, dernier produit du siècle, qui va donner de l'esprit classique la formule finale et le dernier mot.

III

Suivre en toute recherche, avec toute confiance, sans réserve ni précaution, la méthode des mathématiciens; extraire, circonscrire, isoler quelques notions très simples et très générales; puis, abandonnant l'expérience, les comparer, les combiner, et, du composé artificiel ainsi obtenu, déduire par le pur raisonnement toutes les conséquences qu'il enferme : tel est le procédé naturel de l'esprit classique. Il lui est si bien inné, qu'on le rencontre également dans les deux siècles, chez Descartes, Malebranche[1] et les partisans des idées pures,

1. « Pour atteindre à la vérité, il suffit de se rendre attentif aux idées claires que chacun trouve en lui-même. » (Malebranche, *Recherche de la vérité*, liv. I, ch. I.) — « Ces longues chaînes de raisons, toutes simples et faciles, dont les géomètres ont coutume de se servir pour parvenir à leurs plus difficiles démonstrations, m'avaient donné occasion de m'imaginer que *toutes les choses* qui

comme chez les partisans de la sensation, du besoin physique, de l'instinct primitif, Condillac, Rousseau, Helvétius, plus tard Condorcet, Volney, Siéyès, Cabanis et Destutt de Tracy. Ceux-ci ont beau se dire sectateurs de Bacon et rejeter les idées innées; avec un autre point de départ que les cartésiens, ils marchent dans la même voie, et, comme les cartésiens, après un léger emprunt, ils laissent là l'expérience. Dans cet énorme monde moral et social, dans cet arbre humain aux racines et aux branches innombrables, ils détachent l'écorce visible, une superficie; ils ne peuvent pénétrer ni saisir au delà; leurs mains ne sauraient contenir davantage. Ils ne soupçonnent pas qu'il y ait rien de plus; l'esprit classique n'a que des prises courtes, une compréhension bornée. Pour eux, l'écorce est l'arbre entier, et, l'opération faite, ils s'éloignent avec l'épiderme sec et mort, sans plus jamais revenir au tronc. Par insuffisance d'esprit et par amour-propre littéraire, ils omettent le détail caractéristique, le fait vivant, l'exemple circonstancié, le spécimen significatif, probant et complet. Il n'y en a presque aucun dans la *Logique* et dans le *Traité des sensations* de Condillac, dans l'*Idéologie* de Destutt de Tracy, dans les *Rapports du physique et du moral* de Cabanis[1]. Jamais, avec eux, on n'est sur le terrain pal-

peuvent tomber sous la connaissance des hommes s'entresuivent de même. » (Descartes, *Discours de la méthode*, I, 142.) — Au dix-septième siècle, on construit *a priori* avec des idées, au dix-huitième siècle avec des sensations, mais toujours par le même procédé, qui est celui des mathématiques et qui s'étale tout entier dans l'*Éthique* de Spinosa.

1. Voir notamment son mémoire : *De l'influence du climat sur*

pable et solide de l'observation personnelle et racontée, mais toujours en l'air, dans la région vide des généralités pures. Condillac déclare que le procédé de l'arithmétique convient à la psychologie et qu'on peut démêler les éléments de notre pensée par une opération analogue « à la règle de trois ». Siéyès a le plus profond dédain pour l'histoire, et « la politique est pour « lui une science qu'il croit avoir achevée[1] » du premier coup, par un effort de tête, à la façon de Descartes, qui trouva ainsi la géométrie analytique. Destutt de Tracy, voulant commenter Montesquieu, découvre que le grand historien s'est tenu trop servilement attaché à l'histoire, et il refait l'ouvrage en construisant la société qui doit être au lieu de regarder la société qui est. — Jamais, avec un aussi mince extrait de la nature humaine, on n'a bâti des édifices si réguliers et si spécieux. Avec la sensation Condillac anime une statue, puis, par une suite de purs raisonnements, poursuivant tour à tour dans l'odorat, dans le goût, dans l'ouïe, dans la vue, dans le toucher, les effets de la sensation qu'il suppose, il construit de toutes pièces une âme humaine. Au moyen d'un contrat, Rousseau fonde l'association politique, et, de cette seule donnée, il déduit la constitution, le gouvernement et les lois de toute société équitable.

les habitudes morales, si vague, si totalement dénué d'exemples, sauf une citation d'Hippocrate.

1. Ce sont là les propres paroles de Siéyès. — Ailleurs il ajoute : « Les prétendues vérités historiques n'ont pas plus de réalité que les prétendues vérités religieuses ». (*Papiers de Siéyès*, année 1772, d'après Sainte-Beuve, *Causeries du lundi*, V, 194.) — Descartes et Malebranche avaient déjà ce mépris pour l'histoire.

Dans un livre qui est comme le testament philosophique du siècle[1], Condorcet déclare que cette méthode est « le « dernier pas de la philosophie, celui qui a mis en « quelque sorte une barrière éternelle entre le genre « humain et les vieilles erreurs de son enfance ». — « En « l'appliquant à la morale, à la politique, à l'économie « politique, on est parvenu à suivre dans les sciences « morales une marche presque aussi sûre que dans les « sciences naturelles. C'est par elle qu'on a pu découvrir « les droits de l'homme. » Comme en mathématiques, on les a déduits d'une seule définition primordiale, et cette définition, pareille aux premières vérités mathématiques, est un fait d'expérience journalière, constaté par tous, évident de soi. — L'école subsistera à travers la Révolution, à travers l'Empire, jusque pendant la Restauration[2]; avec la tragédie dont elle est la sœur, avec l'esprit classique qui est leur père commun, puissance primitive et souveraine, aussi dangereuse qu'utile, aussi destructive que créatrice, aussi capable de propager l'erreur que la vérité, aussi étonnante par la rigidité de son code, par l'étroitesse de son joug, par l'uniformité de ses œuvres, que par la durée de son règne et par l'universalité de son ascendant.

1. Condorcet, *Esquisse d'un tableau historique de l'esprit humain*, neuvième époque.

2. Voir le *Tableau historique* présenté à l'Institut par M. J. Chénier en 1808. Son énumération montre que l'esprit classique dominait encore dans toutes les branches de la littérature. — Cabanis n'est mort qu'en 1818, Volney en 1820, Destutt de Tracy et Siéyès en 1836, Daunou en 1840. En 1845, MM. Saphary et Valette professaient encore la philosophie de Condillac dans deux lycées de Paris.

NOTES

NOTES

Note 1.

Sur le nombre des ecclésiastiques et des nobles.

On a obtenu ces chiffres approximatifs par les procédés suivants :

1°. Pour ce qui est de la noblesse, le chiffre était inconnu en 1789. Dans son *Abrégé chronologique des Édits*, etc. (1789), le généalogiste Chérin déclare qu'il l'ignore. Moheau, à qui Lavoisier s'en réfère dans son rapport de 1791, n'en sait pas davantage (*Recherches sur la population de la France*, 1778, 105); Lavoisier dit 83 000 individus, et le marquis de Bouillé (*Mémoires*, 50) 80 000 familles, tous deux sans aucune preuve. — J'ai relevé, dans le *Catalogue nominatif des gentilshommes en* 1789, par Laroque et Barthélemy, le nombre des nobles qui ont voté, directement ou par procuration, aux élections de 1789, en Provence, Languedoc, Lyonnais, Forez, Beaujolais, Touraine, Normandie, Ile-de-France ; ce nombre est de 9167. — D'après le recensement de 1790 donné par Arthur Young dans ses *Voyages en France*, le nombre des habitants de ces provinces est de 7 757 000, ce qui, par proportion, donne un peu plus de 30 000 nobles votants parmi les 26 millions d'habitants de la France. — En étudiant la loi, et en dépouillant les listes, on voit que chacun de ces nobles représente un peu moins d'une famille, puisque le fils d'un propriétaire de fief vote s'il a vingt-cinq ans ; je ne crois donc pas qu'on se trompe beaucoup en évaluant à 26 000 ou 28 000 le nombre des familles nobles, ce qui, à raison de 5 personnes par famille, donne 130 000 ou 140 000 nobles. — La France en 1789 ayant 27 000 lieues carrées et 26 millions d'habitants, on peut compter une famille noble par lieue carrée et par 1 000 habitants.

2°. Pour ce qui est du clergé, j'ai relevé, aux *Archives nationales*, dans les papiers du comité ecclésiastique, l'état nominatif des religieux de 28 ordres : Grands-Augustins 694, Petits-Pères 250, Barnabites 90, Bénédictins anglais 52, Bénédictins de Cluny 298, de Saint-Vanne 612, de Saint-Maur 1672, Cîteaux 1806, Récollets 2238, Prémontrés 399, Prémontrés-Réformés 394, Capucins 3720, Carmes déchaussés 555, Grands-Carmes 853, Hospitaliers de Saint-Jean de Dieu 218, Chartreux 1144, Cordeliers 2018, Dominicains 1172, Feuillants 148, Genovéfains 570, Mathurins 310, Minimes 684, Notre-Dame de la Merci 31, Notre-Sauveur 203, Tiers-ordre de Saint-François 365, Saint-Jean des Vignes de Soissons 31, Théatins 25, abbaye de Saint-Victor 21, Maisons soumises à l'ordinaire 305. Total 20 745 religieux en 2489 couvents. Il faut y ajouter les Pères de l'Oratoire, de la Mission, de la Doctrine chrétienne et quelques autres; le total de tous les moines doit osciller autour de 23 000. — Quant aux religieuses, j'ai relevé aux *Archives nationales* leur catalogue dans 12 diocèses comprenant, d'après la *France ecclésiastique* de 1788, 5576 paroisses : Diocèses de Perpignan, Tulle, Marseille, Rodez, Saint-Flour, Toulouse, le Mans, Limoges, Lisieux, Rouen, Reims, Noyon. En tout 5394 religieuses dans 198 maisons. La proportion donne environ 37 000 religieuses en 1500 maisons pour les 38 000 paroisses de la France. — Ainsi le total du clergé régulier est de 60 000 personnes. — Pour le clergé séculier, on peut l'évaluer à 70 000 : curés et vicaires, 60 000 (l'abbé Guettée, *Histoire de l'Église de France*, XII, 142);

prélats, vicaires généraux, chanoines des chapitres, 2800; chanoines des collégiales, 5600; ecclésiastiques sans bénéfice, 3000 (Siéyès). — Moheau, très bon esprit et statisticien prudent, écrit en 1778 (*Recherches*, 100) : « Peut-être « n'existe-t-il pas aujourd'hui dans le royaume 130 000 ecclé« siastiques ». — Le dénombrement de 1866 (*Statistique de la France, population*) donne maintenant 51 100 membres du clergé séculier, 18 500 religieux, 86 300 religieuses; total, 155 900 pour une population de 38 millions d'habitants.

Note 2.

Sur les droits féodaux et sur l'état d'un domaine féodal en 1783.

Les renseignements qui suivent sont extraits d'un acte de partage et d'estimation dressé le 6 septembre 1783, et dont je dois la communication à l'obligeance de M. de Boislisle.

Il s'agit des terres de Blet et des Brosses. — La terre et baronnie de Blet est située dans le Bourbonnais, à deux lieues de Dun-le-Roi. — Blet, dit un mémoire de l'administration des aides, est une « bonne paroisse sans être « d'objet; bonnes terres, la plus grande partie en bois, « foins et pacages, le surplus en terres labourables de fro« ment, seigle et avoine.... Chemins affreux et à périr en « hiver. Le commerce en faveur est celui des bêtes à cornes, « il s'étend aussi sur les grains; les bois pourrissent sur « pied, par leur éloignement des villes et leur difficile exploi« tation[1] ».

« Cette terre, dit l'acte estimatif, est dans la mouvance « du roi, à cause de son château et forteresse d'Ainay, sous « la dénomination de ville de Blet. » La ville était fortifiée

1. *Archives nationales*, G, 319 (*État actuel de la Direction de Bourges au point de vue des aides*, 1774).

autrefois, et son château fort subsiste encore. Elle fut jadis très peuplée, « mais les guerres civiles du seizième siècle et « surtout l'émigration des protestants l'ont rendue déserte, « au point que, de 3000 habitants qu'elle renfermait, il s'en « trouve actuellement à peine 300[1]; c'est le sort de toutes « les villes du pays ». La terre de Blet, possédée pendant plusieurs siècles par la maison de Sully, passa par mariage de l'héritière, en 1363, à la maison de Saint-Quentin, où elle fut transmise en ligne directe jusqu'en 1748, date de la mort d'Alexandre II de Saint-Quentin, comte de Blet, gouverneur de Berg-op-Zoom, père de trois filles d'où sont nés les héritiers actuels. — Ces héritiers sont le comte de Simiane, le chevalier de Simiane, et les mineurs de Bercy, chacun pour un tiers, qui est de 97 667 livres sur la terre de Blet, et de 20 408 livres sur la terre des Brosses. L'aîné, comte de Simiane, reçoit en outre un préciput (selon la coutume du Bourbonnais) évalué à 15 000 livres, comprenant le château avec la ferme attenante et les droits seigneuriaux, tant honorifiques qu'utiles.

Le domaine entier, comprenant les deux terres, est évalué 369 227 livres. — La terre de Blet comprend 1437 arpents, exploités par 7 fermiers, auxquels le propriétaire fournit des bestiaux estimés 13 781 livres. Ils payent ensemble au propriétaire 12 060 livres de fermage (outre quelques redevances en poulets et corvées). Un seul a une grosse ferme et paye 7800 livres par an, les autres payent 1300, 740, 640, 240 livres par an. — La terre des Brosses comprend 545 arpents exploités par 2 fermiers, auxquels le propriétaire fournit des bestiaux estimés 3750 livres; ils payent ensemble au propriétaire 2240 livres[2]. — Toutes ces métairies sont pauvres; une seule comprend deux chambres avec cheminées; deux ou

1. Aujourd'hui Blet renferme 1629 habitants.

2. En réalité, les fermes de Blet et des Brosses ne rapportent presque rien au propriétaire, puisque les dîmes et le champart (articles 22 et 23) sont compris dans le prix des baux.

trois, une chambre avec une cheminée; toutes les autres consistent en une cuisine, avec four extérieur, étables et granges. Des réparations sont urgentes pour tous les corps de ferme, sauf trois, « l'entretien en ayant été négligé « depuis trente ans ». Il faudrait « écurer le bié du moulin « et la rivière dont les débordements gâtent la grande prai- « rie, réparer les chaussées des deux étangs, réparer l'église « qui est à la charge du seigneur, et dont les couvertures « notamment sont dans un état affreux, les eaux pénétrant « à travers la voûte », réparer les chemins qui sont aussi à la charge du seigneur, et qui pendant l'hiver sont dans un état déplorable. « Il paraît qu'on ne s'est jamais occupé du « rétablissement et réparation de ces chemins. » Le sol de la terre de Blet est excellent, mais il faudrait des saignées et fossés pour l'écoulement des eaux, sans quoi les bas-fonds continueront à ne produire que des mauvaises herbes. La négligence et l'abandon ont laissé leurs marques partout. Le château de Blet n'a pas été habité depuis 1748; aussi presque tous les meubles sont pourris et hors d'usage; ils valaient 7612 livres en 1748; ils ne sont plus estimés qu'à 1000 livres. « Le moulin à eau occasionne presque autant « de dépense qu'il produit de revenu. » — « On ne connaît « point l'usage de la chaux pour l'engrais des terres labou- « rables », et pourtant « dans le pays la chaux est à vil « prix ». La terre, humide et très bonne, produirait à volonté des haies vives; pourtant on clôt les champs avec des haies sèches contre les bestiaux « et cette charge, suivant « le rapport des fermiers, est évaluée au tiers du produit « des fonds ». — Ce domaine, tel qu'on vient de le décrire, est évalué comme il suit :

1. La terre de Blet, suivant l'usage du pays pour les terres nobles, est évaluée au denier 25, c'est-à-dire 373 060 livres, dont il faut défalquer un capital de 65 056 livres représentant les charges annuelles (portion congrue du curé, réparations, etc.), non comprises les charges personnelles comme

les vingtièmes. Elle rapporte net par an 12 300 livres, et vaut net 308 003 livres.

2. La terre des Brosses est, suivant l'usage du pays, évaluée au denier 22, car elle cesse d'être noble par le transport des droits de fief et justice à celle de Blet. Sur ce pied elle vaut 73 583 livres, dont il faut défalquer un capital de 12 359 livres pour les charges réelles; elle rapporte net par an 3140 livres, et vaut net 61 224 livres.

Ces revenus ont les sources suivantes :

En premier lieu, les fermages ci-dessus énoncés. — En second lieu les droits féodaux que l'on va énumérer.

Droits utiles et honorifiques de la terre de Blet :

1°. Droit de haute, basse et moyenne justice sur toute la terre de Blet et autres villages, les Brosses, Jalay. Le haut justicier, selon l'acte de notoriété donné au Châtelet, le 29 avril 1702, « connaît de toutes les matières réelles et « personnelles, civiles et criminelles, même des actions des « nobles et ecclésiastiques, des scellés et inventaires de « meubles et effets, des tutelles, curatelles, administration « des biens de mineurs, des domaines, droits et revenus « usuels de la seigneurie, etc. »

2°. Droit de gruerie, édit de 1707. Le gruyer du seigneur juge de toutes les affaires concernant les eaux et forêts, usages, délits, pêche et chasse.

3°. Droit de voirie, ou police des rues, chemins, édifices (sauf les grands chemins). Le seigneur nomme un bailli gruyer et voyer, qui est M. Theurault (à Sagonne), un procureur fiscal, Baujard (à Blet); il peut les destituer « attendu « qu'ils ne payent point de finance ». — « Les droits de « greffe étaient ci-devant affermés au profit du seigneur; mais actuellement qu'il est très difficile de rencontrer des personnes intelligentes dans le pays pour remplir cette « charge, le seigneur abandonne ses droits à celui qu'il « commet. » (Le seigneur paye 48 livres par an au bailli pour tenir son audience une fois par mois, et 24 livres au procureur fiscal pour y assister.)

Il perçoit les amendes et confiscations de bestiaux prononcées par ses officiers. Ce profit, année moyenne, est de 8 livres.

Il doit entretenir une prison et un geôlier. (On ne dit pas qu'il y en ait une.) — Il ne se trouve plus dans la seigneurie aucune marque extérieure de fourches patibulaires.

Il peut nommer 12 notaires ; de fait il n'y en a qu'un, à Blet ; « encore n'est-il pas occupé », c'est Baujard, procureur fiscal. Cette commission lui est accordée gratuitement, pour maintenir le droit ; « d'ailleurs il serait impossible de « rencontrer sur le lieu une personne intelligente pour la « remplir ».

Il nomme un sergent ; mais depuis longtemps ce sergent ne paye aucun fermage ni loyer.

4°. Taille personnelle et réelle. En Bourbonnais, jadis la taille était serve et les serfs mainmortables. « Les seigneurs, « qui ont encore des droits de bordelage bien établis dans « l'étendue de leurs fiefs et justices, sont encore aujourd'hui « en possession de succéder à leurs vassaux dans tous les « cas, même au préjudice de leurs enfants, si ceux-ci n'é- « taient résidants avec eux et n'habitaient le même toit. » Mais en 1255, Hodes de Sully, ayant donné une charte, renonça à ce droit de taille réelle et personnelle moyennant un droit de bourgeoisie perçu encore aujourd'hui (voyez plus loin).

5°. Droit d'épave, sur les bestiaux, meubles, effets, essaims de mouches à miel perdus, trésors trouvés (depuis vingt ans profits nuls sur cet article).

6°. Droit sur les biens des personnes décédées sans héritiers, des bâtards et aubains décédés, sur les biens des condamnés à mort, aux galères perpétuelles, des bannis, etc. (profits nuls).

7°. Droit de chasse et de pêche, le second évalué 15 livres par an.

8°. Droit de bourgeoisie (voy. article 4) d'après la charte de 1255, et le terrier de 1484. — Les plus riches doivent payer par an chacun 12 boisseaux d'avoine de 40 livres et 12 deniers parisis; les moyens, 9 boisseaux et 9 deniers; tous les autres, 6 boisseaux et 6 deniers. « Ces droits de « bourgeoisie sont bien établis, énoncés dans tous les ter- « riers et avéux rendus au roi et perpétués par une infinité « de reconnaissances : on ne peut pénétrer les motifs qui « ont engagé les anciens régisseurs ou fermiers de cette « terre à en interrompre la perception. Quantité de sei- « gneurs, en Bourbonnais, jouissent et font payer de pareils « droits à leurs vassaux en vertu de titres qui pourraient « être plus suspectés que ceux qui sont en la disposition « des seigneurs de Blet. »

9°. Droit de guet du château de Blet. Édit du roi de 1497 fixant cette charge, pour les habitants de Blet et tous ceux demeurant dans l'étendue de la justice, pour ceux de Charly, Boismarvier, etc., à 5 sous par feu et par an, ce qui fut exécuté. « Ce n'est que depuis peu qu'on en a cessé la per- « ception, quoique, par les reconnaissances modernes, tous « les habitants se soient reconnus sujets auxdits guet et « garde du château. »

10°. Droit de péage pour toutes les marchandises et denrées qui passent par la ville de Blet, sauf les blés, grains, farines et légumes. (Affaire pendante devant le conseil d'État depuis 1727 jusqu'à 1745 et non terminée; « la perception en a été interrompue dans ce même temps »).

11°. Droit de potage sur les vins vendus en détail à Blet, attribuant au seigneur 9 pintes de vin par tonneau, affermé en 1782 pour 6 ans, moyennant 60 livres par an.

12°. Droit de boucherie ou de prendre la langue de toutes les bêtes tuées dans la ville, plus la tête et les pieds de tous les veaux. Pas de boucher à Blet; cependant, « dans le temps « de la moisson et pendant le cours de chaque année, on « massacre environ 12 bœufs ». Ce droit est perçu par le régisseur : il est évalué à 3 livres par an.

13°. Droit sur les foires et marchés, aunage, poids et mesures. Cinq foires par an et un marché par semaine, mais peu fréquentés; pas de halle. Le droit est évalué à 24 livres par an.

14°. Corvées de charrois et à bras, par droit de seigneur haut-justicier sur 97 personnes à Blet (22 corvées de voitures et 75 corvées à bras), sur 26 personnes aux Brosses (5 corvées de voitures et 21 à bras). Le seigneur paye 6 sous de nourriture pour la corvée à bras et 12 sous de nourriture pour la corvée de voiture à 4 bœufs. « Dans le nombre « des corvéables, il s'en trouve la plus grande partie réduite « presque à la mendicité et chargée d'une famille nom- « breuse, ce qui détermine souvent le seigneur à ne point « les exiger à la rigueur. » Valeur ainsi réduite des corvées, 49 livres 15 sols.

15°. Banalité de moulins (sentence de 1736 condamnant Roy, laboureur, à moudre ses grains au moulin de Blet et à l'amende pour avoir cessé d'y moudre depuis trois ans). Le meunier perçoit un seizième de la farine moulue. Le moulin banal, ainsi que celui à vent, et 6 arpents adjoints, sont affermés 600 livres par an.

16°. Banalité de four. Transaction de 1537 entre le seigneur et ses vassaux : il leur accorde d'avoir dans leur maison un petit four de trois carreaux, d'un demi-pied chaque, pour y cuire pâtés, galettes et tourteaux; d'autre part ils se reconnaissent sujets à la banalité. Il peut percevoir un seizième de la pâte; ce droit pourrait rapporter 150 livres annuellement; mais, depuis quelques années, la maison du four est effondrée.

17°. Droit de colombier; il y en a un dans le parc du château.

18°. Droit de bordelage (le seigneur est héritier, sauf lorsque les enfants du mort vivaient avec le mort au moment du décès). Le seigneur de Blet a ce droit sur 48 arpents. Depuis 20 ans, par négligence ou autrement, il n'en a rien tiré.

19°. Droit sur les terres incultes et désertes et sur les accrues par alluvion.

20°. Droit purement honorifique de banc et sépulture au chœur, d'encens et de prière nominale, de litre et ceinture funèbre intérieure et extérieure.

21°. Droit de lods et ventes sur les censitaires, dû par l'acquéreur d'un immeuble censitaire au seigneur, dans les 40 jours. « En Bourbonnais, les lods et ventes se perçoivent au « tiers, au quart, au 6°, 8° et 12° denier. » Le seigneur de Blet et Brosses les perçoit au 6° denier. On estime que les ventes se font une fois tous les 80 ans; ces droits portent sur 1356 arpents qui valent, les meilleurs 192 livres l'arpent, les moyens 110 livres, les mauvais 75 livres. A ce taux, les 1350 arpents valent 162 750 livres. — On fait remise aux acquéreurs du quart des lods et ventes. — Rapport annuel de ce droit, 254 livres.

22°. Droit de dîmes et charnage. Le seigneur a acquis toutes les dîmes, sauf quelques-unes aux chanoines de Dun-le-Roi et au prieur de Chaumont. Les dîmes se lèvent à la 13° gerbe; elles sont comprises dans les baux.

23°. Droit de terrage ou champart : c'est le droit de percevoir, après que les dîmes sont levées, une portion des fruits de la terre. « En Bourbonnais, le terrage se perçoit de diffé-« rentes manières, à la 3° gérbe, à la 5°, 6°, 7°, et communé-« ment au quart; à Blet, c'est à la 12°. » Le seigneur de Blet ne perçoit le terrage que sur un certain nombre de terres de sa seigneurie; « par rapport aux Brosses, il paraît « que tous les domaines possédés par les censitaires sont « assujettis à ce droit ». — Ces droits de terrage sont compris dans les baux des fermes de Blet et des Brosses.

24°. Cens, surcens et rentes dus par des immeubles de diverses sortes, maisons, champs, prés, etc., situés sur le territoire de la seigneurie.

Sur la seigneurie de Blet, 810 arpents, divisés en 511 parcelles, aux mains de 120 censitaires, sont dans ce cas, et leur cens total annuel consiste en 137 francs d'argent, 67 boisselées de froment, 3 d'orge, 159 d'avoine, 16 gelines, 130 poules, 6 coqs et chapons ; le total est évalué 575 francs.

Sur la terre des Brosses, 85 arpents, divisés en 112 parcelles, aux mains de 20 censitaires, sont dans ce cas, et leur cens total annuel est de 14 francs d'argent, 17 boisselées de froment, 32 d'orge, 26 gelines, 3 poules et 1 chapon. Le total est évalué 126 francs.

25°. Droits sur les communaux (124 arpents dans la terre de Blet, 164 dans la terre des Brosses).

Les vassaux n'ont sur les communaux qu'un droit d'usage. « La presque totalité des fonds sur lesquels ils usent du « droit de pâturage appartiennent en propriété aux sei-« gneurs, fors ce droit d'usage dont ils sont grevés ; encore « n'est-il accordé qu'à quelques particuliers. »

26°. Droits sur les fiefs mouvants de la baronnie de Blet.

Les uns sont situés dans le Bourbonnais, et il y en a 19 dans ce cas. En Bourbonnais, les fiefs, même possédés par des roturiers, ne doivent au seigneur, à chaque mutation, que la bouche et les mains. Jadis le seigneur de Blet percevait dans cette circonstance le droit de rachapt, mais on l'a laissé tomber en désuétude.

Les autres sont situés dans le Berry, où s'exerce le droit de rachapt. Il n'y a qu'un fief dans le Berry, celui de Cormesse, à l'archevêque de Bourges, comprenant 85 arpents, outre une portion de dîmes, et rapportant par an 2100 livres; ce qui, en admettant une mutation tous les vingt ans, donne annuellement au seigneur de Blet 105 livres.

Outre les charges indiquées, il y a les charges suivantes :

1°. Au curé de Blet, sa portion congrue. D'après la déclaration du roi de 1686, elle devait être de 300 livres. Par transaction en 1692, le curé, voulant s'assurer cette portion congrue, céda au seigneur toutes les dîmes, novales, etc. — L'édit de 1768 ayant fixé la portion congrue à 500 livres, le curé réclama cette somme par exploit. Les chanoines de Dun-le-Roi et le prieur de Chaumont, ayant des dîmes sur le territoire de Blet, devraient en payer une partie. Actuellement elle est toute à la charge du seigneur de Blet.

2°. Au garde, outre son logement, son chauffage et la jouissance de 3 arpents de friches, 200 livres.

3°. Au régisseur, pour garder les archives, veiller aux réparations, percevoir les lods et ventes, percevoir les amendes, 432 livres, outre la jouissance de dix arpents de friches.

4°. Au roi l'impôt des vingtièmes. Précédemment, les terres de Blet et des Brosses payaient 810 livres pour les deux vingtièmes et les deux sous pour livre. Depuis l'établissement du troisième vingtième, elles payent 1216 livres.

Note 3.

Différence du revenu réel et du revenu nominal des dignités et bénéfices ecclésiastiques.

Selon Raudot (*La France avant la Révolution*, 84), il faut ajouter moitié en sus à l'évaluation officielle; selon Boiteau (*État de la France en* 1789, 195), il faut la tripler et même la quadrupler. — Je pense que, pour les sièges épiscopaux, il faut ajouter moitié en sus, et que, pour les abbayes et prieurés, il faut doubler, parfois tripler ou même quadrupler. Voici des faits qui pourront montrer l'écart des chiffres officiels et des chiffres réels :

1°. Dans l'*Almanach Royal*, l'évêché de Troyes est évalué

14 000 livres; dans *la France ecclésiastique* de 1788, 50 000. D'après Albert Babeau (*Histoire de la Révolution dans le département de l'Aube*), il rapporte 70 000 livres.

Dans *la France ecclésiastique*, l'évêché de Strasbourg est évalué 400 000 livres. Selon le duc de Lévis (*Souvenirs*, 156), il rapporte au moins 600 000 livres de rente.

2°. Dans *la France ecclésiastique*, l'abbaye de Jumièges est portée pour 23 000 livres. J'ai trouvé dans les papiers du comité ecclésiastique que, selon les moines, elle rapporte à l'abbé 50 000 livres.

Dans *la France ecclésiastique*, l'abbaye de Bèze est évaluée 8000 livres. Je trouve qu'elle rapporte aux moines seuls 30 000 livres, et la part de l'abbé est toujours au moins égale (*De l'État religieux*, par les abbés Bonnefoi et Bernard, 1784). Elle rapporte donc à l'abbé 30 000 livres.

Bernay (Eure) est porté officiellement à 16 000. Les doléances des cahiers l'estiment à 57 000.

Saint-Amand, au cardinal d'York, est marqué 6000 livres et en rapporte 100 000. (Duc de Luynes, XIII, 215.)

Clairvaux est porté dans *la France ecclésiastique* à 9000, et dans Waroquier (*État général de la France en* 1789) à 60 000. — D'après Beugnot, qui est du pays et homme d'affaires, l'abbé a de 300 à 400 000 livres de rente.

Saint-Faron, dit Boiteau, marqué 18 000 livres, en vaut 120 000.

L'abbaye de Saint-Germain des Prés (aux économats) est marquée 100 000 livres. Le comte de Clermont, qui l'avait auparavant, l'affermait 160 000 livres, « sans compter des « prés réservés et tout ce que les fermiers fournissaient de « paille et d'avoine pour ses chevaux ». (Jules Cousin, *le Comte de Clermont et sa cour*.)

Saint-Waast d'Arras, selon *la France ecclésiastique*, rapporte 40 000 livres. Le cardinal de Rohan en a refusé 1000 louis par mois que les moines lui offraient pour sa part.

(Duc de Lévis, *Souvenirs*, 156.) Elle vaut donc environ 300 000 livres.

Remiremont, dont l'abbesse est toujours une princesse du sang royal, l'un des monastères les plus puissants, les plus riches, les plus amplement dotés, est évalué officiellement au chiffre ridicule de 15 000 livres.

Note 4.

Sur l'éducation des princes et princesses.

Ce sujet pourrait à lui seul occuper un chapitre à part; je citerai seulement quelques textes.

(Barbier, *Journal*, octobre 1750.) — La dauphine vient d'accoucher d'une fille.

« La jeune princesse en est à sa quatrième nourrice....
« J'ai appris à cette occasion que tout se fait par forme à « la cour, suivant un protocole de médecin, en sorte que « c'est un miracle d'élever un prince et une princesse. La « nourrice n'a d'autres fonctions que de donner à téter à « l'enfant quand on le lui apporte; elle ne peut pas lui tou- « cher. Il y a des remueuses et femmes préposées pour cela, « mais qui n'ont point d'ordre à recevoir de la nourrice. Il « y a des heures pour remuer l'enfant, trois ou quatre fois « dans la journée. Si l'enfant dort, on le réveille pour le « remuer. Si, après avoir été changé, il fait dans ses langes, « il reste ainsi trois ou quatre heures dans son ordure. Si « une épingle le pique, la nourrice ne doit pas l'ôter; il faut « chercher et attendre une autre femme; l'enfant crie dans « tous ces cas, il se tourmente et s'échauffe, en sorte que « c'est une vraie misère que toutes ces cérémonies. »

(Mme de Genlis, *Souvenirs de Félicie*, 74. Conversation avec Madame Louise, fille de Louis XV, devenue carmélite.)

« Je désirai savoir quelle est la chose à laquelle, dans son

« nouvel état, elle avait eu le plus de peine à s'accoutumer.
— « Vous ne le devineriez jamais, a-t-elle répondu en sou-
« riant; c'est de descendre seule un petit escalier. Dans les
« commencements, c'était pour moi le précipice le plus
« effrayant, j'étais obligée de m'asseoir sur les marches et
« de me traîner, dans cette attitude, pour descendre. » —
« En effet, une princesse qui n'avait descendu que le grand
« escalier de Versailles en s'appuyant sur le bras de son
« chevalier d'honneur, et entourée de ses pages, a dû frémir
« en se trouvant livrée à elle-même sur le bord d'un esca-
« lier bien raide en colimaçon. (Telle est) l'éducation ridi-
« cule à tant d'égards que reçoivent en général les personnes
« de ce rang; dès leur enfance, toujours suivies, aidées,
« escortées, prévenues, (elles) sont ainsi privées de la plus
« grande partie des facultés que leur a données la nature. »
(Mme Campan, *Mémoires*, I, 18, 28.)

« Madame Louise m'a souvent répété qu'à l'âge de douze
« ans elle n'avait point encore parcouru la totalité de son
« alphabet....

« Il s'agissait de décider irrévocablement si un oiseau
« d'eau était maigre ou gras. Madame Victoire consulta un
« évêque.... Celui-ci répondit qu'en un semblable doute,
« après avoir fait cuire l'oiseau, il fallait le piquer sur un
« plat d'argent très froid, que, si le jus de l'animal se
« figeait dans l'espace d'un quart d'heure, l'animal était ré-
« puté gras. — Madame Victoire fit aussitôt faire l'épreuve;
« ce jus ne figea point. Ce fut une joie pour la princesse
« qui aimait beaucoup cette espèce de gibier. — Le maigre,
« qui occupait tant Madame Victoire, l'incommodait; aussi
« attendait-elle avec impatience le coup de minuit du sa-
« medi saint. On lui servait aussitôt une bonne volaille au
« riz et plusieurs autres mets succulents. »

(*Journal* de Dumont d'Urville, commandant du navire sur lequel Charles X quitta la France en 1830. Cité par Vaulabelle, *Histoire de la Restauration*, VIII, 465.)

« Le roi et le duc d'Angoulême m'interrogèrent sur mes « différentes campagnes, mais surtout sur mon voyage de « circumnavigation à bord de l'*Astrolabe*. Mon récit parais- « sait vivement les intéresser, et, s'ils m'interrompaient, « c'était pour m'adresser des questions d'une remarquable « naïveté et qui prouvaient que, dépourvus de toute notion, « même superficielle, sur les sciences et les voyages, ils « étaient aussi ignorants sur ces matières que pouvaient « l'être de vieux rentiers au Marais. »

TABLE DES MATIÈRES

TABLE DES MATIÈRES.

LIVRE DEUXIÈME.

LES MŒURS ET LES CARACTÈRES.

LIVRE TROISIÈME.

L'ESPRIT ET LA DOCTRINE.

NOTES.

48267 — Imprimerie LAHURE, 9, rue de Fleurus, Paris.

Librairie HACHETTE et Cie, boulevard Saint-Germain, 79, à Paris.

BIBLIOTHÈQUE VARIÉE, FORMAT IN-16

3 FR. 50 LE VOLUME BROCHÉ

OUVRAGES DE M. H. TAINE

Les Origines de la France contemporaine. 24e édition. Onze vol.

1re partie. — L'Ancien régime . . . . Deux volumes.

2e partie. — La Révolution . . . . Six volumes.

L'Anarchie. Deux volumes.

La Conquête jacobine. Deux volumes.

Le Gouvernement révolutionnaire. Deux volumes.

3e partie. — Le Régime moderne . . . . Trois volumes.

Napoléon Bonaparte. Deux volumes.

L'Église, l'École. Un volume.

Table analytique. Un vol. in-16, broché . . . . 1 fr.

Histoire de la littérature anglaise; 10e édition. Cinq volumes.

Essai sur Tite-Live; 6e édition. Un volume.

La Fontaine et ses fables: 15e édition. Un volume.

Voyage aux Pyrénées; 15e édition. Un volume.

Les Philosophes classiques du xixe siècle en France; 8e édition. Un volume.

Essais de critique et d'histoire; 8e édition. Un volume.

Nouveaux Essais de critique et d'histoire; 7e édition. Un volume.

Derniers Essais de critique et d'histoire; 2e édition. Un volume.

Notes sur Paris, vie et opinions de M. Fréd.-Th. Graindorge; 13e édition. Un volume.

Voyage en Italie; 10e édition. Deux volumes.

Notes sur l'Angleterre; 11e édition. Un volume.

Carnets de voyage. Notes sur la province (1863-1865). Un vol.

Un Séjour en France de 1792 à 1795; 5e édition. Un volume.

Philosophie de l'art; 9e édition. Deux volumes.

De l'intelligence; 9e édition. Deux volumes.

H. Taine : Sa vie, sa correspondance. Un volume.

48267. — Imprimerie Lahure, rue de Fleurus, 9, à Paris — 6-1902.

www.ingramcontent.com/pod-product-compliance
Ingram Content Group UK Ltd.
Pitfield, Milton Keynes, MK11 3LW, UK
UKHW020304230726
13925UKWH00001B/209